고린도전서

어떻게 설교할 것인가

두란노 HOW주석 시리즈 40

고린도전서 어떻게 설교할 것인가

엮은이 | 목회와신학 편집부

펴낸곳 | 두란노아카데미
등록번호 | 제302-2007-00008호
주소 | 서울시 용산구 서빙고로 65길 38 두란노빌딩

편집부 | 02-2078-3484   academy@duranno.com http://www.duranno.com
영업부 | 02-2078-3333   FAX 080-749-3705
초판1쇄발행 | 2007. 9. 20. 개정판1쇄발행 | 2009. 12. 1.   9쇄 발행 | 2022. 4. 12

ISBN 978-89-6491-090-0   04230
ISBN 978-89-6491-045-0   04230(세트)

책값은 뒤표지에 있습니다.

두란노아카데미는 두란노의 '목회 전문' 브랜드입니다.

고린도전서

어떻게 설교할 것인가

• 목회와신학 편집부 엮음 •

두란노 HOW 주석

HOW
COMMENTARY
SERIES
40

두란노아카데미

설교는 목회의 생명줄입니다

설교는 목회의 생명줄입니다. 교회 공동체를 향한 하나님의 음성입니다. 그래서 목회자는 설교에 목숨을 겁니다. 하나님의 말씀을 가감 없이 전하기 위해 최선을 다합니다.

이번에 출간한 「두란노 HOW주석 시리즈」는 한국 교회의 강단을 섬기는 마음으로 설교자를 위해 준비했습니다. 「목회와신학」의 별책부록 「그말씀」에 연재해온 것을 많은 목회자들의 요청으로 출간한 것입니다. 특별히 2007년부터는 표지를 새롭게 하고 내용을 더 알차게 보완하는 등 시리즈의 질적 향상을 추구하였습니다. 독자 여러분의 끊임없는 관심과 격려를 부탁드립니다.

「두란노 HOW주석 시리즈」는 성경 본문에 대한 주해를 기본 바탕으로 하면서도, 설교에 결정적으로 중요한 '적용'이라는 포인트를 놓치지 않았습니다. 또한 성경의 권위를 철저히 신뢰하는 복음주의적 관점을 견지하고자 노력했습니다. 또한 성경 각 권이 해당 분야를 전공한 탁월한 국내 신학자들에 의해 집필되었습니다.

학문적 차원의 주석서와는 차별되며, 현학적인 토론을 비껴가면서도 고밀도의 본문 연구와 해석이 전제된 실제적인 적용을 중요시하였습니다.

이 점에서는 목회자뿐만 아니라 성경공부를 인도하는 평신도 지도자들에게도 매우 귀중한 지침서가 될 것입니다.

오늘날 교회에게 주어진 사명은 땅 끝까지 이르러 예수 그리스도의 복음을 전파하는 것입니다. 사도행전적 바로 그 교회를 통해 새롭게 사도행전 29장을 써나가는 것입니다. 이 시리즈를 통해 설교자의 영성이 살아나고, 한국 교회의 강단에 선포되는 말씀 위에 성령의 기름부으심이 넘치기를 바랍니다. 이 땅에 말씀의 부흥과 치유의 역사가 일어나고, 설교의 능력이 회복되어 교회의 권세와 영광이 드러나기를 기도합니다.

바쁜 가운데서도 성의를 다하여 집필에 동참해 주시고, 이번 시리즈 출간에 동의해 주신 모든 집필자들에게 이 자리를 빌어 감사의 뜻을 전합니다.

두란노서원 원장

발간사

Ⅰ.배경연구

II. 본문연구

I. 배경 연구

01

고린도교회의 분열 이유

고린도교회는 문제가 많은 교회였다. 이 땅에 있는 교회치고 문제가 없는 교회가 없겠지만, 고린도교회는 특별히 심했던 것 같다. 바울은 데살로니가 교회에 대해 "우리의 소망이나 기쁨이나 자랑의 면류관이 무엇이냐 그의 강림하실 때 우리 주 예수 앞에 너희가 아니냐 너희는 우리의 영광이요 기쁨이니라"(살전 2:19~20)라고 말할 만큼 자랑스러워했지만, 데살로니가교회에 문제가 없었던 것은 아니다.

또 빌립보교회에 대해서도 "나의 사랑하고 사모하는 형제들, 나의 기쁨이요 면류관인 사랑하는 자들"(빌 4:1)로 부를 만큼 각별한 관계였지만, 그렇다고 해서 빌립보교회에 문제가 없지는 않았다.

그러나 이 두 교회의 문제는 고린도교회와 비교가 되지 않았다. 고린도교회야 말로 바울의 골칫거리였다. 고린도후서에 나타나지만 고린도 교인들은 바울에게 등을 돌리고 박대하기까지 했다. 그래서 쓴 편지가 소위 '눈물의 편지'라고 말한다.

이 글은 바울의 속을 썩혔던 고린도교회의 여러 문제 가운데 '분열'의 문제에 집중하고자 한다. 당시 고린도교회는 크게 네가지 이유 때문에 갈라지고 갈등했다. 즉 지도자에 따른 분열, 부자 교인들의 끼리끼리 의식, 방언의 은사를 지나치게 강조하는 자들에 의한 갈등, 그리고 우상에게 바쳐진 제물을 먹어도 되느냐의 문제로 인한 분열이 그것이다.

지도자에 따른 분열(1:10~17; 3장)

당시 고린도 교인들은 아볼로, 바울, 게바, 그리스도파로 나뉘어져 있었다. 여기서 그리스도파를 제외한 나머지 세 파는 모두 당시 고린도교회에 영향력이 있었던 교회 지도자들이었다. 고린도 교인들은 이 세 명을 놓고 파당을 형성하게 되었다. 먼저 각 파벌에 대해 간략히 살펴보자.

① 그리스도파: 어떤 특정한 파를 말하는 것이 아니라 바울파, 아볼로파, 게바파가 서로 자기들이 그리스도파라고 주장한 것을 뜻한다.

② 게바파: 게바, 즉 베드로가 고린도교회를 직접 방문한 것은 아니었지만, 게바가 예수님의 수제자였고 예루살렘 교회의 지도자였던 점에서 그를 추종하는 자가 있었을 것이다. 특히 고린도교회의 유대 기독교인들이 게바를 추종했을 것으로 보인다.

③ 아볼로파: 아볼로는 알렉산드리아 출신의 유대인으로서 말을 잘하고, 성경에 능통하였다(행 18:24). 당시에 고린도는 헬라 철학의 영향을 받아 언변(= 수사학)이 뛰어난 사람을 귀하게 여겼다. 이 때문에 언변이 뛰어났던 아볼로가 고린도 교인들에게 인기가 있었다. 아볼로는 실제로 고린도를 방문하였고, 또 거기서 사역하였다(3:6).

④ 바울파: 고린도교회를 세운 바울을 추종한 무리들을 말한다.

이러한 지도자들에 따른 분열에 대해 바울은 다음과 같이 답변한다.

첫째, 시기와 분쟁은 '육신에 속한 자'의 특징이다(3:1~4). 바울은 성도를 두 부류로 나눈다. 하나는 '신령한 자'(프뉴마티코스)다. 이 사람은 신앙적으로 성숙한 사람(1절)이다. '온전한 자'(2:6)라고도 불리운다. 다른 하나는 '육신에 속한 자'(사르키노스 3:1 사르키코스 3:3)이다. 이들은 예수님을 믿지 않는 불신자들이란 뜻이 아니라, '그리스도 안에서 어린아이들', 즉 신앙적으로 유치한 사람(1~2절)이다. 이들은 사람을 따라 행한다(3절). 이들에게는 시기(여기서는 경쟁심)와 분쟁이 있다(3절). 성도 한 사람 한 사람은 성령이 함께 하시는 사람이며, 성도들 가운데 성령이 거주하셔서 교회는 하나님의 성전이지만, 시기와 분쟁으로 인해 '육신에 속한 자'가 될 수 있음을 기억해야 한다.

둘째, 시기와 분쟁은 하나님의 성전인 교회를 파괴하는 일이다(3:16~17). 흔히 한국교회에서는 고린도전서 3전 16~17절을 이렇게 설교한다. 성도 한 사람 한 사람이 성령이 거하시는 하나님의 성전이며, 그렇기 때문에 우리 몸을 술과 담배 등으로 더럽혀서는 안 된다. 그러나 이 구절의 정확한 의미는 그것이 아니다. 우선, 여기서 바울은 성도 한 사람이 아니라 고린도교회 전체 성도를 가리키는 '너희'를 대상으로 말하고 있다. 또 '더럽히다'로 번역된 헬라어 '프쎄이로'(φθείρω)는 '파괴하다, 멸하다, 부패시키다'라는 뜻이 있다. 무엇보다 3장은 지도자들에 의한 교회의 분열을 경고하는 맥락에 있음을 기억해야 한다. 이렇게 보면 3장 16~17절은 시기와 분쟁으로 서로를 헐뜯고 분열하는 것은 성령으로 하나된 교회 공동체를 파괴하는 일이라는 뜻이다.

셋째, 목회자들은 서로 동역자이며, 성도들은 '하나님의 소유'이다. 고린도교회가 여러 지도자에 따라 분열된 것에 대해 바울은 자신이나 아볼로나 게바 등은 모두 "주께서 각각 주신 대로 너희로 하여금 믿게 한 사역자들"(3:5)일 뿐이라고 말한다. 고린도 교인들이 믿는 대상은 예수님이다. 고린도 교인들은 바울과 아볼로를 통해서 예수님을 믿었다. 바울과 아볼로는 고린도 교인들이 예수님을 믿게 하는데 있어서, 수단이었을 뿐이다.

부(富)에 따른 분열(고전 11:17 이하)

문제의 발단은 부자들이 가난한 자들과 함께 주의 만찬을 나누지 않는 데서 비롯되었다. 당시 고린도교회에서 주의 만찬은 오늘날 행해지는 성찬식만을 가리키지 않는다. 성찬식을 포함하여 각자가 가져온 음식을 함께 나누는 공동 식사까지 행해졌다. 그런데 부자들은 가난한 성도들을 위해 자기가 먹을 분량보다 더 많이 가지고 와서 나누어주기는커녕, 자기들끼리만 식사를 하였다. 11장 22절의 '빈궁한 자들'은 아마도 노예들이나 노동자들과 같은 가난한 자들로 보인다. 이들이 맡은 일을 다 끝내고 오려면 교회 모임에 늦을 수밖에 없었을 것이다. 더군다나 이들은 가난하기에 먹을 음식도 가져오지 못하거나 아주 적은 양의 음식만 가져왔을 것이다. 부유한 성도들이 가난한 성도들을 배제한 채 자기들끼리만 배불리 먹고 포도주에 취해 있는 반면에, 가난한 성도들은 배고픔을 면할 수 없는 일이 생기게 된 것이다.

놀랍게도 바울은 부자들의 이런 행동이 하나님의 교회를 '업신여기는' 일이라고 신랄하게 비판한다. 하나님은 이 세상에서 아무 것도 아닌 자들을 택하시고 부르셨기에(고전 1:26 이하), 마땅히 부자들은 가난한 자들과 나누어야 한다. 공동 식사를 통한 사랑의 공동체를 이루는 것이 하나님의 뜻이다. 부자들은 이러한 교회의 한 몸 됨을 깨뜨렸다. 또 가난한 성도들이 부자들은 먹고 마시고, 자신들은 그렇지 못한 것을 보면 수치를 느끼게 되었을 것이다. 따라서 바울은 이들을 결코 칭찬할 수 없다고 잘라 말한다.

11장 30절에 따르면 고린도 교인들 가운데 병든 자들과 잠자는 자들(= 죽은 자들)이 생긴 것은, 다 그런 것은 아니겠지만, 주의 만찬을 합당하게 먹고 마시지 못하여 하나님이 내리신 심판이다. 즉 고린도전서 11장의 성찬식 말씀의 원래 맥락은 교회분열의 상황이었음을 기억해야 한다.

은사에 따른 분열(12장)

고린도전서 12장은 '신령한 것'(프뉴마티카), 즉 '성령이 주시는 은사'에 관해 말하고 있다. 바울은 12장부터 14장까지 무려 세장을 할애하여 성령의 은사에 대해 언급한다. 먼저 은사와 분열의 문제를 보자. 바울은 교회란 그리스도의 몸이며, 몸에는 다양한 지체가 있기 마련인 것처럼(12~27절) 그리스도의 몸된 교회도 여러 다양한 사람들로 구성되어 있다. 출신 민족이 다양하고(유대인, 헬라인), 사회적 지위가 다양하며(종이나 자유자), 은사도 다양하다. 그러나 이런 다양함에도 불구하고 한 몸인 이유는 세례 때 받은 성령 때문이다(13절).

그러나 다양성 속에 일치가 있다. 성도 각자에게는 고유한 역할이 있다(12장 14절이하). 각 지체는 자기 고유의 기능과 존재 가치가 있기 마련이다. 12장 15절과 16절에서는 발과 귀가 등장하여 자신을 다른 지체와 비교하면서 자신이 몸에 붙어있지 않다고 말한다. 각 지체가 각각 고유의 기능이 있는데도 자신의 고유한 기능을 생각하지 않고, 다른 지체의 기능과 비교하면서 자신이 몸에 속해 있지 않다고 말하는 것은 옳지 않다.

몸의 여러 지체들을 몸에 두신 것은 하나님이 '그 분이 원하시는대로' 하신 것이다. 11절에서 성령의 다양한 은사는 한 성령이 그 분의 뜻대로 각 사람에게 나누어 주신 것이라는 말과 상통한다. 몸의 지체도 그러하고, 성도가 받은 다양한 은사도 모두 한 분 하나님이 그 분의 뜻대로 그 기능을 정하시고, 그 은사를 나누어 주신 것이다. 그렇기 때문에 각 지체는 하나님이 주신 고유한 기능을 가지고 있으며, 서로간에는 우열이 있을 수 없다.

따라서 몸의 어떤 한 지체가 다른 지체를 향하여 '쓸모없다'고 말할 수 없다. 이 표현은 당시 고린도 교인들 가운데 일부가 우월 의식에 사로잡혀 다른 교인들을 무시한 사실을 반영한다. 고린도 교인들 가운데 사회적 지위가 높고, 부자이거나 방언의 은사 등을 받은 자들, 소위 '강한 자들'은 그렇지 못한 자들을 약하거나 덜 귀중하거나 아름답지 못하다고 보았던 것 같다. 그러나 이러한 생각에 대해 바울은 앞서(1:18~25: 4:7~13) 강하게 비판한 바 있다. 지위를 구하고, 강한 것을 추구하는 자들은 권력지상주의와 경쟁주의에 빠진 자들이다. 이것은 세상의 지혜와 강한 것을 폐하시고 미련하고 약한 것으로 세상을 구원하시는 '십자가의 도'와 정면으로 배치된다. 오히려 하나님은 약하고, 아름답지 못하다고 여겨지는 것들을 요긴하게 만드신다.

교회가 하나 되는 것은 모든 성도가 고통과 영광을 함께 하는 것이다. 바울은 12장 26절에서 '하나'와 '모든'의 선명한 대비, 그리고 '함께'라는 접두어가 붙은 두 동사를 사용함으로써, 이 점을 수사학적으로 잘 표현하고 있다. '하나'의 지체가 고통을 당하면 '모든' 지체가 '함께 고통을 당한다'(쉼파스코).

'하나'의 지체가 영광을 얻으면, '모든' 지체가 '함께 즐거워한다'(쉥카이로). 하나의 아픔이 전체의 아픔이 되고, 하나의 영광이 전체의 기쁨이 되는 이 완벽한 성도의 하나됨은 바울이 꿈꾸었던 교회의 하나됨이었다.

12장은 영적인 은사에 관한 설명이고, 13장은 영적인 은사 가운데 최고인 사랑에 관한 설명이라면, 14장은 방언과 예언에 관한 가르침이다. 바울은 고린도 교인들에게 성령의 은사에 대한 올바른 가르침을 줌으로써, 그들의 성령의 은사에 대한 남용, 특히 방언의 남용을 바로 잡으려고 한다. 방언은 고린도교회를 분열시키는 또 다른 이유였던 것이다.

성령의 은사라는 말이 보여주듯이 은사는 성령이 주시는 것이다. 성령의 은사는 다양하며, 다양한 성령의 은사를 존중해야 한다. 은사가 참된 성령의 은사가 되기 위해서는 사랑으로써 행해져야 한다. 사랑이야말로 모든 성령의 은사들을 참된 은사로 만들고, 교회의 덕을 위한 은사로 만든다. 성령의 은사는 사랑을 따라 구해야 한다(14:1).

바울이 14장을 통해 방언의 은사보다 예언의 은사를 강조하는 이유는 방언의 은사를 멸시하기 때문이 아니라, 은사의 본래적 목적, 즉 교회의 덕을 세움이라는 은사의 목적을 강조하기 위해서이다. 14장에서 '교회의 덕을 세우다'라는 표현이 반복되어 나오고 있음에 주목하라. 고린도 교인들이 '영적인 것을 사모하는 자들'인 것은 분명하다. 영적인 것을 사모하는 자이기에 성령이 주시는 은사가 그들 가운데 풍성하기를 구하는 것은 당연하다. 바울은 그렇게 하라고 권면한다. 실제로 고린도 교인들은 성령의 은사를 열정적으로 구했다. 문제는 그들이 성령의 은사를 자기 과시를 위해 사용했다는 점이다. 그 어떤 신령한 것을 추구하는지, 그 목적은 철저히 교회에 유익을 끼치는 것이어야 한다. 교인들 모두에게 유익한 것이라면 얼마든지 영적인 은사를 추구할 수 있다.

바울은 방언과 예언의 은사가 여러 가지 면에서 차이가 있음을 지적하면서 예언의 은사의 공익성과 방언의 은사의 사사로움을 강조한다. 첫째, 방언은 하나님께 말씀드리는 것이고, 예언은 사람에게 말하는 것이다. 둘째, 방언은 영으로 말하기 때문에 알아들을 수 없다. 개인적이다. 그러나 예언을 할 때에는 이성이 작용한다. 그래서 사람이 듣고 알 수 있다. 공개적이다. 셋째, 방언의 내용은 비밀이다. 하나님과 방언 기도하는 자만이 알아들을 수 있는 내용이다. 이에 반해 예언은 세움과 권면과 안위이다.

여기서 '세움'(오이코도메)이란 다른 성도에게 유익을 끼쳐 그 사람을 든든히 세우는 것을 말한다. '세우다'(오이코도메오)는 14장의 핵심어다. 다른 사람을 세우는 것이야말로 사랑으로 행하는 것이다(8:1). '권면'(파라클레시스)이란 교리의 가르침과는 구분된다. 권면은 많은 경우 말하는 자와 듣는 자간의 인격적 관계를 전제로 한다. 권면을 하기 위해서는 한 사람의 신앙적 상태를 잘 알고 있어야 한다. 또 권면은 때로는 상대방의 잘못된 것을 지적하여 드러내는 일까지도 포함한다(참고. 14:24~25). 그렇기 때문에 권면이 행해지기 위해서는 상호간의 인격적 신뢰가 있어야 한다. '안위'(파라뮈씨아)란 약한 자를 격려하는 것이다(참고. 살전 2:11; 5:14). 슬픔에 빠진 자를 위로하고 용기를 주는 것이다(요 11:19, 31). 이렇게 예언은 성도 상호간의 관계를 든든히 하고 밀착시키는 유익을 가져다 준다. 은사는 성령께서 각 사람에게 주신 선물이지만, 궁극적으로 모든 교인들에게 유익을 끼쳐야 한다.

우상에게 바친 제물 문제로 인한 분열(8:1~11:1)

1. 우상에게 바친 제물이란?

고린도전서 8~10장은 우상에게 바친 제물로 인해 교인들이 갈등을 빚은 내용을 담고 전해 주고 있다. 당시 고린도에는 그리스 신화에 나오는 신들을 섬기는 많은 신전들이 있었다. 특히 고린도의 남쪽에는 거대한 바위산으로 된 해발 560 미터의 고린도 산이 있고, 여기에는 아크로 폴리스가 있었는데, 여기에는 아프로디테(비너스) 신전이 세워져 있었다. 사람들은 이방 신전에서 신에게 제사를 드리는 일이 빈번했다.

그런데 문제는 제사에 사용된 제물(고기)은 시장으로 유입되어 일반 사람들에게 팔렸다는 사실이다. 당시에는 제사를 위해 도살하는 경우를 제외하고서 일반적인 도살이 금지되었기 때문에 시장에서 파는 고기는 모두 제사에 바쳐졌던 고기였다고 해도 과언이 아니다. 당시 고린도에 살고 있던 유대인들은 율법에 따라 이방 신전에서 바쳐진 제물을 먹는 것이 금지되었기 때문에, 고린도교회 교인들 가운데 유대인들은 시장에서 파는 고기를 먹어도 되는 것인지 문제가 될 수 밖에 없었다. 또 고린도 교인들 가운데 이교도인 친구나 친척을 두고 있는 경우, 그들의 집에 갔을 때 내놓은 고기가 문제가 될 수 있었다.

고린도 교인들 가운데 이방인 성도 역시 일부는 우상에게 바친 제물을 먹는 것이 문제가 되었을 것이다. 왜냐하면 그 제물을 먹을 때마다 과거 그들이 이방 신전에서 우상에게 제사 지냈던 일들이 생각났을 것이고, 이것이 신앙 양심에 가책이 될 수도 있었기 때문이다. 고린도 교회는 우상에게 바쳐진 제물을 먹는 문제 때문에, 자유롭게 먹는 자들과 그렇지 않은 자들 사이에 갈등이 있었다. 바울은 이 문제에 대해 대답을 해주어야 했다.

2. 본문의 구조

바울은 우상에게 바친 제물 문제에 대해 8장 1절~11장 1절에서 길게 대답하고 있는데, 그의 대답은 아래와 같이 진행되고 있다.

8장	논지: 우상에게 바쳐진 제물을 먹지 말라
	이유: 지식보다 더 중요한 것은 사랑이다
	사랑은 형제를 위해 자기의 권리를 포기하는 것이다
9장	논지에 대한 구체적인 설명1: 사도의 권리를 포기한 바울 자신의 사례
10장1~13절	논지에 대한 구체적인 설명2:이스라엘 백성의 범죄에 대한 설명.
	이들의 범죄는 고린도 교인들에게 타산지석이 된다
10장14~11:1절	논지: 우상 숭배하지 말라

3. "지식은 교만하게 하나 사랑은 덕을 세우나니…"(8장)

바울은 우상에게 바쳐진 제물을 먹는 문제에 대해 자유하지 못했던 형제를 '약한 자'(8:9, 10, 11) 혹은 '약한 양심'(8:7, 12)라고 부른다. 그렇다면 비록 바울이 직접 언급하고 있지는 않지만, 우상에게 바쳐진 제물을 먹는 문제에 대해 아무 거리낌이 없었던 성도들은 이 문제에 있어서 만큼은 '강한 자'이다.

고린도 교인들 가운데 어떤 교인들은 왜 우상에게 바쳐진 제물을 자유롭게 먹을 수 있었는가? 그 이유는 그들이 '지식'(그노시스)을 가지고 있었기 때문이다. 이들은 세상에 신이라고 부르는 존재가 있으나, 그것은 다 거짓이고, 세상에는 하나님 한 분 밖에 계시지 않음을 알고 있었다(4~5절). 만물은 하나님과 주 예수 그리스도로 인해 생겨났고, 그 분을 위해 존재한다(6절). 이교도들이 신이라고 부르는 존재는 사실상 존재하지 않기 때문에 그 신에게 바쳐진 제물을 성도가 먹어도 무방한 것이다. 따라서 이 지식을 가지고 있던 성도는 우상에게 바쳐진 제물을 먹는 문제에 대해 자유로울 수 있었다. 지식은 사람을 자유롭게 할 수 있다.

그러나 바울은 우상에게 바쳐진 제물을 먹는 문제에 대해 자유하지 못했던 형제에게 자유하라고 말하지 않았다. 그는 아무런 거리낌 없이 제물을 먹었던 성도들에게 비록 그들이 가지고 있는 지식이 옳다고 하더라도, 그 지식으로 인해 모든 것을 할 수 있는 자유가 있다고 하더라도, 약한 형제를 위해 그 자유를 포기할 수 있어야 한다고 권면한다. 그 이유는 다음과 같다.

첫째, 약한 형제가 이 문제 때문에 멸망에 이를 수도 있기 때문이다. 고린도 교인들이 비록 예수님을 믿지만, 세상 밖으로 나온 것이 아니기 때문에 고린도에서 믿지 않는 사람들도 참여하는 여러 모임에 참석할 수 밖에 없었다. 그런데 이런 모임들은 이방 신전의 연회장(이방신에게 제사를 드린 뒤, 제물로 바쳐진 고기를 먹는 곳)에서 자주 열렸다. 8장 10절 "우상의 집에 앉아 먹는 것"이란 바로 연회장을 가리킨다. 이런 모임에서는 명백히 이교적인 의식이 거행되는 곳이 아니었기 때문에, 고린도 교인들도 참석하였다. 마치 오늘날 기독교인들이 직장이나 동창회 술자리에 참석하는 것과 유사하다.

문제는 이런 모임에서 먹는 음식이 대개 우상에게 바쳐졌던 고기라는 점이다. 앞서 말했던 바, 이 세상에 참 신은 하나님 뿐임을 확신하는 강한 자는 이런 모임에서 고기를 먹는 것이 문제가 되지 않았지만, 약한 형제는 문제가 되었다. 만약 그 사람이 유대인이라면 어릴 때부터 배워온 음식 정결법 때문에 우상에게 바쳐졌던 고기를 먹기가 신앙 양심상 꺼림직 했을 것이다. 이방 기독교인이라면 고기를 볼 때마다 예수님을 믿기 전에 이방 신전에서 이방 신을 섬겼던 일들이 생각났을 것이고(7절 "지금까지 우상에 대한 습관이 있어"는 이런 의미로 추측된다), 그로 인해 고기를 먹는 일이 죄를 짓는 것처럼 생각되었을 것이다. 이들이 하나님이야말로 유일하신 참 신이라는 것을 몰랐던 것은 아니었다. 그러나 이들은 마음이 연약하고 소심했기에 자유롭게, 아무런 꺼리김 없이 우상에게 바쳐진 고기를 먹을 수 없었던 것이다. '믿음으로 하지 않은 모든 것은 죄'(롬 14:23)라는 생각을 가졌을 것이다. 이런 일로 인해 결국 "그들의 (신앙) 양심이 약하여지고 더러워지게"(7절) 되었던 것이다.

더욱이 우상의 제물에 대해 자유하였던 강한 자들은 약한 자들을 배려하기는 커녕, 왜 너희는 나처럼 자유하지 못하냐고 비아냥 거렸을 것이다. 너희는 하나님만이 참 신이라는 사실을 알지 못하느냐고 비난도 했을 것이다. 바울은 강한 자들이 약한 형제에게 그렇게 하는 것은 "그 약한 양심을 상하게 하는 것"(12절)이요, "형제로 실족케 하는 것"(13절)이고, 최악의 경우 그 약한 형제가 우상의 제물 때문에 매우 심각한 상황(추측컨대 심한 우울증, 양심상의 가책으로 인한 괴로움 등)에 처할 수도 있다고 경고한다(11절).

반대로 거리낌없이 우상의 제물을 먹는 성도를 보고, 약한 형제도 만용을 부려서(10절, "그 약한 자들의 양심이 담력을 얻어"는 이 뜻이다.) 우상의 제물을 먹을 수 있다. 이것은 약한 형제가 지식이 있어서(하나님만이 참 신이며, 이교도들이 신이라고 부르는 존재는 사실상 허깨비임을 아는 지식), 담대한 믿음으로 행하는 것이 아니기 때문에, 그 형제를 잘못된 길로 빠지게 하는 것이다. 나아가 바울은 그것은 결국 약한 형제에게 죄를 짓는 것이며, 그 사람을 위해 십자가에 죽으신 예수 그리스도에게 죄를 짓는 일이라고 강하게 비판한다(12절).

둘째, 그리스도 안에서 참된 자유란 사랑으로써 남을 섬기기 위해 주어진 것이기 때문이다. 그래서 바울은 강한 자들에게 "너희 자유함이 약한 자들에게 거치는 것(걸려 넘어지게 하는 것, stumbling block)이 되지 않도록 조심하라"(9절)고 경고한다. 내가 지식을 가져 자유한 것도 중요하지만, 그러나 더 중요한 것은 다른 사람을 위해 내가 얻은 그 귀한 자유를 포기할 줄 아는 용기, 곧 사랑이다. 그래서 지식은 사람을 교만하게 만들고, 자신만 알게 하지만, 사랑은 덕을 세운다. 사랑은 다른 사람을 배려하는 것이다. 9절에서 '자유함'이란 말의 헬라어 '엑수시아'는 원래 '권위', '권한'이라는 뜻이다. 강한 자들은 지식이 있어서 거리낌 없이 우상의 제물을 먹을 수 있는 권한이 있으나 약한 형제를 위해 그것을 사용하지 말라는 것이다. 바울은 이 점을 9장에서 자신의 사도권과 관련하여 언급한다.

내가 얻는 자유로 인해 다른 성도가 '실족하게 되는 것'은 결코 있어서 안 된다. 바울이 13절에서 '실족케하다'(9절의 '거치는 것'의 동사형)라는 단어를 두 번 반복하면서, 또 '영원히'라는 극단적 어휘를 사용하면서 만약 우상의 제물 문제가 내 형제를 실족케 하면 나는 고기를 먹지 않겠다고 말한 이유가 여기에 있다. '너를 위해 포기하는 나의 자유.' 이것은 그리스도께서 우리들에게 보여주신 것이며, 또한 그리스도 안에서 새롭게 된 자들이 가져야 할 사랑의 핵심이다. 그래서 바울은 갈라디아서에서도 이렇게 말했던 것이다.

"형제들아 너희가 자유를 위하여 부르심을 입었으나 그러나 그 자유로 육체의 기회를 삼지 말고 오직 사랑으로 서로 종 노릇 하라 온 율법은 네 이웃 사랑하기를 네 몸 같이 하라 하신 한 말씀에 이루었나니 만일 서로 물고 먹으면 피차 멸망할까 조심하라"(갈 5:13-15).

4. "더 많은 사람을 얻고자 함이라…"(9장)

바울은 앞서 고린도 교인들에게 비록 자유와 권리가 있다고 해도 다른 형제를 위해 그 자유 혹은 권리를 포기할 수 있어야 한다고 말하였다. 이제 9장에서는 그 실제적인 사례로서 바울 자신이 사도로서의 권리가 있으나, 그것을 포기하였음을 말하고 있다.

먼저, 바울은 자신에게 사도로서 주장할 '권리'가 있다고 강조해서 말한다(1~12절). '권이 없겠느냐'는 부정 의문문 형식을 통한 강한 긍정의 문장을 바울은 4차례나 사용하고 있다. 특히 4, 5, 6절에서는 연달아 세 차례나 사용하고 있으며, 12절에서 다시 언급된다.

바울은 자신에게도 다른 사도들처럼 복음을 전하기 때문에 의식주의 문제를 요구할 수 있는 권리가 있었다. 이 권리는 주님께서 주신 권리였다(14절). 그럼에도 불구하고 사도의 권리를 포기하는 이유는 그리스도의 복음에 아무런 장애가 없게 하기 위해서였다(12절). 바울은 자신이 그 권리를 주장하여 복음을 듣는 대상이 자신을 오해하고, 복음을 받아들이지 않게 될까봐, 자비량 선교를 하였던 것이다. 바울은 댓가를 받지 않고 복음을 전함으로써, 복음이 은혜의 복음, 말그대로 '값을 받지 않는 공짜 복음'(free gospel)임을 직접 보여준 것이다(참고. 살전 2:9).

바울에게 있어서 복음을 전하는 일은 선택이 아니라 필수였다(16~17절). 따라서 복음과 사도로서의 권리를 선택해야만 하는 경우 그는 주저없이 복음을 택하고, 사도의 권리를 포기하였다. 심지어 그는 댓가를 받지 않고 복음을 전하고, 사도로서의 권리를 주장하지 않는 것이 자기가 받을 상이라고까지 말한다(18절). 바울은 복음 안에서 모든 것으로부터 자유하였다("내가 자유자가 아니냐?" 1절). 그러나 그는 '스스로' 그 자유를 포기하고 많은 사람들의 종이 되었다(19절). 그 목적은 더 많은 사람을 얻기 위해서, 가능하면 많은 사람들을 그리스도에게로 인도하기 위함이었다. 사람의 마음을 얻는 것, 사람을 그리스도에게로 인도하는 것은 스스로 종이 되어 섬길 때다. 섬김만이 사람을 변화시킨다. 이러한 바울의 모습은 많은 사람을 위해 자기 목숨을 대속물로 내어주신 예수님의 모습을 닮은 것이다(참고 막 10:42~45; 빌 2:5~8).

20~22절은 바울이 모든 사람에게 대해 종이 되었다는 것이 무슨 의미인지 보여주고 있다. 여기에 따르면 바울은 각양 각색의 사람들(유대인, 율법 아래

있는 자들, 율법 없는 자들, 약한 자들 등)에게 자신을 맞추어 주었다. 바울이 자신을 남에게 맞춘 것은 굴욕이나 아부가 아니라, 자유함 가운데서 이루어진 남에 대한 배려요 사랑이었다. 그 목적은 그들을 '얻기 위해서'였다. 특히 20~22절에서 '얻다'라는 단어가 네번 반복되고 있는 것과 '얻다'와 같은 의미의 단어 '구원하다'가 사용되고 있는 사실에 주목하라. 이것이야말로 '복음을 위하여 모든 것을 행하는 것'(23절)이다.

5. 이스라엘의 범죄는 우리에게 거울이 된다(10:1~13)

바울은 10장 1~13절에서 구약시대의 이스라엘이 범한 죄를 언급함으로써, 우상의 제물을 먹는 고린도 교인들에게 경고를 주고 있다. 먼저 바울은 이스라엘이 받은 은혜와 고린도 교인들이 받은 은혜를 비교한다. 바울은 이스라엘 백성이 구름 기둥의 인도를 받고, 홍해 바다를 건넌 것을 세례 사건으로 해석한다.

또한 바울은 이스라엘 백성이 먹은 식물과 음료가 '신령한 것'(프뉴마티콘)이라고 말한다. 신령한 음식과 음료는 성찬식 때 사용되는 떡과 잔을 가리키는 용어다. 이스라엘 백성들이 먹었던 만나와 물과 성찬식에서의 떡과 잔은 영생하는 양식이요 영생하는 물인 예수 그리스도를 가리킨다. 바울은 이렇게 이스라엘 백성의 상황과 고린도 교인의 상황을 비교하고 있는 것이다.

이번에는 이스라엘의 범죄와 고린도 교인들의 범죄를 비교한다. 이스라엘 백성들은 '악을 즐겨하였다'(6절). 이 말은 '악을 향한 열망이 있다'는 뜻이다. 또 그들은 우상 숭배(7절; 출 32:6), 간음(8절; 민 25:1~9), 주님을 시험함(9절; 민 21:4~9), 원망(10절; 민 16:41~50) 등의 죄를 지었다.

그런데 문제는 위와 같은 이스라엘 백성의 범죄가 고린도 교인들 가운데서 나타났다는 사실이다. 고린도 교인들 가운데 일부는 자만하여 이방 신전에 가서 연회에 참석하였다. 이곳은 바로 우상 숭배와 성적인 범죄와 하나님의 인내심을 시험하는 장소였다. 또 고린도 교인들은 우상의 제물 문제를 비롯한 여러 가지 문제로 서로 비난하고 있었다.

바울은 여기서 이스라엘 백성의 범죄를 성경에 기록한 목적이 고린도 교인들에게 '본보기'(6, 11절)이 되고, 깨우치기 위함이라고 말한다(11절). 따라서 자신이 믿음 위에 굳건이 서 있다고 생각하는 자(8장 1절 이하에서 말하는 지식이 있는 자들) 자만하지 말고, 넘어지지 않도록, 즉 우상 숭배나 성적인 범죄 등에 빠지지 않도록 조심해야 한다.

고린도 교인들은 환경 자체가 우상의 제물을 피할 수 없는 상황이었다. 그러나 하나님은 그런 상황에서도 피할 길을 주신다. 어찌할 수 없는 상황처럼 보이는 상황에서도 하나님은 역사하신다. 하나님은 우리 모두가 거룩한 백성으로 살아가기를 원하시며, 우리가 그런 열망을 가지고 살아갈 때, 하나님은 방법을 보여주신다는 뜻이다.

6. 우상의 제물에 관한 바울의 결론

바울은 14절 이하에서 우상의 제물에 관하여 다음과 같이 결론짓는다. 첫째, 우상 숭배를 피하라(14절). 주님의 살과 피를 먹고 마시는 성도가 스스로 이방신전에 가서 우상에게 바쳐진 음식을 먹고 마셔서는 안 된다. 둘째, 시장에서 파는 고기는 그 고기가 우상에게 바쳐진 고기인지의 여부를 놓고 고심하지 말고 먹어도 된다(25절). 셋째, 불신자 집에 초대받아 갔을 경우, 차려진 음식을 걱정하지 말고 먹어도 된다(27절). 그러나 누군가 그 음식이 우상에게 바쳐진 제물이라고 말하면, 알려준 사람을 위하여(남의 유익을 위하여) 먹지 말라. 넷째, 성도는 먹든지 마시든지 무엇을 하든지 그 목적이 하나님의 영광이어야 한다. 하나님의 영광을 위해 살기 위해서는 자신의 유익을 구해서는 안 된다. 그럴 경우 하나님의 교회에 거치는 자가 될 수 있다(32절). 자신의 유익을 구할 경우, 믿음이 연약한 형제가 시험에 들 수 있고, 믿지 않는 자들도 그리스도인이 세상 사람들과 다를 바가 무엇인지 구분할 수 없게 될 수 있다. 하나님의 영광을 위해 사는 자는 남의 유익을 구하여 그들을 구원으로 인도해야 한다.

02

설교자를 위한
고린도전서의 구조와 신학

바울은 제2차 전도 여행 중에 마게도냐 지방에 도착해 빌립보와 데살로니가에 교회를 세운 후, 베뢰아와 아테네를 거쳐 고린도에 도착했다(행 16:11~18:1). 그는 고린도에서 상대적으로 오랜 기간이라 할 수 있는 18개월 동안 비교적 안정된 상태에서 복음을 전할 수 있었다(행 18:11). 이것이 가능했던 이유는 우선 바울에게 고린도에 복음을 전해야 한다는 신적 확신이 분명했기 때문이다. "밤에 주께서 환상 가운데 바울에게 말씀하시되 두려워하지 말며 잠잠하지 말고 말하라 내가 너와 함께 있으매 아무 사람도 너를 대적하여 해롭게 할 자가 없을 것이니 이는 이 성 중에 내 백성이 많음이라 하시더라"(행 18:9, 10).

둘째로 바울은 뜻밖에도 아굴라와 브리스길라 유대 그리스도인 부부를 고린도 도시에서 복음의 동역자로 만날 수 있었기 때문이다. 아굴라 부부는 로마에 체류하던 중에 AD 49년 클라우디우스(Claudius) 황제 칙령 – "모든 유대인을 명하여 로마에서 떠나라"(행 18:2) – 에 따라 로마에서 고린도로 이주한 상태였다. 그들은 천막을 만드는 동일한 직업을 통해 더욱 쉽게 동역했을 것이며, 바울은 그들 부부의 집에 묵으면서 생활할 수 있었다(행 18:23).

셋째로 이런 상황에서 빌립보 성도들의 후원금을 갖고 마게도냐에서 내려 온 실라와 디모데가 고린도에서 바울과 합류하게 되었기 때문이다(참조

행 18:5; 빌 4:15; 고후 11:9).

넷째로 바울이 고린도에서 사역 중에 아가야 지방의 새 총독으로 부임한 갈리오(Gallio, AD 51년 7월~52년 6월의 재임 기간) 앞으로 고소당했던 것이 무죄 판결 받은 것을 들 수 있다(행 18:12~17). 따라서 고린도 성도들[소수의 유대인(행 18:8)과 다수의 이방인들(고전 12:2)의 혼합]은 전도자 바울에게서 복음을 듣고 회심했다. 그리고 나름대로 복음 양육을 받고 교육을 받았으며, 바울에 의해 고린도교회가 세워졌다(참조 행 18:1~19; 고전 3:6, 10; 4:15).

고린도전서 5장 9절에 따르면, 바울이 고린도전서 이전에 고린도교회에 보낸 편지가 있었음을 알 수 있다. 하지만 현재 우리로선 그 서신에 대해 전혀 알 수 없다[1]. 바울이 고린도전서를 쓰게 된 동기 및 목적은 다음과 같다. (1) 바울은 고린도 성도들 안에 분쟁이 있음을 글로에 가족들에게서 전해 들었다(고전 1:11~12). (2) 바울은 고린도교회의 편지를 통해 질문을 받고 그에 대해 답변해야 할 책임을 강하게 느꼈다(참조 고전 7:1, 16:17). 그 질문들은 고린도전서 안에서 "…에 대하여는"(페리)이라는 문구로 시작되는 각 장(고전 7:1, 25; 8:1; 11:2; 12:1; 15:1; 16:1)에서 논의되고 있다(11장과 15장의 내용도 질문에 대한 답변으로 이해됨). (3) 스데바나, 브드나도, 아가이고로 구성된 세 명의 고린도교회 대표들(고전 16:17)이 에베소에 있는 바울을 찾아와 고린도 성도들(교회)의 상황들(분열의 문제, 성-도덕 문제, 소송 문제, 결혼 및 이혼 문제, 부부 사이의 성 생활 문제, 우상 제물 음식 문제, 성만찬 오용 문제, 은사주의자들의 은사 활용 문제, 방언 오용 문제, 예배 생활과 관련된 문제, 죽은 자들의 부활 문제, 종말 문제 등)을 더욱 구체적으로 전해 주었다. 따라서 바울은 명확하게 이런 문제들(고전 1:11~12; 5:1; 6:1, 16; 7:10~11; 8:1; 11:26, 20~22; 14:26~33; 15:12)을 잘 이해할 수 있었고, 그에 대한 처방으로 고린도전서를 썼던 것이다.

그러나 바울은 당면 문제를 실질적으로 다루기 전에 먼저 복음의 본질적 요소를 서신 초두뿐 아니라 기회가 될 때마다 서신에 반복적으로 언급했다. 즉 이미 "그리스도 예수 안에서 거룩하여지고 성도라 부르심을 입은"(1:2) 고린도 성도들에게 십자가에 달리심으로써 구원을 이루신 예수 그리스도(고전 1:17, 23~24; 2:2)와 부활하셔서 장차 재림하실 예수 그리스도(고전 1:7; 3:12~15; 5:5; 7:26, 31; 11:26; 15:23, 29, 36~57; 16:22)에 대해 새롭고 분명하게 인식시켰다. 따라서 (1) 구원에 이른 성도들의 정체성(신분)에 대한 이해, (2) 예수 그리스도의 종말론적 십자가 사건이 성도들에게 무엇을 의미하는지(삶)를 밝히고 있다. 즉 구원론과 함께 종말론적 삶에서 온전한 기독론에 대한 이해가 성도들 삶의 문제를 푸는 열쇠인 셈이다.

고린도전서를 파악하는 구조[2]

1. 서론(1:1~9)
    1-1. 인사말(1:1~3)
    1-2. 감사와 찬미(1:4~9)
2. 교회 분열 조짐에 따른 교훈(1:10~4:21), '글로에 사람들이 전해 준 내용에 대한 답변'(참조 1:10~6:20, 1:11)
    2-1. 분열의 사실(1:10~17)
    2-2. 분열의 원인(1:18~4:13)
        2-2-1. 기독교 메시지에 대한 오해(1:18~3:4)
        2-2-2. 기독교 사역과 사역자들에 대한 오해(3:5~4:5)
        2-2-3. 기독인에 대한 오해(4:6~13)
    2-3. 분열 해결을 위한 권고(4:14~21)
3. 성도답지 못한 도덕 – 윤리적 불감증에 따른 교훈(5:1~6:20)
    3-1. 음행에 대한 가르침(5:1~13)
    3-2. 세상 법정에서 송사 사건에 대한 가르침(6:1~11)
    3-3. 성적 부도덕함에 대한 가르침(6:12~20)
4. 결혼에 대한 교훈(7:1~40), '고린도 성도들이 전해 준 서신에 대한 답변'(참조 7:1~16:9; 16:17)

신학적 메시지를 이해하기 위한 단초

바울은 아쉬움을 넘어서 황당하기까지 한 고린도 성도들의 소식을 접하고 문제투성이인 그들이지만 서신 첫머리를 의미 있게 시작한다. 즉 바울은 그들에게 '성도' 안에서 문안(1:13)을 올릴 뿐 아니라, 그들에 대해 하나님께 감사하는 신령한 여유(1:49)를 먼저 전한 후에 교훈적 답변을 시작한다. 실제로 고린도전서의 첫 아홉 절은 시사하는 바가 크다. 왜냐하면 바울이 많은 문제들 앞에 있는 고린도 성도들에게 그리스도 안에서 선한 일을 이미 역사하셨고(과거), 지금도 역사하시며(현재), 앞으로도 역사하실(미래) 하나님의 신실하심에 충분히 기초해 기도하는 마음으로 서신을 전한다는 점에서 그렇다. 다시 말해 고린도전서의 신학적 메시지는 선교사의 열정과 목자의 통찰력을 소유한 바울의 뜨거운 심령을 활자화한 것임을 잊지 말아야 한다.

1장 10절에서 16장 4절까지 바울은 고린도 성도들의 구체적 상황을 거론하는 중에 목양적 차원에서 문제점들을 하나씩 풀어나간다. 이런 처방 속에서 바울의 신론, 기독론, 성령론, 인간론, 구원론, 교회론, 종말론 등이 자연스럽게 관계 문맥들에서 드러나고 있는 셈이다. 이런 면에서 우리는 고린도전서(다른 서신들을 포함해)를 오늘날의 '신학 교리서'나 '조직 신학 교과서'로 간주하려는 태도에 주의할 필요가 있다. 물론 이같은 입장이 고린도전서에서 나타나는 '신학적 주제나 교리'를 도외시하자는 것은 결코 아니다. 다만 서신 자체가 담지하고 있는 역사적 문맥(정황)을 무시한 교리화나 신학화는 성경 본문 자체의 세계를 해석자(들)의 이념적 틀로 이데올로기화할 수 있기 때문이다.

바울은 먼저 '글로에의 종들에 의해 알게 된 내용을 1장 10절에서 6장 20절에 걸쳐 고린도 성도들에게 답변하는 듯하다. 여기에 (1) 성도들 사이의 경쟁적 분열, (2) 성도들의 음행(근친상간)과 도덕적 타락(성도들끼리 세상 법정에 고소하는 일)을 경계하며 교훈한다. 그런 다음에 바울은 계속해 고린도 성도들(스데바나, 보드나도, 아가이고, 참조 고전 16:17)이 전해 준 서신 내용들에 대해 7장 1절에서 16장 9절에 걸쳐 답변하는 듯하다. (3) 결혼에 대해 일반적 가르침에서 기혼자와 미혼자 그리고 과부의 재혼에 대해 각각 교훈한 후 (4) 성도가 이방 신(우상)에게 바쳐진 음식을 먹는 문제를 논한다. 그리고 바울 자신의 사도직 권리와 실천적 적용을 모범적으로 예시하면서 복음에 따른 신약 성도의 삶이 율법에 따른 구약 성도의 삶보다 더 고상하고 성숙해야 함을 밝힌다.

(5) 이어서 바울은 공식 예배 중에 여자들이 머리에 수건을 두르는 예의에 대해 논한 후 (6) 성찬(애찬)의 예절과 성도들의 신령한 은사 활용에 대한 진정한 의미를 설명한다. 이 부분에서 다시 한 번 성숙한 성도는 자신의 자랑이나 유익이 아닌 예수 그리스도의 주되심과 신앙 공동체의 덕을 위해 자신의 은사가 쓰임 받아야 함을 교훈한다. (7) 부활의 성격에 대해 먼저 예수 그리스도 부활의 역사적 확실성을 초대 교회 전승에 기초해 논증한다. 그런 다음에 바울은 예수 부활의 중요한 의미가 예수를 그리스도로 믿는 (고린도 당시 및 오늘의) 성도들의 미래와 필수 불가결한 사건임을 설파한다. 즉 예수 그리스도의 부활은 모든 (과거와 현재 그리고 미래) 성도들의 '첫 열매'가 되어 우리의 장래 부활에 보증이 된다는 것이다.

(8) 끝으로 바울은 예루살렘 성도들을 위한 연보에 관한 가르침과 함께 자신의 전도 여행 및 고린도 방문 계획을 언급하면서 동역자들의 안부를 대신 전한다. 고린도전서에 나타난 바울의 마지막 문안과 축도는 그가 얼마나 예수 중심적이며 ─ 이것은 곧 하나님 중심적 삶을 표현하는 말이기도 하다 ─ 철저한 종말론적 인식 속에서 살고 있는지 잘 보여준다. 또한 예수의 제자로서 바울의 헌신적 삶이 강렬하게 드러난다. "나 바울은 친필로 너희에게 문안하노니 만일 누구든지 주를 사랑하지 아니하거든 저주를 받을지어다 주께서 임하시느니라 주 예수 그리스도의 은혜가 너희와 함께하고 나의 사랑이 그리스도 예수 안에서 너희 무리와 함께 할지어다"(16:21~24).

고린도전서는 갈라디아서나 로마서와 비교해 볼 때 오늘의 성도들을 위한 '순수한 교리'나 '체계적 신학'이 약한 것으로 간주될 수 있다. 그러나 한 번 더 생각해 보면, 고린도전·후서야말로 진정한 의미에서 '신학의 역할'을 충실히 보여주는 바울의 서신서임에 분명하다. 즉 과거와 오늘의 성도들에게 요구되는 '복음과 일상적 삶을 위한 신학과 그에 따른 원리'가 장마다 나타나 있다. 필자는 이런 점에서 본 서신에서 발견되는 두 가지 큰 신학적 꼭지점을 잠시 언급한 후에, 성도들 특히 오늘의 설교자 또는 목회자의 리더십에 적용돼야 마땅한 신학적 원리(메시지)를 제시함으로써 '고린도전서에서 드러난 신학'을 대신하려 한다.

고린도전서 신학의 꼭지점: 그리스도의 십자가와 부활

바울은 서신서 전체에 걸쳐 고린도 성도들이 '구원(칭의) 그 후의 삶(성화)'으로 당연히 나가야 할 것에 초점을 맞추고 있다. 그런데 이같은 교훈은 철저하게 '그리스도의 십자가' 사건과 의미에 기초한다. 다시 말해 종말론적 구원자로서 하나님의 보내심을 받은 메시아 예수께서 십자가 위에서 하나님의 저주를 받으심으로 하나님의 모든 언약 백성들이 은혜로 구원에 이르는 길로 초청받게 된 것과 그에 따른 감사와 감격이 성도들의 여러 현안 문제들을 푸는 열쇠가 된다는 의미다.

하지만 '그리스도(종말의 구원자)의 십자가 죽음'은 유대인뿐 아니라 헬라인 모두에게 '복음(구원)'의 소식이 아닐 뿐 아니라, 실제로 그들에게 거리낌이요 미련한 것이었다(1:21). 왜냐하면 '그리스도의 십자가' 사건이 '하나님의 능력과 지혜'가 계시된 사건임을 깨닫게 된 것은, 하나님의 택하심 중에 하나님의 성령 안에서 부르심을 입은 사람들에게만 주어지는 은혜기 때문이다(1:18~2:16). 따라서 '그리스도의 십자가' 메시지에 기독론(특히 지혜-기독론), 구원론, 성령론, 종말론 그리고 인간론이 상호 깊이 관련돼 있음을 볼 수 있다.

서신의 마지막 부분(15장)에서 '그리스도의 부활'이 다뤄지는 것은 여러 모로 주목할 가치가 있다. 무엇보다 '그리스도의 죽으심'(1장)과 '그리스도의 살아나심'(15장)은 성도들의 일상에 알파(처음)와 오메가(마지막)와 같은 신앙(구원)의 중심을 차지할 메시지다. 이와 같이 그리스도 안에 나타난 하나님의 계획과 뜻을 온전히 알지 못하는 자(참조 고전 15:34)는 '육에 속한 자'(고전 2:14)가 아닐지라도 '육신에 속한 자'(고전 3:13)가 되어, 신분상 성도지만 삶에선 성도답지 못한 행실을 드러내는 연약함에 자주 빠지게 된다(5장부터 15장에 나타난 고린도 성도들의 문제, 참조 고전 4:6~13, 10:1~13).

이런 점에서 '그리스도의 십자가와 부활'에 대한 신학 – 복음적 메시지는 회심을 일으키는 하나님의 능력일 뿐 아니라, 그리스도인의 구원 – 윤리적 삶의 끊임없는 변화와 성숙을 요구하는 하나님의 지혜(지식)다. 따라서 구원 이후 성도의 삶은 그리스도의 십자가 고난과 부활의 영광 안에 함께 연합된 종말론적 긴장('이미'와 '아직')이 요구된다. "우리 주 예수 그리스도로 말미암아 우리에게 이김을 주시는 하나님께 감사하노니 그러므로 내 사랑하는 형제들아 견고하며 흔들리지 말며 항상 주의 일에 더욱 힘쓰는 자들이 되라 이는 너희 수고가 주 안에서 헛되지 않은 줄을 앎이니라"(고전 15: 57~58).

삶과 리더십에 적용해야 할 신학적 원리

누가 나를 불렀는가 : 신적 기원의 원리

바울은 1장 1절에서 자신의 목회 리더십의 뿌리가 하나님과 예수 그리스도 즉 신적 기원("하나님의 뜻을 따라 그리스도 예수의 사도로 부르심을 입은 바울")에 기초하고 있음을 담대히 말하고 있다(참조 고후 1:1, 엡 1:1, 골 1:1, 딤후 1:1). 17절 상반절에서도 "그리스도께서 나를 보내심은…"이라고 언급함으로써 자신은 그리스도에게서 '부르심을 입은 자'라는 소명 의식이 철저했음을 보여준다. 물론 바울은 평생 동안 잊을 수 없는 다메섹 도상의 회심과 소명에 기초하고 있지만, 그 사건 후에도 계속적으로 신령한 체험을 통해 자신의 소명과 사명을 늘 새롭게 했음을 잊지 말아야 한다(고후 12:19, 참조 행 13:13, 16:6~10, 18:9~10, 19:21, 20:22~23). 그리고 바울의 신적 소명 의식은 "성령의 나타남과 도우심"(2:4, 참조 2:12~13, 12:13) 가운데 삶의 현장에서 열매를 맺게 된 것도 주목해야 한다. 이런 점에서 바울은 한 사람의 그리스도인, 복음의 사역자로서 리더십의 신적 기원을 철저한 소명 의식과 함께 인식하고 있다. 그에 따른 사역의 결실은 삼위일체 배경과 조화로 가능했던 것임을 관찰할 수 있다.

사역자들은 누구인가 : 동역과 섬김의 원리

바울은 고린도 성도들을 위해 사역한 자신과 아볼로를 거명하면서 자신들은 하나님께 속하고 예속된 종들이라고 했다(3:4, 5). 이런 면에서 고린도 교회의 개척자인 바울은 복음을 심은 자로, 후임자였던 아볼로는 물을 준 자로 묘사되고 최종으로 자라게 하신 분은 사람(들)이 아닌 하나님이심을 천명한다(3:6, 7). 이런 중에 바울은 자신과 아볼로의 관계를 중심으로 주님의 사역자들과의 관계를 설명한다(3:8,9). 즉 바울이 주님의 다른 사역자들과의 관계에서 보여준 리더십은 바로 동역하는 모습이었다. 개인이나 자신들의 일이 아닌 하나님의 일을 하는 '하나님께 속한 동역자'로서 같은 목적을 갖고 하나님의 일을 한다는 것이다. 21절에서 "그런즉 누구든지 사람을 자랑하지 말라"고 함으로써, 거룩한 성전인 하나님 백성들의 모임인 교회가 분열에 이를 정도로 사람을 우선하고 자랑하는 성도들이나 그런 자랑에 우쭐하는 사역자들 모두 옳지 않음을 증거한다.

그리고 바울의 논증에 따라 3장의 결론은 고린도 성도들이 주님의 사역자들(지도자들)에게 속한 자들이 아니라 그리스도께 속한 자들이라는 것이다. 말하자면 당시 고린도 성도들이 서로 '우리는 누구 누구에게 속했다'고 하는 주장에서 발생한 교회 내의 분쟁에 대해 바울은 유사한 표현을 사용해 완전히 의미를 반전시키고 있다. 즉 '너희가 어떤 지도자들에게 속한 것이 아니라, 어떤 지도자들이 너희에게 속했다' 는 뜻이다. 21~22절의 "그런즉 누구든지 사람을 자랑하지 말라 만물이 다 너희 것임이라 바울이나 아볼로나 게바나 세계나 생명이나 사망이나 지금 것이나 장래 것이나 다 너희의 것이요"라는 메시지는, 고린도 성도들이 몇몇 지도자들을 자랑하면서 '우리는 이 사람 편이다', '우리는 저 사람의 것이다' 라고 하는 주장에 상관없이 '주님의 사역을 맡은 지도자들이 오히려 고린도 성도들을 위해 존재하는 자들로서 고린도 성도들의 것이다' 라는 뜻이다. 즉 바울은 자신과 같은 사역자들이 고린도 성도들을 섬기기 위해 존재한다고 말함으로써, 섬김의 크리스천 리더십을 확고히 보여준다.

어떠한 마음을 품을 것인가 : 아비의 원리

우리는 4장 14~16절을 통해 바울의 복음 사역자와 지도자로서 또 다른 귀중한 자세를 볼 수 있다. 그것은 바로 아비 같은 심정을 가진 지도자의 이미지와 자신을 본받으라고 외칠 수 있는 모델 역할의 이미지다. 6절에서 고린도 성도들을 향해 '형제들아' 라고 불렀던 바울은, 14절에서 같은 대상을 향해 '나의 사랑하는 자녀' 라고 부른다. 나아가 바울은 자신을 다른 사역자들과 구별한다. "그리스도 안에서 일만 스승이 있으되 아비는 많지 아니하니 그리스도 예수 안에서 복음으로써 내가 너희를 낳았음이라"(15절). 이것은 바울 자신이 다른 사역자들보다 뛰어났음을 과시하는 것이 아니라, 고린도 성도들을 향한 바울의 애정과 열정이 '선생' 이 아닌 '아비' 의 심정이었음을 간증하기 위함이다.

바울은 갈라디아 성도들을 향해 자신의 사역을 비유적으로 말하면서 "그리스도의 형상이 이루기까지 다시 … 해산하는 수고"(갈 4:19)를 한다고 밝혀 '아비' 뿐 아니라 '어미' 의 심정으로 하나님의 사역을 감당한 것을 알 수 있다. 고린도전서 4장 6~13절은 이런 떳떳함 속에서 바울이 고린도 성도들의 교만과 방종을 책망하는 내용이 담겨 있다. 특히 10~13절에서 지도자인 바울의 자기 부인을 통한 겸손과 고통이, 바울에게서 양육을 받았던 고린도 성도들의 교만과 거짓된 자랑과 함께 역설적으로 대조를 이루면서 나타난다. 따라서 바울은 당당하게 고린도 성도들을 향해 아비의 심정으로 사랑을 품고 책망하면서 권면한다. "그러므로 내가 너희에게 권하노니 너희는 나를 본받는 자 되라"(16절).

초점을 어디에 : 공동체를 세우는 덕의 원리

"모든 것이 가하나 모든 것이 유익한 것이 아니요 모든 것이 가하나 모든 것이 덕을 세우는 것이 아니니 누구든지 자기의 유익을 구치 말고 남의 유익을 구하라"(10:23~24). 이것은 6장 12절에서 바울이 고린도 성도들을 향해 자기 삶의 원리를 드러낸 경구이기도 하다. 그리고 성도들의 '단순한 지식'은 오히려 교만하게 하여 자신뿐 아니라 공동체를 어지럽게 만드는 한편, 성도들의 사랑은 개인과 공동체를 세우는 신앙의 필수 덕목(8:1)임을 언급한다(참조 14:12, 26). 고린도전서 13장은 실제로 '그리스도의 십자가' 은혜를 입은 성도들이 나타낼 수 있는 최고 삶의 열매를 묘사한 것이라 할 수 있다. 그리고 14장 33절에서 "하나님은 어지러움의 하나님이 아니시요 오직 화평의 하나님이시니라"고 말함으로써, 성도 개인의 유익을 저버리고 사랑 안에서 공동체의 다른 회원들에게 덕을 세우기 위해 애쓰는 것이 성도의 마땅한 삶임을 밝힌다.

바울은 그리스도 안에서 구원을 누리고 있는 고린도 성도들이 이제 율법이 아닌 사랑의 옷을 입고 새롭게 태어난 자들답게 자기 신앙의 자유함을 넘어서 신앙 생활을 함께 나누는 공동체 회원들을 배려하고 섬길 것을 요구한다. 이런 상호 문맥들에서 바울의 논리적 결론이 담긴 메시지가 10장 31절 말씀임을 우리는 주목해야 한다. "그런즉 너희가 먹든지 마시든지 무엇을 하든지 다 하나님의 영광을 위하여 하라." 이 말씀에서 하나님께 영광을 돌리는 삶은 신앙 공동체 안에서 믿음이 어리고 약한 성도들을 배려하고 섬기는 것임을 의미한다(참조 10:32~33).

성도들을 어떻게 볼 것인가 : 다양성과 통일성의 조화 원리

바울이 12장에서 '그리스도의 몸'이라고 하는 그림 언어를 통해 말하려는 핵심 내용은 성도들의 은사가 많든 적든, 큰 것이든 작은 것이든, 직분자든 평신도든 예수를 구주로 고백하는 자들은 모두 성령의 은혜 가운데 그리스도께 속한 지체들로서 하나의 몸이라는 진리다(참조 3, 13절). 나아가 고린도 성도들 중에 은사가 더 적고 더 보잘 것 없어 보이는 신앙 공동체에 별 도움이 안 돼 보이는 자들을 더욱 존귀하게 여기고, 그들이 혹 소외돼 고린도 성도들 중에서 떨어져 나가지 않도록 더 잘 돌봐야 한다는 사실이다. 이것이 12장 22~26절에서 말하는 바다. "이뿐 아니라 몸의 더 약하게 보이는 지체가 도리어 요긴하고 우리가 몸의 덜 귀히 여기는 그것들을 더욱 귀한 것들로 입혀 주며 우리의 아름답지 못한 지체는 더욱 아름다운 것을 얻고 우리의 아름다운 지체는 요구할 것이 없으니 오직 하나님이 몸을 고르게 하여 부족한 지체에게 존귀를 더하사 몸 가운데서 분쟁이 없고 오직 여러 지체가 서로 같이하여 돌아보게 하셨으니 만일 한 (약한) 지체가 고통을 받으면 모든 (다른 강한) 지체도 함께 고통을 받고 한 지체가 영광을 얻으면 모든 지체도 함께 즐거워하나니 너희는 그리스도의 몸이요 지체의 각 부분이라."

여기서 우리가 알 수 있는 목회 신학적 리더십은 성도들의 다양한 은사들을 그리스도와 성령 안에서 조화와 균형 가운데 잘 활용하는 지혜와 통찰력이 요구된다. 성도의 다양성과 통일성이 유기적으로 나타날 수 있도록 힘쓰는 리더십을 말한다. 이것은 무엇보다 교회가 성도들의 공동체라는 사실을 깊이 묵상하도록 도와준다. 담임 목회자를 포함한 교회의 여러 교역자들도 다른 일반 성도들과 함께 '그리스도의 몸'된 신앙 공동체의 한 지체임을 새삼 상기시켜 준다. 이것은 오늘날 신체적, 경제적, 영적으로 약한 자들이 교회에서 무시당하는 풍토가 옳지 않다는 것을 일깨워 준다. 또한 교회 지도자가 품어야 할 이미지는 군림하는 세상 왕이 아닌 섬기는 종의 이미지여야 함을 의미한다. 성령의 인침을 받아 함께 예배드리고 교제를 나누는 신앙 공동체로서 교회의 구조와 행정은 필히 사회 단체의 조직과 다른 면을 보여줘야 한다. 성도들의 각양 다른 배경과 은사들에도 불구하고 복음 안에서 하나 됨이 깨어지지 않는 교회의 신비한 속성이 세상 공동체들을 향한 또 하나의 경쟁력이다.

어떻게 영향력은 발휘되나 : 믿음과 삶의 일치 원리

바울은 그리스도 예수 안에서 복음을 통해 고린도 성도들을 출산했다고 비유적으로 말하면서 담대하게 제안한다. "그러므로 내가 너희에게 권하노니 너희는 나를 본받는 자 되라"(4:16). 바울의 이런 제안과 명령은 그의 '말과 행동' 즉 '믿음과 삶'이 상당히 성숙했음을 의미한다. 그리고 바울의 영적 훈련과 성숙의 기준은 다름이 아닌 '나사렛 예수 그리스도의 삶'인 것을 알 수 있다. "내가 그리스도를 본받는 자 된 것같이 너희는 나를 본받는 자 되라"(11:1, 참조 갈 4:12, 빌 3:17, 살전 1:6, 2:14, 살후 3:7, 9). 복음의 일꾼인 바울에게 나사렛 예수는 무엇보다 '신앙의 대상'으로서 그리스도와 주가 되신다. 이것은 고린도전서뿐 아니라 그의 모든 서신에 깔려 있는 전제다.

또한 '신앙의 대상'(the object of faith)이신 나사렛 예수는 바울에게 '신앙의 모범'(the example of faith)으로 간주되고 있음을 잊지 말아야 한다. 나아가 바울은 성도들에게도 그리스도 예수의 삶을 따르라고 요구하고 있다(참조 빌 2:5~11). 이런 점에서 바울의 '고난 목록'(4:9~13, 참조 고후 4:7~10, 6:9~10, 11:23~33)은 자신의 믿음과 삶이 분리되지 않음을 변증하는 도구일 뿐 아니라, 성도들을 감동시키는 영적 재산이기도 하다. 실로 바울의 고난 목록이 당시 자신의 사도됨을 간접적으로 변증해 주는 것이라는 점에서 오늘의 모든 복음 사역자들에게도 의미하는 바가 크다.

영향력은 어디서 : 성경과 성령 중심의 원리

고린도전서 10장에 구약 성경의 한 사건에 대한 바울의 해석이 나타난다. 그리고 총 16장으로 구성된 고린도전서에 구약 성경을 암송하는 듯 바울이 구체적으로 언급한 성경 구절 인용이 적어도 22번이 된다(참조 고후 14번, 롬 59번, 갈 12번). 고린도전서나 바울의 다른 서신들이 모두 그 지역 성도들의 문제들을 목회 차원에서 해결해 주기 위한 편지들이었다는 점을 고려할 때, 바울은 성도들의 일상의 문제 하나하나를 '성경 중심적'으로 처리한 것이 된다. 그런데 우리가 주목할 것은 바울을 반대하던 적지 않은 유대주의자들도 성경 중심적이었다는 점이다(참조 9:1~27, 4:14~21, 고후 11:11~2:13). 그들도 철저하게 '모세 율법 중심적'이었다. 이것은 예수께서 공생애 사역 중에 바리새인들 및 서기관들과 논쟁할 때 나타난 현상과 유사하다.

이런 면에서 우리가 긴장할 필요가 있다. 즉 신앙인들에게 두 가지 유형의 성경 – 중심적일 수 있다는 사실이다. 하나는 과거 유산이나 전통에만 호소하는 성경 – 중심적이요, 다른 하나는 과거 유산과 전통을 존중하면서도 오늘날 우리에게 지속적으로 말씀하시는 성령께 귀 기울일 줄 아는 성경 – 중심적인 것이다.

맺음말

분명히 고린도전서는 바울이 고린도 성도들의 삶의 문제를 선교–목회적 차원에서 다루는 중에 기록된 서신이다. 그리고 이 서신은 역사적 상황과 문맥에서 고린도 성도들이 당면한 '구원 그 이후'의 현안 문제에 대해 바울이 답변한 것이다. 바로 이 문맥에서 바울의 신앙과 신학이 드러나고 있다. 즉 바울의 신앙과 신학은 항상 삶의 현장에서 교회 공동체를 섬기며 세워나가는 복음의 도구들이었다. 그리고 이 신앙과 신학은 세상 사람들이 꺼리고 어리석게 여기는 '그리스도의 십자가'에 기초한 것이요, 또 이것을 새롭게 드러내기 위한 것이었다. 그리고 무엇보다 주목할 것은 성도들에게 답변하는 바울의 신앙과 신학이 자신의 실제적 삶으로 검증된 메시지(설교)였다는 사실이다. 그래서 "내가 그리스도를 본받는 자 된 것같이 너희는 나를 본받는 자 되라"(11:1)는 바울의 간증은, 필자를 포함해 오늘날의 모든 설교자들이 "하나님의 나라는 말에 있지 아니하고 오직 능력에 있음"(4:20)을 먼저 심각하게 받아들인 후, 비로소 우리의 것으로 소화시킬 수 있는 메시지(설교)가 될 듯싶다.

03

현대 교회의 거울,
고린도교회

고린도전서의 주해와 설교를 위한 예비적 고찰

신약 성경에서 고린도전서는 현대 크리스천들에게 '뜨거운 감자'와 같다. 오늘날 교회를 갈라놓는 많은 논쟁의 주제들(분파와 분립, 성적 윤리, 결혼과 이혼, 여성의 사역, 성령의 은사 등)이 여기서 자세히 다뤄지고 있기 때문이다. 우리는 고린도교회가 당면했던 문제들과 그에 대한 사도 바울의 교훈을 올바로 파악하고 적용할 때 우리의 믿음과 삶에서 엄청난 유익을 얻을 수 있다. 하지만 이 편지에 담긴 사도 바울의 메시지를 해석하는 일은 그리 간단치 않으며, 그 메시지를 오늘날 공동체에 적용하는 일은 더욱 주의를 필요로 한다. 이 글은 고린도전서의 주해 설교를 위한 서론으로 그 편지의 역사적 정황과 신학적 배경을 간략하게 개관한다.

고린도 시(市)와 고린도교회의 배경

원래 고린도(Corinth)는 BC 4세기부터 아가야(Achaia, 그리스 남부 지역)의 도시 국가로서 유명세에 있어선 아테네(Athens)를 능가했다. 그러나 BC 146년에 로마 군대가 도시를 공격해 중심부를 파괴했다. 그 후 1세기 동안 고린도는 별로 보잘 것 없는 작은 부락으로 남아 있다가, BC 44년 줄리어스 시저에 의해 로마의 식민지로 재건되었다. 북부 그리스와 펠로폰네소스 반도 사이의 지협에 위치한 고린도는 에게해 쪽의 겐그레아(Cench-reae)와 아드리아해 쪽의 레게움(Lechaeum)이라는 두 항구를 연결하며 동서의 해상 무역과 남북의 육로 교통을 관장했다. 이런 전략적 입지 조건 때문에 고린도 시는 다시금 신속하게 번영하고, BC 27년 로마 제국 아가야 주의 수도가 돼 인근 지역까지 포함해 약 10만의 주민을 갖게 되었다. 주민들은 인종과 문화와 종교에서 매우 다양했다.

고린도 국제 도시에서는 아테네의 올림픽에 버금가는 이스트미안(Isthmian) 경기가 2년마다 개최되었고(참조 고전 9:24~27), 1만 8,000석의 원형 극장과 3,000석의 연주장에서 각종 연극과 공연들이 끊임없이 이어졌다. 시가를 내려다보는 높은 언덕의 정상에 사랑의 여신 아프로디테(aphrodite) 신전이 우뚝 서 있었고, 그 외에 치유의 신 아스클레피우스(asclepius), 바다의 신 포세이돈(poseidon), 항해의 이집트 여신 이시스(isis) 등의 사원들이 있었다. 고대의 아프로디테 신전에서 1,000명의 여사제들이 상주하며 매춘 행위를 벌였다고 하는데(Strabo), 이런 분위기는 그 후에도 크게 달라진 것 같지 않다(참조 고전 5:1~2, 9~12; 6:9, 15~18; 7:2; 10:7~8). 한마디로 신약 시대의 고린도는 물질적으로 부유하고 문화가 개방적이며, 종교는 다원적이고 도덕적으로 문란했던 도성으로 현재 우리가 살고 있는 도시 사회와 가장 많은 특징들을 공유했다고 말할 수 있다.

바울이 제2차 선교 여행 중에 고린도에서 교회를 세우고 떠나는 과정은 사도행전 18장 1~18절에서 소상히 보도한다. AD 50년 봄에 아테네를 거쳐 고린도에 도착한 사도 바울은 로마 시에서 거주하다가 '클라우디우스의 칙령'(Edict of Claudius, AD 49)으로 추방된 아굴라(Aquila)와 브리스길라(Priscilla=Prisca) 부부를 만났다. 그들은 같은 생업 활동(천막 제작)을 하며 함께 지냈는데(행 18:2~3), 곧 복음 사역의 동역자 관계로 아름답게 결속돼 갔다(행 18:18, 26; 고전 16:19; 롬 16:3~5).

바울은 고린도에서도 습관대로 먼저 유대교 회당을 찾아가 안식일마다 그리스도를 증언하다가 계속 거부당하자, 회당 옆의 이방인 가정으로 장소를 옮겨 주로 이방인들을 대상으로 일했다(행 18:4~7). 그 결과 유대인 회당 장이 회심하여 그의 가족과 함께 성도가 되었고, 많은 고린도 사람들이 예수님을 믿고 세례를 받았다(행 18:8). 박해로 인해 위협을 느끼던 바울에게 어느 날 주님께서 환상 가운데 나타나 안위하시고 고린도에 주님을 믿게 될 백성이 많으니 계속 머물러 일하라고 당부하신다. 그래서 그는 고린도에서 1년 6개월 동안 머물며 복음 사역에 힘썼다(행 18:9~11).

고린도교회의 성도 수가 얼마나 되었는지 확실히 알 수는 없다. 가정집에서 모였다면 50명 이상을 넘지 못했을 테지만, 여러 가정집에 나뉘어 모였을 가능성이 높다. 성도들 중에 소수의 유대인[그리스보와 그의 가족(행 18:8), 소스데네 등(행 18:17)]과 유력한 인물들[가이오, 고린도 시의 재무관 에라스도(롬 16:23), 글로에(고전 1:11)]도 있었다. 하지만 대다수가 여러 지역 출신의 이방인들로서 사회적으로나 경제적으로 중간 및 하층 계급에 속했던 것으로 보인다(행 18:7~17; 고전 1:26). 교회 안에 자유민으로 태어난 사람, 과거에 노예였다가 해방된 사람, 여전히 노예 신분인 사람들이 섞여 있었다(고전 7:20~22).

갈리오(Gallio)가 아가야의 총독으로 재임할 당시(AD 51~52년) 유대인들이 바울을 고소하여 그를 법정에 세웠으나, 갈리오는 바울에게서 로마법에 저촉된 어떤 부정이나 불의도 찾지 못하고 방면했다(행 18:12~17). 그 후 오래지 않아 바울은 아굴라 부부와 함께 고린도를 떠나 에베소로 갔으며, 바울은 그들을 거기에 머물게 하고 자신은 시리아의 안디옥으로 돌아갔다(행 18:18~22).

고린도전서의 집필 배경

사도행전에 따르면, 바울이 고린도를 떠난 후 아볼로(Apollos)라고 하는 설교자가 고린도교회에 와서 매우 효과적인 전도 활동을 펼쳤다. 그는 본래 알렉산드리아 출신으로 헬라 철학과 구약 성경에 능통하고 그리스도의 복음을 배워 열심히 가르쳤다. 하지만 단지 초보 단계에 머물러 있다가 에베소(Ephesus)에서 만난 아굴라 부부에게서 복음의 진수를 정확히 배운 후에 고린도로 건너온 사람이었다(행 18:24~28). 그동안 바울은 제3차 선교 여행 과정에서 에베소를 거점으로 그곳에서 2년 이상 선교 사역을 전개했다(행 19:1~20, 특히 8, 10, 22절). 고린도전서 16장 5~9절에 따르면, 사도 바울은 이 편지를 에베소 체류 기간 중에 오순절을 앞둔 마지막 몇 주 또는 몇 달 전에 기록했다. 따라서 고린도전서는 대략 AD 55년 봄에 씌어진 것으로 추정된다.

그러나 바울이 교회를 세우기 위한 최초의 고린도 방문(행 18:1~18, AD 51~52년)을 마친 후부터 고린도전서를 집필(55년)하기 전까지 그는 고린도교회와 몇 차례 간접적인 접촉을 가졌다. 이런 사실이 사도행전에서 전혀 언급되지 않고 있으나, 고린도전서 내의 여러 암시적 진술들에서 확인된다. 그러면 이 편지의 직접적인 배경이 되는 몇 가지 상황들을 정리해 보자.

우선 고린도전서는 사도 바울이 고린도교회에 써 보낸 첫 번째 편지가 아니었다. 고린도전서 5장 9절은 바울이 그전에 이미 한 통의 편지를 고린도교회에 보냈고, 고린도 성도들은 편지 내용을 오해했음을 암시하고 있다. "내가 너희에게 (이전에) 쓴 편지에 음행하는 자들을 사귀지 말라 하였거니와"(참조 11절 "내가 너희에게 쓴 것은 … 라는 뜻이었다"). 그 편지의 내용을 자세히 알 수 없지만 바울은 성적으로 문란하게 행동하면서 회개치 않는 사람들과 교제하지 말라고 경고하고, 수신자들은 그 말을 불신자들과 사귀지 말라는 뜻으로 곡해했다는 것을 분명히 알 수 있다(10~11절). 첫째 편지는 유실돼 지금 우리에게 전해지지 않고 있다.[1]

다음으로, 에베소에 있던 바울은 고린도교회의 형편과 사정에 관하여 직접 들을 수 있는 기회를 두 차례 얻었다. 먼저 고린도교회에 잘 알려진 여인 '글로에(Chloe)의 집안 사람들'(가족 또는 노예)이 바울을 방문해 고린도교회 내에 '분파와 대립'이 있다는 소식을 전해 주었다(고전 1:11~12). 또 고린도에서 바울을 찾아온 '스데바나'(Stephanas), '브드나도'(Fortunatus), '아가이고'(Achaicus)라는 세 사람은 바울이 고린도 성도들을 "만나지 못해서 생긴 아쉬움을 채워 주었다"(고전 16:17).[2] 바울이 고린도전서 5~6장에서 다루고 있는 교회 내의 '성적 방종'과 '법적 소송' 문제들은 아마 이 방문자들의 보고를 통해 알게 되었을 것이다.

마지막으로, 바울은 고린도 성도들이 보낸 편지를 받았다. 그 편지는 사도를 방문한 위의 두 그룹 중에 어느 한 편이 가져왔을 것으로 짐작되는데, 그 내용은 고린도교회 성도들이 견해의 차이로 논쟁을 벌이던 일련의 주제들에 관한 것을 질문한 것으로 보인다. 바울은 고린도전서 7장 1절에서 "너희가 써 보낸 것들에 관하여 (말하자면)"라는 서두로 시작해 그들이 문의해 온 주제들을 7~16장에서 하나씩 다뤄나간다. 여기서 새로운 주제가 도입될 때마다 "이제 …에 관하여 (말하자면)"(페리 데, now concerning…)라는 표현이 자주 등장한다(고전 7:1 "너희가 써 보낸 것들에 관하여", 25절 "처녀에 관하여", 8:1 "우상의 제물에 관하여", 12:1 "영적인 것(= 성령의 은사)들에 관하여", 16:1 "성도를 위한 연보에 관하여", 12절 "형제 아볼로에 관하여"). 그러나 이런 도입구가 생략된 주제들도 있다(우상 숭배 10:14~22, 머리를 가리는 것 11:2~16, 성만찬의 오용 11:17~34, 몸의 부활 15:1~58 등).[3]

따라서 현재 우리가 갖고 있는 고린도전서는 바울이 고린도에 보낸 두 번째 편지다. 고린도에서 바울을 찾아온 두 차례의 방문객들은 그에게 고린도교회의 근황을 자세히 이야기해 주는 동시에 고린도교회가 그에게 보낸 질문서도 전달해 주었다. 사도는 자신이 고린도에 처음 보낸 편지가 별로 효력이 없으며 오히려 교회의 사정은 이전보다 더욱 악화되고 혼란스러워졌음을 알게 되었다. 그때 바울은 마음 같아선 분명 에베소의 바쁜 일정을 잠시 미루고라도 고린도교회를 직접 방문해 그들을 책망하며 바로잡고 싶었을 것이다(고전 4:21 "… 내가 매를 가지고 너희에게 나아가랴 사랑과 온유한 마음으로 나아가랴").[4] 하지만 바울은 현지 사정이 여의치 않아 부득이 또다시 서신(고린도전서)을 통해 교회의 당면 문제들을 처리하려고 결심한 것이다.

고린도전서의 주제들, 사회적 환경과 신학적 배경

바울 서신들 중에 고린도전서는 복잡하고 난해한 문제들을 가장 많이 취급하고 있지만, 편지의 구성과 내용 분해는 의외로 단순하다. 서두의 '인사와 감사'(1:1~9)가 끝난 다음에 시작되는 편지의 '몸통' 부분(1:10~16:4)에서 바울은 고린도교회 안에서 그가 바로잡아야 할 문제들과 답변해야 할 문제들을 하나씩 다뤄 나간다. 몸통 부분은 크게 두 단락으로 나눈다. 첫째 단락(1:10~6:20)은 바울이 고린도교회에 관해 '전해들은 소식'에 대한 응답으로 (1) 교회 내의 분파(1:10~4:21), (2) 근친상간(5:1~13), (3) 성도간의 법정소송(6:1~11), (4) 일반적인 음행(6:12~20) 등의 문제를 다룬다.

둘째 단락(7:1~16:4)은 바울이 고린도교회에서 '전해 받은 편지'에 대한 응답으로 (4) 결혼과 독신에 관하여(7:1~40), (5) 우상에게 바친 음식에 관하여(8:1~11:1), (6) 머리에 쓰는 것에 관하여(11:2~16), (7) 성만찬에 관하여(11:17~34), (8) 성령의 은사들에 관하여(12:1~14:40),[5] (9) 부활에 관하여(15:1~58), (10) 헌금에 관하여(16:1~4) 논설하고 있다. 마지막으로(16:5~24), 사도는 자신의 여행 계획과 동역자들(16:5~12)을 소개한 후 권면과 인사들(16:13~24)로 편지를 끝맺는다.

위에서 살펴본 대로, 바울이 고린도전서에서 짧게 또는 상세하게 취급하고 있는 주제는 모두 10개에 달한다. 언뜻 보면 이 주제들은 본질적으로 서로 공통점이 없는 것으로 생각된다. 하지만 좀 더 자세히 살펴보면 대다수의 문제들이 서로 밀접하게 연결돼 있음을 발견할 수 있다. 그 연관성은 무엇보다 고린도교회 내에 특별히 형성되었던 어떤 사회적 환경과 신학적 이해에 기인하고 있다.

첫째, 고린도교회의 어떤 문제들은 구성원들의 다양한 사회적 배경 차이에서 생겨난 것으로 보인다. 비록 그 교회 안에 "지혜롭고(교육받고) 능력 있고(재력과 영향력이 있고) 문벌(가문) 좋은 자가 많지 않았"(고전 1:26)으나, 적어도 소수의 신자들은 상당한 직위와 노예들을 소유하고 교회의 회중들을 후원하며 자유롭게 여행할 수 있는 상류층이었음에 틀림없다. 바울 서신과 사도행전에서 이름이 거명되고 있는 고린도의 성도들 – 예를 들면 그리스보(Crispus, 바울에게서 회심한 유대인 회당장, 행 18:8, 고전 1:14), 에라스도(Erastus, 고린도 시의 재무관, 롬 16:23), 글로에(Chloe, 고전 1:11), 스데바나(Stephanas, 고전 1:16, 16:15~18), 가이오(Gaius, 고린도 성도들이 모이고 있던 집 주인, 롬 16:23), 디도 유스도(Titius Justus, 고린도 성도들이 모인 최초의 집 주인, 행 18:7) 등이 상류층에 속했을 것이다.

고린도에서 로마서를 기록한 바울은 가이오가 '전체 교회'(hole he ekklesia, the whole church)를 접대했다고 언급하는데(롬 16:23), 이 말은 교회 내의 작은 그룹들이 여러 가정에서 모이고 있었음을 시사한다. 그 가정들은 다수의 사람들이 모일 정도로 큰 집을 가진 부유한 성도들이었을 것이다. 교회가 그룹으로 나뉘어 계속 모이는 상황에서 그룹들 사이의 차이점이 쉽게 대두돼 분파로 이어질 위험성이 훨씬 높아진다. 이 경우에 각 그룹 구성원들의 배경과 성향, 후원자들의 성격, 교회에 영향을 미친 여러 지도자들(바울, 아볼로, 게바)과의 개인적 관계 등이 부정적인 방향으로 작용할 수 있다. 고린도교회에 나타난 분열 현상(고전 1:10~4:21)과 파당적 대립 및 다툼 현상(6:1~11; 8:1~13; 11:17~34; 12:14~27)은 분명히 이런 사회적 요인들이 교회 구성원들의 영적 미성숙과 결합해 빚어낸 불행한 결과라고 말할 수 있다.[6]

둘째, 고린도전서에 나타난 많은 문제들은 헬라 사상의 영향을 받은 고린도인들이 기독교 복음의 메시지와 성령의 역사를 그르게 이해한 데서 파생한 것이다. 그들은 예수를 무엇보다 '영광의 주'(2:8)로 보았고, 구원 사건으로서 예수의 십자가에 별로 주의를 기울이지 않았다. 그들은 자신들이 신자로서 특별한 '지혜'를 받아 하나님에 대한 특별한 '지식'을 소유하게 되었다고 생각했다(참조 4:10; 8:2). 이것을 그들이 현재 '영광의 승리' 가운데 '그리스도와 함께 다스리고 있다'는 증표로 간주한 것 같다(4:8). 어떤(혹은 대다수의) 성도들은 자신들이 그리스도와 함께 다스리기 때문에 '옳고 그른' 것이나 '도덕적이고 부도덕한' 행동을 구분하는 것에 더 이상 염려할 필요가 없다고 생각했다. 그래서 아무 거리낌 없이 음행에 몸을 내맡겼다(5: 1~2, 9~13; 6:9, 12~18).

바울은 그들의 태도에 대해 '모든 것이 나에게 가능하다'고 표현했다 (6:12; 10:23). 그러나 또 다른 성도들은 정반대의 견해를 취해, 자신들이 그리스도와 함께 다스리고 있기 때문에 가능한 세상과 연루된 육체적인 삶을 멀리해야 한다고 확신했다. 그래서 결혼을 하고도 금욕을 실행했다(7:1~5). 바울은 '남자가 여자와 성관계를 갖지 않는 것이 좋다'는 그들의 표어를 인용했다(7:1b). 이렇듯 상반된 두 가지 행동 방식은 사실상 하나의 동일한 관념 - 즉 몸은 썩어 없어지는 것이므로 영구적인 의미나 가치가 없다 - 에서 비롯된 것이다.[7]

다시 말해, 고린도 사람들은 몸으로 무슨 일을 하든지 전혀 상관없다고 생각해 방종으로 흐르거나, 반대로 몸의 욕구를 악하고 저급한 것으로 여기고 거부했다. 육체를 영혼과 대비해 경시한 태도는 특별히 영지주의적 (Gnostic)인 것이라기보다[8] 고전 시대 후로 광범위하게 퍼진 헬라 사상에 근거한 것이다.[9] 부활에 관한 바울의 논증(15장)도 그런 사상적 배경에서 이해해야 한다. 헬라 철학의 이원론에 따라 영혼의 불멸을 믿었지만, 몸의 부활을 부정했던 고린도 성도들에게 사도 바울은 예수 그리스도의 역사적 부활이 '죽은 자들로부터'의 부활(15:1~26)인 동시에 '몸의 부활'(bodily resurrection)이었음을 강조했다(15:35~58).

또한 고린도 성도들은 열광적으로 성령을 체험하면서 소위 '지나치게 실현된'(overrealized) 종말론을 갖게 되었다(비교 딤후 2:17~18). 즉 그들은 종말에 가서야 얻게 될 완전함을 이미 획득한 것으로 오해했다. 그들은 세례를 통해 성령을 받음으로써(12:13) 그리스도와 연합해 불멸성을 획득하고 승귀하신 그리스도의 통치에 참여하게 되었으며(4:8), 그들의 영혼이 천상의 세계에 속한 것으로 믿었다(4:10; 7:3~5). 특히 무아경에서 말하는 방언의 은사는 곧 현세를 벗어나 신령한 세계로 들어간 증표로 간주되었기 때문에 (13:1) 모든 성도들이 열렬히 추구한 것이다(14장). 그들 중에 어떤 사람들은 이미 그리스도의 영광스런 통치에 참여하고 있으므로 이생의 삶 후에 소망할 것이 남아 있지 않는 것으로 생각했다(15:12~19).

맺음말

신약성경 가운데 고린도전서는 특별히 다원화된 세속 도시에서 살아가는 현대 크리스천들이 거울로 삼을 편지다. 이 편지의 수신자들은 온갖 언변과 지식과 성령의 은사가 풍족하였음에도 불구하고(1:5~7) 유난히 많은 문제와 말썽으로 바울 사도에게 큰 근심과 고통을 안겨 주었다. 그들이 처했던 사회·문화적 환경은 오늘 우리의 그것과 너무도 흡사하고, 그들을 어지럽혔던 많은 문제들(분파, 근친상간, 성도 간의 법정소송, 음행, 결혼과 독신 문제, 우상제물의 문제, 사도권에 대한 도전, 공예배의 질서, 성령의 은사, 부활에 대한 불신 등)은 여전히 우리 피부에 밀착되어 있다. 초대교회 중에 이런 지역교회가 있었기 때문에 현대교회는 오히려 공감과 위로를 느끼고 변화와 성숙으로 도전도 받게 된다.

이 귀중한 거울에다 날마다 우리의 모습과 당면 문제들을 비추어 보자. 현실의 다양한 문제들을 "십자가의 말씀"(1:18)에 따라 신학적으로 깊이 분석하며 실제적으로 치료하는 사도의 영감 있는 목소리에 귀 기울이자. 부도덕과 승리주의로 가득 찬 교만한 무리를 아비 같이 꾸짖고 사랑과 온유로 호소하는 목회자의 뜨거운 가슴을 느끼자(4:14~21). 먹든지 마시든지 무슨 일을 하든지 오로지 하나님의 영광을 위하여 살았던 바울의 삶을 본받자(10:31~11:1). 그리하여 "주 예수 그리스도의 날에 책망할 것이 없는 자"로 서자(1:8).

04

고전 14장 34~35절에 대한
문화·사회학적 접근[1]

고린도전서 14장 34~35절의 진정성을 부인하는 것은 사본학적으로 볼 때 설득력이 약하며 본문 구절을 고대 헬라의 문화·사회학적으로 살펴볼 때 이 구절은 여성의 성직 안수를 반대하는 근거로 보기에는 부당하다.

고린도전서 14장 34~35절에서 사도 바울의 "여자는 교회에서 잠잠하라"는 교훈을 우리는 어떻게 이해해야 하는가? 교회 안에서 여성의 성직 안수를 반대하는 사람들은 이 구절을 자신들의 주장을 뒷받침하는 결정적인 증거로 제시한다. 반면에 여성의 성직 안수를 지지하는 사람들은 이 구절을 만날 때마다 설명하는 일에 적지 않은 부담을 느낀다.

지난해 「목회와신학」에서 여성 안수 문제와 관련한 글이 여러 차례 실렸는데, 고린도전서 14장 34~35절에 대한 해석은 항상 논쟁의 한 축이 되어 왔다. 예를 들면, 교회 안에서 여성의 인권 신장과 여성 안수를 지지하는 김세윤 교수(미국 풀러신학교 신약학)는 2004년 5월호에서 "성경은 남성과 여성의 관계에 대해 무엇이라고 하나"(5월호, pp. 56~71)와 "서창원 목사의 '여성 안수 허용 문제에 대한 이의 제기'에 답함"(11월호, pp. 186~199)에서 사본학적 이유를 들어 고린도전서 14절 34~35절을 후대에 삽입된 비바울적인 본문으로 단정함으로써 논점의 아킬레스건을 피해 갔다.

반면에 서창원 목사(서울 삼양교회 담임)는 김세윤 교수의 주장을 반박하는

"여성 안수 허용 문제에 대한 이의 제기"(10월호, pp. 200~207)에서 고린도전서 14장 34~35절의 진정성(眞正性)을 거듭 주장함으로써 바울이 여성의 성직(목사, 장로, 감독, 안수 집사)을 명백하게 금하고 있다는 자신의 입장을 고수했다.

그렇다면 우리는 본문 말씀을 어떻게 봐야 하는가? 그것을 후대에 첨부된 비바울적인 것으로 봐야 하는가? 아니면 여성의 성직 안수를 명백하게 금하고 있는 바울의 가르침으로 봐야 하는가?

본고에서 두 가지를 제시하고자 한다. 첫째, 고린도전서 14장 34~35절의 진정성을 부인하는 것은 사본학적으로도 설득력이 약하다는 점이다. 둘째, 본문 구절을 고대 헬라의 문화 · 사회학적으로 살펴볼 때 여성의 성직 안수를 반대하는 규범적인 성경 말씀으로 보기는 부당하다는 점이다.

고린도전서 14장 34~35절의 진정성

과연 본문 말씀은 진정성을 갖고 있지 못하는가? 김세윤 교수를 비롯해 여러 학자들(J. Weiss, C. K. Barrett, H. Conzelmann, G. D. Fee, J. M. Ross, R. W. Allison, P. B. Payne, R. B. Hays)은 다음과 같은 이유를 들어 후대에 첨가된 비바울적인 본문이라고 단정한다.

첫째, 서방 계열의 사본들인 D, E, F, G, 88, 소수의 라틴 사본들 d, e, f, g, 그리고 4세기 교부 암부로시에스터(Ambrosiaster)가 이 구절을 생략하거나 40절 이후에 배치하고 있다. 둘째, 34~35절에 대해 진정성을 가진 바울의 기록으로 볼 경우, 이것은 바울이 교회 안에서 여성의 기도와 예언 활동을 분명히 허용하고 있는 고린도전서 11장 5절과 모순을 일으킨다. 셋째, 34~35절은 예언의 문제를 언급하고 있는 전후 문맥의 흐름과 일치하지 않는다. 넷째, 34절에서 '성도의 교회'라는 말과 바울이 자신의 주장을 '율법'에 호소하려는 내용이 바울의 통상적 언어 용법과 일치하지 않는다.

이에 대해 상당수의 다른 학자들(Antoinette Clark Wire, Curt Niccum, Anthony C. Thisleton, David E. Garland)은 위의 이유들이 설득력을 갖지 못하다는 사실을 지적하면서, 여성 안수 문제와 관계없이 고린도전서 14장 34~35절의 진정성을 계속 유지하려 한다.

첫째, 몇몇 서방 계열의 사본들이 이 본문을 생략하고 있는 것은 사실이다. 하지만 현존하는 대다수의 고대 사본들과 번역본들 이를테면 p. 46, a, B, A, 33, 88mg, Origen, Chrysostom, Theodoret 등 교부들의 증언과 Vulgate, Old Syriac, Coptic, Armenian, Ethiopic, Georgian, Slavonic 등 역본들과 Lectionaries 그리고 대부분의 다른 사본들이 34~35절의 본문을 유지하고 있다. 사본학적으로 보면 34~35절을 생략하는 증거들은 연대적으로 후대에 속하며, 지역적 분포로 보면 이탈리아를 중심으로 서방에 편중돼 있다. 반면에 34~35절을 유지하는 증거들은 연대적으로 훨씬 앞서 있고, 지역적으로도 동방과 서방 교회를 포함해 전 중동 지역에 분포돼 있다. 따라서 사본학적 면에서 34~35절을 생략하는 것보다 유지하는 것이 더 설득력을 지닌다.

그래서 현재 학계에서 가장 널리 사용되는 희랍어 성경, NA 26판 및 27판, UBS 3판 및 4판은 모두 34~35절을 유지하고 있다. UBS 4판은 각주에서 34~35절을 'B'로 분류하는데, 이런 평가는 본문의 진정성이 거의 확실하다는 것을 뜻한다.

둘째, 고린도전서 14장 34~35절과 11장 5절의 모순 문제는 양 본문을 어떻게 접근해 해석하느냐에 따라 얼마든지 답변이 달라질 수 있다. 성경에 보면, 같은 저자의 글이지만 서로 모순인 것처럼 보이는 경우가 종종 있다. 그 경우마다 한 본문의 진정성을 유지하기 위해서나 서로의 모순을 피하기 위해서 다른 본문의 진정성을 배제시킬 수는 없지 않은가? 만일 고린도전서 11장 5절이 여성 전체에 관한 일반적인 원리를 말한다고 하고, 반면에 고린도전서 14장 34~35절이 어떤 결혼한 여성들의 지나칠 정도의 무례한 행위에 관해 말한다고 한다면, 양 본문이 서로 모순된다고 보기는 어렵다.

셋째, 34~35절이 예언의 문제를 취급하고 있는 전후 문맥의 흐름과 일치하지 않는다는 주장과 본문의 몇몇 단어들이 바울의 일반적 언어 용법으로 볼 때 낯설다는 주장도 어떤 관점에서 본문의 주제나 흐름을 보느냐에 따라 얼마든지 의견이 달라질 수 있다. 몇몇 주석가들(E. Ellis, B. Witherington, A. C. Thiselton)이 세심하게 연구한 것처럼, 34~35절에 나오는 중요 어휘들이 이미 그 앞 절에서 사용되고 있다. 곧 34~35절의 핵심 단어들인 '말하다'(14, 32절), '잠잠하다'(28, 30, 34절), '교회 안에서'(28, 35절), '복종하다'(32, 34절)가 그 앞 절에서 사용되고 있다.

이와 같이, 고린도전서 14장 34~35절이 후대에 삽입된 비바울적인 것이라는 주장은 사본학적으로 내외적 증거들로 보아 그 설득력이 매우 약하다. 오히려 사본학적 증거들은 34~35절이 본문의 진정성을 옹호한다. 만일 고린도전서 14장 34~35절이 진정성을 가진 바울의 본문에 속한다면, "여자는 교회에서 잠잠하라"는 바울의 가르침을 여성의 성직 안수를 반대하는 성경적 근거로 삼을 수 있는가? 문제는 바울이 누구에게, 무슨 이유로, 어떤 배경에서, 무엇을 주장하기 위하여 이 말을 했는가 하는 점이다.

고대 헬라 사회에서 여성의 위치와 역할

고대 헬라 사회에서 남성은 그 신분과 존재에서 원천적으로 여성보다 우월하며, 따라서 여성은 남성의 지배를 받는 것이 일반적이다. 남성은 정치, 경제, 사회, 문화, 종교 등 여러 영역에 관여해 주도적인 역할을 할 수 있었다. 반면에 여성의 위치와 역할은 남성의 영역에 관여할 수 없었고 주로 가정에 제한돼 있었다. 주전 4세기 아덴에서 여자들은 가까운 친척을 제외하곤 자신의 얼굴까지 다른 사람들에게 알려지지 않아야 했다. 심지어 결혼하는 처녀는 신랑이 자신의 얼굴을 보는 첫 번째 사람이 되도록 했으며, 결혼한 후에 남편이 자기 아내의 얼굴을 대중 앞에 노출시키게 될 경우에 그는 자신의 얼굴을 욕되게 하는 것으로 간주했을 정도다. 고전적인 아덴의 법에 따르면, 아내 된 여자가 가정을 떠나 대중들 앞에 나서면 그 여인은 남편으로부터 부정하게 간주돼 이혼을 당할 수도 있었다(Plutarch, Bride 31, Mor. 142CD).

일반적으로 고대 헬라 세계에서 정숙한 여자들은 결혼하기 전에는 자기 아버지의 허락 없이, 결혼한 후에는 남편의 허락 없이 일절 집을 나서지 않았다. 결혼한 여자들은 남편이 정치적이든, 사회적이든 혹은 개인적이든 집을 나설 때 따라나서는 것은 금기 사항이었다. 부인이 남편과 동행해 참석한 파티 장소에서 술을 마실 경우, 그것은 남편과 자신에게 모두 수치스러운 일로 간주되었다. 왜냐하면 그 당시에 창녀들만이 남자들과 함께 술을 마실 수 있었기 때문이다.

여자들은 결혼하기 전에 가정에서 아버지의 권위 아래 복종하고 결혼한 후에 남편에게 복종하면서 가사 일에 매달리고 아이를 낳아 양육해야 했다. 그리고 집안에도 외부 사람들이 접근할 수 없도록 거리에서 멀리 떨어져 있는 '여인의 방'이라는 별채에 머물러야만 했다. 여자들이 부득이 집을 나설 경우, 남자들에게 일절 말을 할 수 없었다. 유리피데스(Euripides)는 "결혼한 여자가 젊은 남자와 함께 서 있는 것은 수치스러운 일이다"라고 기록하고 있다. 여자 특히 결혼한 여자가 거리에서 젊은 남자와 함께 있으면, 수치스러운 일을 한 여자나 창녀로 취급받았다.

1세기의 헬라 작가 플루타르크(Plutarch)는 「신부와 신랑에게 주는 충고」라는 책에서 "결혼한 여자는 집안에 머물러야 하며, 손과 발과 얼굴을 제외하고 어떤 신체도 일반 사람들에게 노출시키지 않아야 하며, 밖에서 말을 하지 않아야 하고 매사에 자기 남편에게 복종해야 한다'라고 적고 있다. 여자가 말을 하고 싶으면 자기 남편에게만 하거나 남편을 통해 말해야 하며, 바깥에서 직접 말을 하는 것은 자신의 벌거벗은 몸을 드러내는 수치스러운 일이나 남편을 욕되게 하는 일로 간주되었다.

물론 바울 당대에 마케도니아 여성들은 사도행전 16장 14~15절과 빌립보서 4장 2~3절에서 엿볼 수 있는 것처럼, 고대 헬라 지역의 여성들보다 더 많은 자유를 누렸다. 집안 일은 물론이고 장사를 포함해 시의 관리나 민중의 주요 제사와 국가 제사의 여사제로 일할 수 있었다. 그리고 여자 종들이나 노예들은 일반 여자들에게 적용되는 사회적 규범이나 제약에 매이지 않았다.

왜냐면 그들은 집안에 있는 여주인을 대신해 외부 세계에 메시지를 전달하거나 대중들이 사용하는 샘에서 물을 길어오거나 기타 다양한 심부름들을 하기 때문이었다. 시골에서 남편과 함께 농사를 짓는 가난한 농부의 아내들에게도 이같은 규범들이 엄격히 적용되지 않았다.

그러나 일반적으로 대다수 헬라 여성들은 철저하게 남자들에게 예속돼 있었고, 남자들이 하는 일에 함부로 관여할 수 없었다. 헬라 세계에서 여성들을 남성들에게 종속시키게 된 배경은 철학자 아리스토텔레스의 경우에서 찾아 볼 수 있는 것처럼(Aristotle, Generation of Animals, Ⅱ. 3~4, Pol. 1.2.12, 1254b), 여성들은 존재론적으로 남성들에 비해 불완전하고 하급 존재에 속한다고 보았기 때문이다.

특이한 것은 세속적 영역에서 종교적 영역으로 방향을 돌릴 경우에 분위기는 사뭇 달라진다는 점이다. 종교적 영역에서 헬라 여성들의 역할은 보다 개방적이고 적극적이었다. 정치적, 사회적 영역에서 성적 불평등이 종교적 영역에서 거의 사라졌다. 여자 사제들은 남자 사제들과 똑같은 의무와 책임을 갖는다. 모든 여성들은 사회적 신분에 관계없이 성전의 모든 장소에 자유롭게 접근하고 기도와 제사 행위에 참여할 수 있었다.

심지어 어떤 여자 사제들은 국가적 제사를 집전했으며, 신탁의 전달자가 되곤 했다. 따라서 헬라 사회의 여성들 중에 종교 행위 참여를 자신의 신분 상승의 기회로 삼는 사람들도 있었다.

하지만 여자가 종교적 영역을 통해 더 높은 영역 곧 남자의 영역에 속하기 위해서는 엄청난 장애물을 극복해야만 한다. 여자가 남자의 영역에 도달하기 위해선 성전에 가서 모든 사람들이 성전을 떠난 다음에도 남아서 기도에 전념해야 하며, 감각적이고 육적인 여자의 영역을 벗어나 영적인 남성의 영역에 도달하기 위해 성생활을 멀리하는 금욕적인 생활에 힘써야 했다.

고린도전서 14장 34~35절의 의미

앞서 살펴본 것처럼, 고린도전서 14장 34~35절의 진정성을 거부하기 어렵다고 한다면, 이 본문을 어떻게 이해해야 하는가? 바울은 본문에서 너무나 단호하고 분명하게 "여자는 교회에서 말하지 말고 잠잠하라"고 가르치고 있다. 여기서 바울은 어떤 면에서 여자가 말할 수 있고, 어떤 면에서 여자가 말할 수 없는지에 대해 선을 긋거나 구분해 말하고 있지 않다. 바울은 교회에서 여자들이 설교나 가르치는 것은 할 수 없고 그 대신에 예언, 방언, 기도 및 찬송 등은 할 수 있다고 가르치지 않는다. 바울은 아무런 조건을 제시하지 않고 여자들은 교회에서 말하지 말고 잠잠하라고 명령한다.

그렇다고 해서 이 구절에서 바울이 모든 여자들은 교회에서 일절 말하지 말고 잠잠해야 함을 가르친다고 봐야 하는가? 만일 우리가 본문을 이런 식으로 해석한다면, 바울이 이미 고린도전서 11장 5절과 39절에서 여자들이 예배 때 남자와 마찬가지로 기도와 예언을 할 수 있다고 가르치는 것과 정면으로 대립할 뿐 아니라, 바울과 함께 사역한 여러 여성 지도자에 대해 이해할 수 없게 된다. 바울 서신에 종종 등장하는 브리스가, 뵈뵈, 순두게, 유니아, 눔바 등 많은 여성 사역자들이 교회 안에서 일절 말하지 않아야 했다면 그들이 어떻게 교회의 지도자 사역을 감당할 수 있겠는가? 그러므로 바울이 여자들에게 교회에서 일절 말하지 말고 잠잠해야 할 것을 교훈하고 있다는 식으로 쉽게 결론을 내려선 안 된다.

또한 본문에서 바울이 어떤 것은 말할 수 있고 어떤 것은 말할 수 없다는 식의 인위적으로 선을 긋고 있는 것처럼 봐서도 안 된다. 여기서 관심을 가져야 할 것은 바울이 왜 고린도교회 여자들을 향해 교회에서 잠잠하라고 가르치는가 하는 점이다.

필자는 바울이 여자들에게 교회에서 말하지 말고 잠잠하라는 이유를, 당시 고린도교회에서 다수를 차지하고 있던 여자 성도들 특히 가정을 갖고 있던 여자들이 교회 안에서 일으킨 분쟁과 예배시의 무질서를 경계하고 예방하기 위함으로 본다. 여기서 바울이 일반 여성 전체를 두고 말하기보다 남편이 있는 기혼 여성들을 대상으로 말하고 있는 점이 이를 뒷받침한다. 앞서 살펴본 바와 같이, 바울이 고린도 지역에 복음을 전할 당시 헬라의 가부장적 사회에서 여자들은 남자들에게 예속돼 있었고, 남자들이 있는 공중 장소에서 여자들이 함부로 나서거나 말하는 것이 허용되지 않았다. 여자들의 활동 영역은 가정에 제한돼 있었다.

그러나 갈라디아서 3장 28절에서 알 수 있는 것처럼, 그리스도 안에서 남녀 차별이 철폐되고 동등하다는 바울의 복음이 고린도 지역에 선포되었을 때 특히 여자들에게 지대한 영향을 끼쳤음은 분명하다. 아마 교회에서 다수를 차지하고 있던 여자들은 그리스도와 성령 안에서 자신들의 가정과 사회에서 누릴 수 없는 자유 곧 남녀가 동등하게 예배에 참여할 수 있고 방언, 예언 등 성령의 은사에 참여할 수 있으며, 부부 생활에서도 남편과 동등한 권리와 의무가 주어졌다는 가르침을 받았다(고전 7:2~6). 그때 여자 성도들 중에 일부는 자신들에게 주어진 자유와 남녀의 동등권을 남용해 하나님께서 창조 때부터 세우신 남녀의 신분과 역할의 차이는 물론이고 결혼과 부부 생활까지 거부하며 심지어 가정과 교회를 혼동해 교회 안에서까지 남자와 같이 행동하려는 극단적인 상황을 불러일으킨 것 같다. 그들은 가정과 교회, 특별히 공중 예배 때 일부 여성도들이 당시 사회에서 금기로 여겼던 통념을 깨고 자신들의 남편을 제쳐두고 다른 남자들에게 질문을 제기함으로써 큰 혼란이 일어났던 것 같다.

이와 같은 특수한 상황에서 바울은 고린도교회 여성도들에게 여자들은 자기 남편들이 함께 있는 교회의 모임 중에는 다른 남자들에게 말하지 말고 잠잠하며 오히려 궁금한 점이 있으면 집에 가서 남편에게 물어보라는 특수한 교훈을 줘야만 했다.

따라서 우리는 고린도전서 11장 34~35절의 본문을 바울이 시대와 문화를 초월해 모든 여자들은 교회에 와서 집으로 갈 때까지 어떠한 상황에서도 일절 말하지 말고 잠잠하라는 일반적인 명령을 하는 것으로 보지 말아야 한다. 오히려 예배 때 문제를 일으키고 있는 고린도교회의 몇몇 기혼 여성도들에게 주는 특수한 명령으로 봐야 한다. 바울이 전후 문맥에서 계속 문제를 삼고 있는 것은 교회 예배의 질서다. 그는 14장 34~35절의 본문 앞에 예배 질서에 대한 교훈을 주는 문단을 두고 있다. 즉 문단이 시작되는 14장 26절에서 바울은 "그런즉 형제들아 어찌 할꼬 너희가 모일 때에 각각 찬송시도 있으며 가르치는 말씀도 있으며 계시도 있으며 방언도 있으며 통역함도 있나니 모든 것을 덕을 세우기 위하여 하라"고 한다. 그리고 문단이 끝나는 33절에서 "하나님은 어지러움의 하나님이 아니시요 오직 화평의 하나님이시니라"고 가르치고 있다. 교회의 예배에 반드시 질서가 있어야 함을 가르치고 있다.

아무리 예배 때 어떤 개인에게 찬송과 말씀과 계시와 방언의 은사가 주어졌더라도 회중에게 덕이 안 되면 그것을 하지 말아야 한다는 것이다. 그래서 바울은 방언도 통역하는 자가 없으면 하지 말고 잠잠하라고 한다(14:27~28). 비록 자신에게 계시가 주어졌더라도 옆에 있는 다른 사람에게 계시가 주어졌으면 잠잠하라고 한다(14:30). 그런 후에 구체적인 실례로서 교회에서 여자들이 잠잠해야 한다고 교훈한다. 그리고 40절에서 "모든 것을 적당하게 하고 질서대로 하라"면서 14장을 종결한다.

바울은 방언과 계시가 남자들에게만 주어진 특수한 은사라고 말하지 않는다. 고린도전서 14장 5절에서 고린도 성도들이 모두 방언과 예언하기를 원한다고 할 때, 또 14장 39절에서 "내 형제들아 예언하기를 사모하라"고 명령할 때, 바울은 남자만 염두에 두고 있지 않다. 14장 31절에서 "너희는

다 모든 사람으로 배우게 하고"라고 말할 때도 여성도들을 제외하고 있는 것은 아니다. 따라서 본문에서 바울이 강조하는 것은, 방언과 예언과 말씀을 배우는 일에 여성도들이 참여할 수 없다는 점이 아니라 이 모든 일에 질서가 있다는 점이다.

바울이 14장 34~35절에서 교회의 여성도들 특히 결혼한 여성도들이 공예배시에 잠잠하라고 말하는 것은, 그들이 여자로서 할 수 없는 방언과 예언을 했기 때문이 아니다. 오히려 자신들의 행위를 통해 공예배의 질서는 물론이고 남편과 아내의 역할이 구분돼 있는 가정의 질서를 어지럽혔기 때문일 것이다. 아마 여성도들은 성령 체험을 통해 자신들은 이미 모든 영역에서 남녀의 역할과 신분의 차이를 극복한 자들로 자처하고 있었는지도 모른다. 만일 고린도 성도들이 공예배시에 질서를 어지럽히지 않았다고 한다면, 바울은 그런 교훈을 하지도 않았을 것이다. 바울이 로마교회나 갈라디아교회나 그밖에 다른 지역의 교회들에게 보내는 편지 중에 동일한 교훈을 주지 않는 이유도 여기에 있을 것이다.

고린도교회 여성도들이 공예배 때 질서를 어지럽혔다고 한다면, 교회와 가정의 질서 유지를 위해 여성도들은 말하지 말고 잠잠하라고 명령하는 것은 극히 자연스러운 일이다. 그러나 여성도들이 교회 질서를 혼란하게 하지 않았음에도 불구하고 무조건 그들을 향해 교회에서 잠잠하라고 하는 것은 극히 부자연스러운 일이다. 따라서 우리는 고린도전서 14장 34~35절에서, 마치 바울이 시대와 장소와 여건을 초월해 여자들에게 무조건 교회에서 말하지 말고 잠잠하라고 교훈한 것으로 생각하면 안 된다. 그렇다면 구체적으로 고린도교회 여성도들은 어떻게 교회의 예배와 가정의 질서를 어지럽혔는가?

우리는 바울이 14장 35절에서 "만일 무엇을 배우려거든 집에서 자기 남편에게 물을지니"라고 말하는 점에 주목할 필요가 있다. 공예배의 질서를 어지럽힌 자가 결혼한 여성도들이라는 것과 그들이 자신들의 남편을 제쳐두고 교회에서 다른 사람들(남자 교우들)에게 질문을 제기했을 것으로 짐작할 수 있다. 바울은 집에서 자기 남편과 더불어 사적으로 해결해야 할 것을, 교회에 와서 다른 남자들과 해결하려는 것은 교회와 자신의 남편을 동시에 부끄럽게 하는 일이라고 말한다. 하지만 그는 본문에서 질문의 내용이 무엇인지 전혀 말하지 않는다. 선행 문단이 방언과 예언과 계시에 관해 말하고 있는 점으로 보아, 아마 교회 예배 중에 방언과 예언과 계시 혹은 가르침이 주어지고 있을 때 그들의 구체적인 내용을 알기 위해 소란을 피우면서 질문들을 던진 것 같다. 바울이 제기한 질문을 자신들의 남편들에게 집에서 물을 수 있다고 말하는 것으로 보아 방언, 예언, 계시보다 오히려 말씀에 대한 가르침일 가능성이 더 크다.

만일 그렇다면 여인들의 질문은 마치 오늘날 교회에서 목사님이 예배 중에 말씀을 설교하거나 가르칠 때, 어떤 무식한 여자 교우가 주제 넘는 질문을 던져 예배를 방해하는 일과 유사한 결과를 초래했을 것이다. 그런데 여기서 우리가 유념해야 할 것은 예배 중에 남자들이 아니라 왜 여자들이 질문을 제기했는가 하는 점이다. 바울이 집에서 자기 남편에게 물을 수 있다고 한 것으로 보아, 우리는 적어도 여성도들의 남편들은 자신들의 아내들이 궁금해 하는 문제를 쉽게 이해할 수 있고, 여자들은 쉽게 이해할 수 없어서 그와 같은 질문을 제기한 것으로 볼 수 있다.

이미 잘 알려진 대로 당시에 헬라, 로마, 유대의 여자들은 남자들보다 교육받을 수 있는 기회가 거의 없었거나 제한돼 있었다. 유대 사회에서 여인들은 회당이나 학교에서 율법을 배우는 기회를 갖지 못했으며, 헬라, 로마 사회에서 여인들에게 가장 기본적인 공교육의 내용인 수사학도 가르치지 않았다. 이런 이유로 여자들은 대체로 남자들에 비해 이해의 능력이 떨어질 수밖에 없었다. 그러므로 고린도교회 여성도들이 성경의 가르침에 대해 남자들보다 이해의 수준이나 능력이 뒤떨어질 수밖에 없었을 것이다. 그러기 때문에 여성도들이 예배 중에 터무니없는 질문도 제기할 수 있었을 것이다. 여기서 바울이 여자들은 본성적으로 남자들보다 이해의 수준과 능력이 뒤떨어진다는 것을 말한다고 생각해선 안 된다. 바울은 어디까지나 당대의 사회와 문화적 관습 아래서 말하고 있다.

그래서 당시 여인들이 대부분의 정보와 지식을 가정에서 남편에게 의존하고 있던 것처럼, 교회의 여성도들도 교회에서 이해하기 어려운 문제들에 부딪혔을 때 집으로 돌아가 자신의 남편에게 물어보라고 바울은 말하고 있다. 왜냐면 여자들이 자기 남편에게 복종해야 하는 당대의 사회·문화적 규범으로 볼 때, 여성도들이 교회 안에서 자신의 남편을 제쳐 두고 다른 남자들에게 질문을 제기하는 것은, 일종의 성적 유혹으로 간주될 정도로 자기 남편에게도 대단히 수치스럽고 부끄러운 일이었기 때문이다. 따라서 바울은 율법에 호소해 남편과 아내 사이에, 남자와 여자 사이에 유지돼야 할 올바른 질서를 회복할 것을 촉구한다. 왜냐면 그렇게 되지 않을 경우에 교회가 부도덕한 집단으로 비쳐져 선교에 막대한 지장을 초래할 수도 있었기 때문이다.

한편으로 바울은 복음 안에서 주어지는 남녀 동등함의 자유를 인정하지 않는다. 하지만 다른 한편으로 그 자유가 성도들이 살고 있는 당시의 사회적, 문화적, 종교적 환경에서 부도덕한 일로 간주될 때, 그 자유의 사용을 부분적으로 제한하고 있는 것을 볼 수 있다. 그러나 이것은 여성 안수와는 전혀 다른 문제다.

나가는 말: 바울과 여성의 안수

여성의 성직 안수를 반대하는 사람들은 고린도전서 14장 34~35절을 고린도전서 11장 2~15절, 디모데전서 2장 8~15절과 함께 사도 바울의 여성 안수 금지를 위한 규범적인 본문으로 활용한다.

그러나 필자가 보기에 고린도전서 11장 2~15절과 디모데전서 2장 8~15절도 고린도전서 14장 34~35절과 같은 맥락으로 본다. 즉 고린도교회와 에베소교회의 여성도들 중에 복음의 자유를 남용하거나 곡해하여 남자와 여자의 구분과 남편과 아내의 질서까지 부정하고, 가정과 교회를 혼란스럽게 하며 선교의 문까지 닫게 하는 위험을 주는 자들에게 주는 바울의 특별 교훈으로 봐야 한다.

우리가 이 구절들을 예배 때 머리에 수건을 쓰라는 권면이나 거룩하게 입맞춤으로 문안하라는 권면(롬 16:16, 고전 16:20)처럼, 역사적, 문화적, 종교적, 사회적 특수한 정황에 비춰 해석해 그 의미와 메시지를 오늘에 적용시키지 않고 보편적이고 규범적인 구절들로 받아들인다면, 오늘날 교회 안에서 여성이 가르치고 말하는 모든 행위들을 전면 중단해야 한다. 교회는 여성가대원, 주일학교 여교사, 여전도사 등을 세우지 말아야 하고 신학교는 여자 신학도에게 입학을 허락하지 말아야 한다. 또 목사 후보생을 가르치는 여성 신학 교수도 둘 수가 없다. 여성들은 교회에 올 때 반드시 머리에 수건을 써서 자신의 얼굴을 노출시키지 않도록 당부해야 하고, 교회 안에서 여성도들은 어떤 경우든지 말하지 말고 잠잠하도록 가르쳐야 한다.

물론 '여자들은 교회에서 잠잠하라', '여자들은 예배 때 머리에 수건을 쓰라', '거룩하게 입맞춤으로 인사하라'는 권면을 현재 우리 교회 안에서 그대로 적용시키지는 않는다. 그렇다고 해서 이런 구절들을 시대와 문화를 초월하신 하나님의 권위 있는 말씀의 한 부분으로 볼 수 없다고 주장하는 것으로 오해해선 안 된다. 바울은 이 구절들을 통해 모든 시대에 적용해야 하는 하나님의 말씀을 선포한다. '머리에 수건을 쓰라'는 권면에서 예배 때 여자가 갖춰야 할 마땅한 태도에 대한 메시지를, '거룩하게 입맞춤으로 인사하라'는 권면에서 성도간의 우의와 사랑에 대한 메시지를 선포한다.

이처럼 '교회 안에서 모든 여성도들이 말하지 말고 가르치지 말며 남자를 주관하지 말라'는 교훈에서도 모든 시대를 초월해 선포되는 남녀의 구분과 가정과 교회 안에서 지켜야 할 남녀의 질서에 대한 메시지를 내포하고 있다.

이와 같은 주장은, 어떤 성경 구절이 시대와 문화에 매여 있기 때문에 오늘 우리와 아무런 관계가 없고 하나님의 말씀의 권위를 가질 수 없다는 것으로 곡해해선 안 됨을 강조하고 있다. 어떤 성경 구절을 문화·사회학적으로 혹은 역사·문학적으로 접근해 해석하고 적용하는 것을 성경의 권위와 영감에 도전하는 일로 오해하는 것은, 마치 예수님의 인성에 대한 강조를 신성에 대한 도전으로 보는 것과 마찬가지로 잘못된 점이다. 예수님의 인성에 관한 올바른 이해 없이 예수님의 메시아적 인격과 사역을 올바르게 이해할 수 없다. 따라서 성경에 대한 역사·문화적, 문화·사회학적 접근 없이 성경의 메시지를 올바르게 이해할 수 없다.

이런 해석학적 관점과 동시에 우리가 염두에 둬야 할 것은, 바울 서신의 특수한 구절들을 해석할 때 그것을 바울의 일반적이고 통일성 있는 교훈과 연관시켜 이해해야 한다는 점이다.

우리는 바울의 서신에서 이해하기 힘든 다양한 교훈들을 만나더라도, 바울이 스스로 모순을 범하고 비논리적이며 비체계적인 사람이 아니라 적어도 일관성과 통일성을 가진 사람이라는 사실을 잊어선 안 된다. 우리가 느끼는 모순과 비일관성은 어떤 면에서 바울의 문제라기보다 접근하는 우리 자신의 문제로 일어나는 것이다.

필자는 바울 신학을 제시하면서 바울 신학 전체를 묶는 어떤 일관성과 통일성을 가진 중심 사상이 있음을 확인한 바 있다. 그것은 바로 '창조', '타락', '구속', '재창조'로 이어지는 하나님의 구속사에 입각한 종말론과 그 종말론의 내용을 형성하고 있는 기독론과 성령론이라는 사실이다. 바울은 이런 관점에서 인간과 세계 역사의 모든 문제들을 보고 있다. 교회 안에서 여성의 역할 문제도 예외가 아니다. 바울은 남녀 관계를 포함해 모든 인간 사회의 문제들이 아담의 범죄로 타락하고 죄로 오염되었다고 본다. 그러나 예수 그리스도의 십자가와 부활을 통해 구속되었고, 이제 그리스도와 그의 보내신 성령 안에서 새롭게 회복되는 새 창조 사역이 이뤄지고 있다고 확신한다.

바울에게 새 창조는 단순히 아담의 타락 이전으로 복귀하는 데 머물지 않고 있다. 그것은 타락 이전보다 더 고차원적인 새로운 창조다. 바울이 고린도후서 5장 17절에서 "그런즉 누구든지 그리스도 안에 있으면 '새로운 피조물'(원문의 뜻은 '새로운 창조')이라 이전 것은 지나갔으니 보라 새 것이 되었도다"라고 선언할 때, 이것은 그야말로 옛 창조와 대비되는 그리스도 안에서 주어진 새로운 창조를 의미한다. 또 갈라디아서 6장 15절에서 "할례나 무할례가 아무 것도 아니로되 오직 '새로 지으심을 받는 것'(원문의 뜻은 '새 창조')만이 중요하니라"고 선언할 때도 마찬가지다. 바울은 새 창조의 구체적인 내용에 대해 갈라디아서 3장 28절에서 "너희는 유대인이나 헬라인이나 종이나 자유자나 남자나 여자 없이 다 그리스도 예수 안에서 하나이니라." 그리고 고린도전서 12장 13절에서 "우리가 유대인이나 헬라인이나 종이나 자유자나 다 한 성령으로 세례를 받아 한 몸이 되었고 또 다 한 성령을 마시게 하셨느니라"고 강조한다.

이와 같은 바울의 가르침은 신약 교회 안에서 여성의 역할 문제를 첫 창조나 구약 시대의 관점에서만 보아선 안 된다는 사실을 시사한다. 오히려 적극적으로 여성의 역할 문제를 그리스도와 성령 안에서 이뤄지는 새 창조의 관점에서 볼 것을 시사한다.

사실상 바울은 자신의 목회와 선교 사역에서 그가 살고 있던 헬라와 로마와 유대의 가부장적이고 남성 위주의 문화를 뛰어넘어 적지 않은 여성 사역자들을 동참시킴으로써 그리스도와 성령 안에서 이뤄지는 새 창조를 이미 부분적으로 적용하고 실천했다. 다시 말해 새 창조는 '아직' 기다리고 있어야 하는 미래적인 것만이 아니라, 비록 그 완성은 주님의 재림으로 '이미' 그리스도의 구속과 성령의 오심으로 지금 여기서 이뤄지는 현재적인 것이다.

그렇다면 고린도전서 14장과 디모데전서 2장에 나타나 있는 바울의 강하고 부정적인 교훈들을 어떻게 이해해야 하는가? 이것도 바울의 구속사적이고 종말론적인 관점에서 접근하고 이해해야 한다. 바울은 그리스도와 성령 안에서 새 창조를 말하고 있더라도 새 창조는 그리스도의 재림 때까지 옛 세계와 함께 공존한다. 다시 말해 '이미'(새 창조 세계)와 '아직'(옛 창조 세계)

이 함께 공존한다. 이런 사실 때문에 비록 어떤 것이 '이미'의 관점에서 보면 가능하더라도, '아직'이라는 세계와 문화와 역사의 구조를 함부로 뛰어넘을 수는 없을 뿐더러 때로 제약을 받을 수도 있다.

예를 들면, 고린도교회의 다수를 차지하는 여성 교우들 중에 적지 않은 사람들이 그리스도 안에서의 구속과 성령 체험을 통해 자신들이 마치 이 세상을 초월할 수 있는 천사와 같은 존재가 되었다고 착각하면서 부부 생활과 결혼까지 거부하였다. 그리고 당시 고린도교회가 처해 있던 문화와 사회적 정황을 혁명적으로 뛰어넘는 새로운 형태의 공동체 구조를 교회 안에서 만들려고 했다. 이것은 결국 가정의 파괴와 교회의 무질서는 물론이고 교회의 선교에까지 부정적인 영향을 끼치는 상황을 초래하게 되었다.

이같은 특수한 상황에서 바울은 고린도교회의 여성 교우들에게 특별 교훈을 주지 않을 수 없었다. 원리적으로 여자들은 그리스도 안에서 남자와 차별 없이 동등하게 되었더라도 여자들이 누릴 수 있는 원리적 자유 됨이 특수한 교회의 상황에서 오히려 부작용을 초래할 경우에 그것은 유보되거나 제한되지 않을 수 없다는 뜻이다.

그러면 여성에 관한 바울의 '이미'와 '아직'에 관련된 교훈이 서로 상치될 때 오늘 우리 교회는 어떤 교훈을 우선해야 하는가? 이 문제에 대한 답은 교회와 교단 그리고 교단이 서 있는 시대적 정황에 따라 다소 달라질 수 있다.

그러나 우리가 분명히 짚고 넘어가야 할 것은 '아직'에 대한 교훈을 '이미'에 대한 교훈의 빛 아래서 이해하고 적용하고, 그 반대라면 안 된다는 점이다. 즉 고린도전서 12, 14장, 디모데전서 2장에 나타나 있는 여성의 역할과 위치에 관한 부정적 교훈은 갈라디아서 3장 28절, 고린도후서 5장 17절, 고린도전서 12장 13절의 긍정적 본문에 비춰 해석해야지 그 반대면 안 된다는 것이다. 옛 창조가 새 창조의 빛 아래서, 특별한 교훈이 보편적인 교훈 아래서, 과거가 미래의 빛 아래서 해석돼야지 그 반대면 안 된다는 것이다. 왜냐하면 오른편으로 돌아가는 시계의 시침이 왼편으로 돌아 갈 수 없는 것처럼, 옛 창조는 새 창조를 향해 '아직'은 '이미'를 향해 가는 것이지 그 반대로 갈 수 없기 때문이다.

주후 1세기 헬라 – 로마 – 유대의 남존 여비와 가부장적 사회 구조 안에서도 초기 기독교가 여성의 문제에 관해 혁명적이라고 할 만큼 '이미' 앞섰다면, 지금 남녀 평등과 여성의 인권이 보장된 현대 사회에서 기독교가 일반 사회보다 '아직' 뒤떨어져 있다는 것은 어불성설이다.

따라서 이제 한국 교회는 여성의 성직 안수를 포함해 교회 안에서 여성의 위치와 역할을 제한하는 모든 제도와 법을 과감하게 개선하고 오히려 사회를 선도해 나갈 수 있어야 한다. 그럴 때 교회는 이 땅에서 인종과 신분과 성차별이 없는 새 창조와 하나님의 나라를 실현하는 진정한 주역이 될 수 있다.

05

가난의 모티브로 읽는
고린도교회의 불일치와 그 해법

들어가는 말: 성경적 삶의 부재, 교회의 위기

오늘날 교회가 풀어내야 할 당면 과제는 무엇일까? 교회를 향한 비난 일
변도의 사회적 평가인가? 아니면 교회 내에 깊숙이 들어온 세속화의 문제인
가? 아니면 기독교의 가치관을 시대착오적인 것으로 전락시킨 다원화된 사
회 풍토인가? 우선, 성경의 가치관은 언제나 사회적 가치를 초월했다는 점
에서 이 시대의 다원화된 사회 풍토는 교회가 풀어내야 할 당면 과제라고 볼
수 없다. 더욱 분명한 것은, 이것은 우리가 인정하고 넘어가야 할 것인데, 교
회를 향한 사회적 평가나 교회 내의 세속화 문제는 사실상, 교회가 성경적
삶을 살아 내지 못한 결과이지 다른 것이 아니라는 것이다. 필자는 이 글에
서 바울이 고린도교회의 불일치라는 문제 앞에서 지속적으로 제시하고 있
는 해법은 그리스도인다운 삶의 실천이었음을 보여 줄 것이다. 특히 이 글은
고린도전서 11장에 집중하는데, 이 본문이 갖는 신학적이고도 사회적인 함
의가 고린도교회 안에서 갈등과 불일치를 조장하는 빈부의 격차와 계층 간
갈등의 문제를 충분히 아우르고 있다는 점에서 그렇다. 우리는 고린도전서
11장을 읽어가는 동안 바울이 가난의 모티브를 통해 어떻게 교회의 불일치
문제에 접근하는지 그리고 어떻게 성서적 삶의 실천을 그것의 해법으로 제
시하는지를 발견하게 될 것이다.

가난은 역사와 시대를 거듭하면서 사람들을 괴롭히는 익숙한 주제이며, 성경의 역사를 통해서도 매우 중요한 개념이다. 거듭되는 경제적 위기를 거치면서 우리 사회는 이미 중산층이 무너지고 빈부 간 격차는 점점 더 심화되어 왔다. 물론 지난 30년 간, 급속도의 경제성장을 경험했던 우리에게 가난은 대부분 절대적 빈곤이라기보다는 삶의 질의 저하로부터 경험되는 상대적 빈곤의 개념으로 더 익숙할 것이다. 이미 가난이라는 것은 우리 주변의 사람들이 당연시 여기는 재화, 서비스 그리고 쾌락으로부터의 빈궁한 상태를 의미하는 광범위한 개념이기 때문이다.[1] 따라서 가난의 문제는 복지적인 차원에서 뿐만 아니라 모든 인간이 추구하는 궁극적 삶의 질의 측면에서 논의되고 해결될 사안이다.

상대적 박탈감, 소외감, 존재감의 상실, 각종 문화로부터의 소외 등. 즉 우리 사회, 특별히 교회 내에서 더욱 세밀하게 관심을 기울여야 하는 가난의 문제는, 양극화가 심화되는 우리 사회의 구성원들 간 교제의 간극을 좁히고, 서로를 이해하고 배려하며, 개인의 존엄성을 인정하여 섬기는 '디아코니아'로서 접근해야 할 것이다. 이런 문제의식으로부터, 이 글은 초기 기독교 공동체가 기울인 가난한 자들에 대한 배려와 지원 시스템(support system)이 사실상 교회 공동체를 구성하는 다양한 계층 사이에서 불거질 수 있었던 불일치의 문제를 해결하고, 궁극적으로 예수의 가르침에 근거한 일치를 이루는 그리스도의 몸으로 교회를 세우는 관계적인 성격이었음에 주목한다.[2] 계층 간의 화합과 일치라는 이러한 인식은 한국 교회가 대사회적으로 제시할 수 있는 긍정적인 모델인 동시에 내부적으로도 대안 마련을 위한 중요한 과정으로 볼 수 있다.

그러므로 이 글은 가난한 자들을 배려하는 바울의 실제적인 지침이 나오게 된 배경에 대해 고린도전서 11장을 내러티브적으로 분석함으로써 가난한 자들과 부유한 자들로 구성된 그리스도의 몸으로서의 신앙공동체가 어떠한 조화를 이룰 수 있었는지, 그리고 그들의 대안이 어떻게 마련될 수 있었는지를 신학적인 논의가 아니라, 특정 문제를 해결하기 원하는 애정 어린 사도의 서신으로서 탐구하고자 한다.[3] 바울의 서신들은 어느 정도 상황의 특성을 함축한 것들이고, 바울 자신이 겪었거나 특정한 교회들 속에서 흔하게 일어났던 이슈들로부터 촉구되었고 그러한 문제들을 실제적으로 다루는 것이었지[4] 교리를 세우고자 함이 아니었기 때문이다.[5] 이러한 차원에서 바울은 1장 10절에서 교회의 화합과 일치를 촉구하면서 자신의 글을 시작하고 있다.[6] 일치와 화합 그리고 연합을 헤치는 모든 분파적 행동은 교회에서 있어서는 안 될 것임을 바울은 천명한다고 해도 과언이 아니다.[7] 이에 우리는 11장의 성만찬 이야기에 나오는 가난 모티브를 통해서 바울이 제시하는 교회 일치에 대한 해법을 성만찬에 함축된 예수의 하나님 나라 사상을 분석하므로 신앙공동체가 실천해야 할 구체적인 '디아코니아'의 지침을 제공받을 수 있을 것이다. 이러한 분석과 지침에 대한 통찰은 무턱대고 비난받는 한국교회의 신학적 원천으로부터 사회적 돌봄과 사회책임이라는 무시할 수 없는 명제가 이미 실천되고 있었을 뿐 아니라 지금도 여전히 가장 많은 분야에서 그러한 책임을 수행하고 있는 한국개신교의 위상을 재고할 수 있도록 이끌 것이다.

고린도의 사회정치적 위상

고린도교회가 처한 시대적 상황과 사회의 경험을 바르게 분석하려면 우선적으로 당시 고린도에 대한 역사적 검토를 병행해야 한다.[8] 당시 시대적 배경과 역사에 대한 탐색은 성서의 본문에 묻어나는 사회경제적이거나 정치적인 환경을 정확하게 평가하는데 요긴하기 때문이다. 이러한 검토는 당시 고린도 사람들의 삶과 그들의 삶에 영향을 끼칠 수밖에 없었던 사회구조적 문제를 일별하는 데 탁월한 관점을 제공할 수 있을 것이다. 또한 로마 제국의 다양한 모습을 살펴봄으로써 고린도교회가 처한 사회경제적 이슈가 무엇이었는지도 파악할 수 있다.

1. 로마 제국의 도시 고린도

로마 제국은 영토의 확장을 위해 수세기간 폭력적인 정복과 협박을 일삼았다. 그렇게 세워진 로마 제국은 수백만의 인구 이동을 불러왔다. 정복된 영토로부터 엄청난 수의 노예를 이탈리아 반도로 이주시킨 반면, 군복무로 인해 채무자 신세가 된 소작농들은 도시 빈민 계층으로 전락했고, 로마 제국은 이들에게 정복한 영토를 분배했는데, 이러한 관례는 로마 제국에 대한 불만의 불씨로 작용했으며, 바로 이러한 정치적이고 사회경제적인 위기상황에서 예수의 사역과 고린도에서 바울의 선교가 이루어졌다.

고대 고린도는 북부 그리스와 펠로폰네소스를 연결해 주는 폭이 좁은 지협의 남서쪽 지역에서 전략적인 위치를 차지하고 있었다. 주전 146년 헬라 도시인 고린도는 로마에 의해 거의 파괴되었는데, 로마는 도시를 약탈, 방화하고 남자들을 죽이고 여자들과 아이들은 노예로 삼았다. 단 한 번의 대대적인 공습으로 로마는 헬레니즘 문명의 가장 찬란했던 도시를 초토화시켰고, 엄청난 보물들을 로마로 약탈해 갔다. 그렇지만 주전 44년에 율리우스 시저는 고린도가 로마 식민지(Colonia Laus Julia Corinthiensis)로 재건되도록 물품과 이주민을 보냈다. 로마 제국 내의 대부분의 식민지 인구는 퇴역 군인들로 구성되었지만, 고린도로 강제 이주된 이들은 주로 로마의 빈민층이었고 그들 중 절반은 해방노예(liberti)였다. 주전 44년에 고린도에 보내진 식민지 거주자들은 단지 겉으로만 '로마인'(Romanus)이었다. 빈민층은 바로 토지를 상실한 소작농들이었고 해방노예들은 시리아, 유대, 소아시아, 그리스와 같은 지역과의 전쟁에서 붙잡혀온 사람들이었다. 바울 당시 고린도는 수십만 명이 넘게 살아가는 대도시로 발전했다. 이와 더불어, 이 도시의 원주민 헬라인들도 있었고 그 후로 몇 년 지나지 않아서는 재물과 신분상승의 희망 때문에 지중해 사회의 여러 지역에서 사람들이 몰려들게 되었다.

고린도는 무역과 상업의 중심지로서만 중요했던 것이 아니라, 바울 당시에 그곳은 로마 속주인 아가야의 주도였다. 게다가 바울 당시의 고린도는 2년마다 개최된 유명한 고린도 지협 경기를 주관하는 역할을 회복했다. 체육과 문화 행사는 상업과 정치적 중요성 때문에 고린도를 방문하는 사람들의 숫자를 증가시켰다.

고린도전서와 후서에 대한 주석들은 로마 시대의 고린도를 성적으로 심각하게 방탕한 도시로 계속해서 묘사한다. 그러나 실제 상황이 그러했다는 증거는 없다. 분명히, 도시생활을 주도하고 도덕적인 성격을 결정했던 요인은 음란함이 아니라 사회적 신분과 명예, 부유함 그리고 권력을 위한 냉혹한 경쟁이었다. 그러한 측면에서 고린도는 부유한 사람들이 시민의 복지에 기여하는 대신 명예를 얻는 후원자가 됨으로써, 사회적 지위와 명예를 얻고자 희망했던 동시대의 다른 도시들과 별반 다르지 않았고, 특히 경쟁관계에 있던 아테네인들에 의하여 강조되었다고 한다.[9] 이러한 사회경제적 환경에서 발전하는 고린도에 바울은 그리스도의 복음을 전하러 온 것이다.

2. 고린도 사회의 후원자들과 피보호자들

고린도는 원로원 속주이기에 군대가 주둔하지 않았고, 후원자 제도(patronage)와 황제숭배(imperial cult)가 활발했던 것으로 보인다. 황제의 영향력은 황제숭배, 후원자와 피보호자의 관계로 유지되었다. 이러한 요소들이 바울이 선교 여행 중 직면했던 상황과 고린도교회에서의 분쟁을 설명해 주기도 한다. 후원자 제도의 중요한 역할은 속주의 고위 관리들에 의해서 실천되었다. 유명한 혈통과 부를 소유한 가문은 권력과 명예를 획득하기 위한 필수 조건이었다. 고린도에서 부는 더욱 더 중요했는데, 부유한 자유인들은 관직을 맡을 수 있었고, 더 큰 명예를 얻기 위하여 순수 혈통인 귀족들과 경쟁을 벌일 수 있었다.

고린도에서 권력과 영향력은 소수 엘리트 가문에 있었다. 이 귀족 후원자들은 피보호자들에게 정치적 보호, 물질적 지원, 사회의 영향력과 기타의 혜택을 제공했다. 이러한 도움을 받은 피보호자들은 후원자들에게 변함없는 지원을 해야만 했고, 아침 문안은 물론이거니와 일과 시간에 후원자와 함께 하면서 사회적 위상을 높여주는데 힘을 쏟았다. 그러므로 고린도의 복지 환경은 오늘날의 것과는 판이하게 다를 뿐 아니라 인간의 존재가 물리적인 관점에서 취급되도록 돕는 기능을 담당했을 뿐이다. 물론 이러한 후원자 제도에 견주어 수평적인 관계를 지닌 '꼴레기아'(collegia)도 구성되었다. 그럼에도 불구하고, 기술자 같은 직종을 가진 장인들도 점차로 후원자 제도에 참여할 수밖에 없었고, 해방노예도 가장 수치스러운 사회적 지위에서는 벗어났을지라도, 후원자 제도의 가장 말미에 위치하여 옛 주인에 대한 의무를 여전히 가지고 있었다. 추가하여, 부유한 권력자들은 철학자들과 종교 교사들을 후원했는데 지혜의 교사들은 자신의 후원자의 집에 거주하면서 그들의 후원을 받아 생활하기도 했다.[10] 이러한 후원자 제도에 의하여 고린도교회는 사도들을 자신들의 피보호자로 후원하거나 자신들의 책임 하에 두려고 시도했을지도 모른다. 이러한 관점에서 고린도전서의 여러 사안들을 검토해보면 바울과 고린도교회 사이에서 발생하는 문제에 내포된 불쾌한 이유를 파악할 수 있을 것이다.

바울과 고린도교회

우리는 이제 바울이 고린도에 와서 교회를 개척하여 설립할 당시의 시대적 정황과 고린도교회의 현실을 살피려고 한다. 바울이 고린도에 도착했을 때, 거기서 로마 제국의 산물이자 혼합물인 헬레니즘 시대의 사회풍조를 대면하게 된다. 우리가 바울의 고린도 선교와 고린도교회에서 일어나는 일들을 파악하려면 이러한 현상을 염두에 두어야 한다. 44년에 클라우디오스 황제는 고린도에 주도를 둔 아가야를 원로원 속주로 재건한다.[11] 그 후 해마다 원로원에서 지명된 총독이 부임했다. 51년 7월부터 52년 6월까지 총독으로 지낸 갈리오에 대해 언급한 비문은 바울의 연대기를 확인할 수 있는 유일한 고고학적 근거이다(행 18:12~17). 신약학자들은 이 연대를 합산하여 바울이 50년 초부터 51년 여름까지 18개월간 고린도에 머물렀다는 것이 대부분의

신약학자들의 합의이다.[12]

1. 바울의 고린도 선교

갈라디아와 데살로니가에서와 마찬가지로, 고린도에서 행한 바울의 설교는 성령의 임재와 능력을 힘입은 것이었다. 고린도의 그리스도인들은 성령의 역사, 특히 황홀경에서의 예언과 방언을 선호했던 것으로 묘사된다. 바울은 소수의 고린도교회의 성도들에게 세례를 직접 베풀었던 점을 상기시킨다(1:14). 그렇지만 그는 주님의 만찬, 십자가 죽음 그리고 부활신앙과 같은 복음의 기초를 고린도의 그리스도인들에게 가르쳤다. 그는 또한 갈라디아와 마게도냐에서 했던 것과 같이 이스라엘의 역사와 전통에 대해서도 가르쳤다. 복음의 내용은 이스라엘을 향한 약속이 그리스도의 십자가 죽음, 부활 그리고 재림이라는 사건을 통해서 성취되는 것이기 때문이다. 사도 바울 자신이 고린도에서 선포했던 복음의 특징을 말할 때, 그는 예수에 대한 언급을 덧붙인다. 예수는 '십자가에 못 박히신분'(에스타우로메논, 고전 2:2)으로서, '하나님의 아들'(고후 1:19) 그리고 '주'(고후 4:5)로 소개되었다. 이것은 바울이 어떤 사람들이 고린도에서 '다른 예수'를 전했다고 비판하는 것과 일치한다(고후 11:4). 또한 그가 고린도교회의 성도들에게 전해준 몇 가지 전승을 언급하는데, 특히 예수의 죽음의 구속적인 의미에 대한 전승(고전 8:11; 11:23~26; 15:3)과 예수의 부활과 부활한 모습에 대한 전승들이다(고전 15:4~8, 12, 15).[13]

바울은 다수의 동역자들과 팀워크(teamwork)를 이루었다. 디모데와 실루아노는 고린도에서 바울과 합류하게 된다(행 18:5). 고린도의 사역을 위한 조직에는 여성과 남성을 포함한 더 많은 사역자들이 등장한다. 그들 가운데 가장 두드러지는 인물은 겐그레아교회 사역자인 뵈뵈였는데, 그녀는 바울을 포함한 많은 이들의 후원자였다. 더 나아가 바울은 브리스가와 그의 남편 아굴라와 특별한 협력관계를 형성했다. 이것은 그들이 바울과 동일 업종인 천막 만드는 일에 종사했기 때문일 것이다. 이 부부는 바울에게 거처를 제공했으며 그가 에베소로 떠날 때까지 긴밀한 협조를 지속했다.

'아굴라와 브리스가'와 '그 집에 있는 교회'(고전 16:19)로부터 우리는 고린도와 에베소에서 사역은 가정에 근거한 작은 모임 형태를 갖췄다고 말할 수 있다. 온 교회가 함께 모였다는 바울의 언급은 그 외의 시간에는 교회의 일부들이 나름대로의 기능을 발휘했음을 시사해준다. 이것은 스데바나, 가이오 그리고 아마도 그리스보의 집이 교회의 역할을 감당했다는 근거가 된다. 반드시 부유하지는 않았지만 대부분의 사람들보다 넓은 집을 갖고 있었기에 유복했던 그러한 집의 가장들은 당연히 고린도 사역에서 지도자들과 협력자가 될 수 있었다. 바울은 이들에게 교제, 협력 그리고 교회의 훈육을 위임할 수 있었다. 전체적인 사역의 형태는 그들의 집으로 구성된 하나의 조직이었고 이들은 규칙적으로 주님의 만찬이나 토의를 위해 모였을 것이다. 뵈뵈가 주 지도자였던 겐그레아교회는 비록 고린도에 여전히 그 중심을 두고 있었지만, 아가야에 있는 교회 또는 성도들로 발전하면서 그 조직이 어떻게 확장되었는지를 보여주는 사례이다. 이러한 찬사를 받을 만한 그리스도인들의 후원과 돌봄의 사역은 '제공한 것을 되찾는' 당시의 후원 패턴을 뛰어넘는 새로운 차원을 창조해 냈다.[14]

2. 고린도교회의 일치를 위협하는 갈등의 요소로서의 빈부의 격차

갈라디아와 마케도니아의 선교와는 다르게 고린도의 사회문화적 풍조는 세분화된 개인주의 및 신분에 대한 강박관념과 극도의 경쟁이 뒤따랐던 것으로 보인다. 고린도에서는 전체적으로 고대 헬라 사회와 로마 사회에서 그랬던 것처럼, 소수의 부유한 권력 계층과 노예이던 자유인이던 빈곤한 사람들 사이에 큰 틈이 존재했다. 사회의 모든 분야에서 같은 계층 내에서 심지어 노예들 사이에서도 신분의 격차는 사람들과 사람들을 구분해 놓았다. 게다가 전반적으로 여성들은 자신들의 남편과 주인들의 권위에 복종해야만 했다. 고린도에서는 하층 계급도 속주의 명예와 황제의 은혜를 얻으려고 노력했던 엘리트 계급과 마찬가지로 자신들의 신분에 대해 관심을 가졌다. 노예의 후손인 하층민은 자신들의 출생에 대해 매우 예민하게 멸시감과 불명

예를 느꼈을 것이다.

1세기 말의 고린도는 어떤 도시보다도 경쟁이 치열했던 도시로 소문나 있었고 더군다나 이것은 경제적인 사안에 있어서 사실이었는데, 상대방을 능가하기 위해 수단과 방법을 가리지 않았던 장사꾼들이 들끓었던 도시였다. 고린도와 관련해서 로마 시대에 '고린도 여행은 아무나 하는 것이 아니다'라는 격언이 유행했다. 이것은 당시에는 이미 하나의 전설로 전락해 버렸던 아프로디테 신전에서 동정을 잃는 것에 대한 언급이 아니다. 오히려 이 상업도시의 치열한 경쟁에서 자신의 겉옷을 빼앗기는 것에 대한 언급이다.[15] 그러므로 고린도의 사치 문화에서 사람들은 교양 없고 세련된 매너를 모르는 이들로 비춰지는데, 왜냐하면 이것은 부분적으로 부유한 자들이 너무도 심하게 가난한 자들을 착취했기 때문이었다. 갓 재건된 도시에서 뿌리를 잃은 사람들이 문명을 찾고자 노력하는 모습은 어떤 영적 허탈감과 신분 상승과 안전을 위한 갈급한 경향성을 만들어 냈을 법하다.[16]

바울이 고린도교회의 성도들의 질문에 대한 답변을 위해 사용하는 언어와 문제들 속에는 위에서 지적한 사회상황과 긴밀하게 연결된 것들이 대부분이다. 이와 관련된 1장 26절의 "육체를 따라 지혜 있는 자가 많지 아니하며 능한 자가 많지 아니하며 문벌 좋은 자가 많지 아니하도다"는 상당한 토론이 요구되는 구절이다. '능한 자'(뒤나토이)와 '문벌 좋은 자'(유게네이스)의 본래 의미는 정치, 경제 그리고 사회적 차원에서 전통적 헬라 귀족계급, 즉 권력자와 상류 계층을 지시한다. 바울 당시에는 이미 이러한 용어들이 오래 전부터 지적이고 영적인 엘리트들을 가리키는 영적인 의미를 내포하게 되었다. 즉 참으로 '능하고', '문벌 좋은' 자는 바울이 1장 26절에서 사용하는 또 다른 용어인 '지혜로운 자'(소포이)이다.

1~4장에 나오는 내용과 참고하여 읽는다면, 1장 26절에서 바울이 언급한 것은 영적신분에 도달했다고 주장하는 고린도교회의 일부 그리스도인들을 겨냥하는 듯하다. 즉, 바울은 고린도전서의 많은 부분에서 영적 신분에 관한 문제를 다룬다. 그리고 당연히 영적 신분에 관한 문제들 배후에는 실질

적인 사회적 신분의 문제가 도사리고 있다.[17]

이러한 맥락에서 바울 자신의 신분마저도 곧바로 하나의 화젯거리가 되었다. 신분을 의식했던 고린도인들은 자신의 사업으로부터 생계를 유지하려고 했으면서 부분적으로 성공적인 바울의 노력 때문에 감정이 상했다(고전 4:11~12; 9:6, 참고, 행 18:1~4). 그 당시에는 스승이 보수를 받거나, 어떤 부유한 후원자에게 의존하거나 또는 구걸하면서[18] 살아가는 것이 이치에 맞는 것이었다. 그러나 바울은 자신이 그것을 받을 의무가 아닌 권리를 가지고 있다고 주장했고(고전 9:3~18), 마게도냐교회의 성도들로부터는 도움을 받았음에도 불구하고(고후 11:8~9), 고린도교회로부터는 금전적인 지원을 거절했다. 이러한 바울의 태도는 자신의 명예와 고린도교회의 명예를 실추시키는 것으로 간주되었다(고후 11:7, 10~11; 12:13~15). 당시 원영지주의자들과 씨닉들의 요람이던 고린도 교인들이 그들의 지혜를 자부하여 스스로 현자, 부자, 왕을 자처한 터에 그들의 고고한 관점에 비추어 바울의 육체노동은 천박한 것으로 치부될 수 있었다.[19] 나중에, 바울이 예루살렘 교회를 위하여 고린도교회로부터 연보를 모으려고 할 때, 그는 속임수로 돈을 모으고자 했다는 의심까지 받게 된다(고후 12:16~18).[20]

이렇게 바울의 고린도 선교는 애증의 관계로 얽혀 있는 가운데 이루어졌다. 그러므로 우리는 고린도교회의 사회경제적 상황을 인지하면서 본 서신을 읽어가야 한다. 영적인 문제를 포함하여 정치, 경제, 문화적 정황을 총체적으로 분석해보면 고린도전서가 함의한 가난한 자를 배려하는 실제적인 모델을 찾아낼 수 있을 것이다.

성만찬 교훈이 촉구하는 성경적 삶의 실현으로써의 가난한 자들에 대한 배려

고린도전서는 신약성경의 문서들 가운데 교회 내부에서 발생하는 다양한 문제와 그 복잡성을 함의하는 매우 흥미 있는 문서임에 틀림없다. 이러한 문제들은 현대 교회에서도 여전히 유비적으로 대칭될 수 있어서 큰 교훈을 제공하는 유익한 책이라고 할 수 있다. 그만큼 고린도전서는 다양한 현안을 포함하고 있다. 고린도전서는 성도들이 모였을 때 교회의 대표 독자가 읽으며 내용을 전달해 준 서신이다. 바울이 기록한 다른 편지처럼 서신 작성의 관례를 따르면서 16장으로 기록한 많은 분량과 세밀한 구조를 특징으로 한다.[21] 바울은 세밀한 구조로 기록하며 그가 다루는 주제들도 매우 다양하여 다른 편지들과 뚜렷한 차이를 갖는다. 바울이 특히 주목하는 이슈는 고린도교회 내부에서 생긴 문제들을 세세하게 취급하는 것에서 확실히 드러난다. 먼저 바울이 화두로 꺼내 든 이슈는 교회와 성도들의 나뉜 마음과 정신을 화해와 일치로 구체화하는 것이다(고전 1:10~4:21). 이 분열의 문제는 교회에서 생기는 모든 문제의 원인으로 작용하고 있다.[22]

그 가운데서 우리가 살펴볼 11장은 고린도전서에서 가장 어려운 부분으로 정평이 나있을 정도로 해석하기 매우 곤란한 내용을 담고 있다. 특히 여성의 머리 가리개에 대한 부분이 그러하다. 이 문제와 함께 취급되는 성만찬에 대한 견해는 매우 신학적이고 기독론적인 차원을 잘 드러내 주고 있지만 실제로는 고린도교회가 처한 현실적 한계인 동시대의 사회적 관례를 따르므로 교회의 일치를 깨트리는 문제에 대한 바울의 매우 신중한 해법을 함의하고 있다. 즉 고린도교회의 냉랭한 모습을 해소하려는 바울의 교훈과 지침이 들어 있다는 것이다. 이렇게 어려운 문제를 담고 있는 11장이므로 학자들의 해석학적 입장도 매우 다르게 나타난다. 그러나 본 연구는 교회의 일치를 위한 성서적 답변을 제공하려는 것이며, 바울이 고린도교회의 성도들을 설득하는 과정에 보다 관심을 집중할 것이다.

11장은 매우 어려운 문제로 채워져 있으므로 2절에 이어 곧바로 17절로 건너뛰어야 한다는 주장도 있다. 그런데 이러한 주장은 청중을 설득하여 그들의 삶을 궁극적으로 교화시키려는 심의적 수사학을 사용하는 바울이 17절 이하에서 고린도교회를 칭찬하지 않는 이유를 설명하는 전략으로 2절에서 칭찬을 사용하는 점을 주목하여 그 사이를 결합하려고 시도한다. 그렇지만 전통이라는 신학적 개념을 사용하는 2절과 이어지는 여자들의 머리모양 그리고 주의 만찬이야말로 전통과 가장 잘 결합될 수 있는 주제임에 틀림없다. 바울은 먼저 주의 만찬에서 빈부 사이에서 생기는 부적합한 갈등과 소외의 국면을 책망한 후(17~22절), 만찬 제정에 대한 예수의 말씀을 언급하고(23~26절), 고린도교회의 실천이 주의 말씀과 불일치하는 것을 지적하며(27~32절), 결국 고린도교회의 성도들이 주의 만찬 전승에 따라 실천하라고 강력히 요구한다(33~34절).

1. 성만찬 교훈에 나타나는 가난의 모티브와 교회의 불일치 문제

18절은 고린도전서가 여러 서신으로 편집되었다는 학문적 가설의 근거를 제공해 왔다. 그러나 이미 바울이 1~4장에서 파당을 언급한 사실을 알고 있는데 여기서는 주의 만찬을 나누기 위해 모였던 자리에서 벌어지는 패거리의 모양새를 비판하는 것으로 이해하면 그런 추론은 극복될 여지가 충분하다. 또한 19절에서 바울은 그러한 파당이 존재함으로써 신앙적으로 분명한 성도들을 판별할 수 있음을 강조한다. 이러한 우리의 제안에 대해서 본문은 "너희가 교회에 모일 때에"라고 시간과 공간을 분명히 언급하여 교회의 분쟁과 파당이 주의 만찬을 하기 위해서 모였을 때 발생한 것임을 암시한다.

바울이 '함께 모이다'(쉬네르코마이)를 17, 18, 20, 33, 34절에서 반복 사용하는데(참고 14:23, 26), 이 단어는 특수한 공동체를 만들기 위해서 함께 모인 사람들 또는 재결합된 당파를 묘사하는데 사용된다. 18절에서 "너희가 교회에 모일 때에"는 20절의 "너희가 함께 모여서"와 동일한 표현으로 보이나, 실제로는 '(너희가) 한 장소에(에피 토 아우토, 함께 모여서)'가 우리말 번역에서 누락되었다. 바울은 17절의 '해로움'(헤쏜)이라는 언급과 함께 20절에서 그들이 함께 모일 때 나누는 주의 만찬은 결코 주의 만찬일 수 없다고 강력하게 비판한다.[23] 이 점에 대해서 콘첼만(H. Conzelmann)이 '교제가 제거되었다'고 비판하는 것은 적절하다.[24] 즉, 고린도교회의 성도들은 신앙공동체에서 '함께 한다'

는 진정성에 도달하지 못했음을 스스로 드러내기 때문이다. 19절에서 바울은 18절에서 지적된 거짓 믿음을 아이러니컬하게 묘사하는데, '너희 중에 파당이 있어야 너희 중에 옳다 인정함을 받은 자들이 나타나게 되리라'고 말한다. 즉 그런 파당과 분파적 행동이 있어야만 누가 옳은지를 판별해 낼 수 있다는 것으로 이해되나, 실제로 바울은 그들의 부정적 행동에 대해서 일침을 가하는 것으로 읽는 것이 더 적절할 것이다.

17~20절과 22절에서 바울은 신랄하게 고린도교회의 행태를 비판하는데, 21절은 그들의 행동에 대한 바울의 심각한 염려가 포함된 발언이다. 여기서 특이한 것은 바울이 '주의 만찬'의 대응개념으로 '자기의 만찬'을 배치하는 것이다. 즉 '먼저 갖다 먹는다'고 바울이 직설적으로 비판하는 것에서 고린도교회의 성도들은 이미 예수의 만찬에 함축된 '공동체를 일치시키는 정신'(team spirit)을 훼손시키고 있음을 직감할 수 있다.[25] 여기서 특히 주목할 것은 공동체를 싸잡아 공격하기보다는 각 구성원의 행동이 잘못되었음을 지적하기 위하여 '각각'이라고 강조함으로써 그들을 고발한다는 점이다. '먼저 갖다 먹는다'고 번역된 동사는 '게걸스럽게 먹다'라는 의미를 동시에 갖는다.[26] 그러므로 이것은 33절에서 '기다리라'로 번역된 '에크데코마이'와 관련되어 해석해야 하는지 질문할 수 있다. 바울은 각각 다른 사정으로 인해서 ('어떤 사람은 시장하고 어떤 사람은 취함이라' 21절) 주의 만찬이 갖는 교회 일치의 특성이 무시될 수 있는 위험에 관심을 집중한다. 이러한 바울의 공분(公憤)은 22절에서 그가 던지는 질문의 유형에서 확인되고 있다. '너희가 먹을 집이 없느냐'라고 질문을 던지므로, 바울은 충분한 재산인 '집을 소유한' 성도들, 즉 부유한 성도들을 향해 '하나님의 교회를 업신여기고 빈궁한 자들을 부끄럽게' 한다고 책망한다. 모든 사람들을 하나로 묶어야 할 책임을 함의한 공동체의 식사는 개인적이고 계층으로 차별화된 식사가 진행되는 터로 전락하고 말았다. 이 문제가 집을 소유한 부유한 성도들과 관련된 것이라면, 그레꼬-로마 시대의 식사 습관은 주의 만찬이 행해졌던 장소와 관련하여 해법을 제공해 줄 수 있을 것이다. 고린도교회는 주의 만찬을 위해서 모일 때

(고전 14:23), 가이오의 집 같은 한 곳에 모였을 것이다(롬 16:23).

2. 예수의 하나님 나라 선포를 함의하는 성만찬 교훈

바울을 예수와 연결시키는 문제는 과연 시대착오적인가? 이 문제는 여전히 많은 논의를 거듭하고 있다.[27] 이 글에서는 하나님의 나라를 선포하는 예수의 자리가 식탁교제의 장이었음을 인지하면서, 바울이 가난한 자들과 부유한 자들이 함께 하는 식탁교제의 자리를 통해서 고린도교회가 해결해야 할 현실적인 분열 문제를 고려하는 것에 주목하려고 한다.[28] 우선적으로 식탁교제는 계층과 신분을 초월하는 화합의 장소로서의 기능을 수행한다.[29] 복음서의 내러티브에서 드러나듯이 예수와 함께 하는 식탁교제를 통해서 하나님으로부터 오는 생명인 구원은 누구나 할 것 없이 동등하게 분여(分與)되고, 구원의 역동성은 식탁에 참여한 자들 모두에게 체현된다.[30] 복음서에서 예수의 식탁교제는 성만찬의 모티브가 되는 제자들과의 최후의 만찬에서 보다 더 큰 의미를 얻게 되는데 그것은 바로 식탁교제의 장을 예수의 지상 사역과 죽음 그리고 부활과 재림까지를 아우르는 신학적이면서 신앙고백적인 행위로서의 수용과 나눔의 실천이 이루어지는 성서적 삶의 자리로 구체화시킨다는 것이다.

바울은 공동체의 식사에 대한 이러한 표준적인 전통을 고린도교회의 성도들에게 상기시킨다. 11장 23절에 쓰인 '받다'(파라람바노)와 '전하다'(파라디도미)는 전승 과정을 설명하는 전문용어로써, 그리스의 철학 학파와 헬레니즘 시대의 다양한 종교 그리고 랍비 문학에서 공통적으로 사용되었다.[31] 이와 유사한 방식으로 바울이 사용한 사례는 부활 전승과 관련된 것으로 15장 1~3절에서도 확인된다. 또한 바울은 주의 만찬의 제정자인 '주님으로부터' 받은 것임을 밝힌다. 여기서 바울은 주님이 전승의 한 고리가 아니라 전승의 기원이기 때문에 '주님으로부터' 받았다고 단언한다. 이에 대한 논의는 바울 신학자들 사이에서 지속적으로 토론되고 있는데, 대체적으로 세 개의 합의점을 갖는 것으로 보인다. 하나는 목격자들이 주님이 한 말과 행동을 다른 사람들에게 전했는데 바로 이 전승을 바울이 연속적인 전달과정을 통해서 전해 받은 것이라는 견해이고, 다른 하나는 바울이 어떤 형태의 중재 없이 주님으로부터 직접 이 진리를 받았다는 견해이다. 또한 타협안으로 바울이 인간적 수단을 통해서 실제의 전승을 전해 받긴 했지만 그는 주님으로부터 직접 그 전승에 대한 해석을 받았다고도 할 수 있을 것이다. 그렇지만 여기서 강조되는 것은 인간적인 전승과 함께 또 그 전승을 통해서 작용하는 하나님의 권위를 볼 수 있다는 사실일 것이다.[32] 이와 함께, 주의 만찬은 "주 예수께서 잡히시던 밤에"(23절)라는 시간적 언급과 함께 예수의 죽음에 초점이 맞춰지면서 최후의 만찬으로 기독교의 역사에서 지속적으로 시행되고 있다.

마가복음 14장 12~25절이 유월절 식사를 배경으로 최후의 만찬을 배치하는데, 고린도전서 5장 7절에서 바울이 그리스도를 유월절 양으로 묘사한 것은 유월절 식사와 주의 만찬이 깊은 연관을 갖고 있음을 시사한다. 바울이 전하는 전승에서는 떡으로 상징된 몸은 '너희를 위한' 것이다.[33] 마가는 '잔'으로 상징된 '피'를 '많은 사람을 위하여 흘리는 나의 피'라고 기록한다. 이 두 구절은 대속(代贖)을 위한 희생물을 상징한다. 바울은 예수의 희생을 로마서 5장 6절, 고린도전서 15장 3절, 고린도후서 5장 15절과 21절, 그리고 갈라디아서 2장 20절과 3장 13절에서 색다르게 묘사함으로써 그의 죽음이 갖는 대속의 의미를 다각적으로 부각시켰다. 마가복음과 바울의 전승은 '잔'으로 상징된 하나님과 그의 백성 사이의 새 계약, 즉 예수 안에서 이루어지는 구원의 보편적 성취라는 새 계약의 체결이다. 마가와 바울의 전승은 출애굽기 24장 5~8절의 '언약의 피'에 대한 유비로 '주 예수'가 하나님과 이 세상의 사람들을 한데 묶는 보혈로 신분과 계층, 성별과 민족을 초월하는 보편적 구원의 상징인 주의 만찬을 제정했다고 선언한다.

바울의 전승은 궁극적으로 '나를 기념하라'(24~25절)는 말씀을 통해서 떡과 잔의 교훈을 모두 포함한다. '기념'(아남네시스)으로 반복되는 '행함'(포이에시스)은 고린도교회를 비롯한 신앙공동체가 이 의식을 재현해야 할 실천항목이다. 바울의 전승은 새로운 유월절로 주의 만찬을 해석하면서 이스라엘의 역사에 근거한 사건의 궁극적 성취로써 예수의 유월절 식사와 십자가의 죽음을 기념하는 것을 확인한다. 26절에서 바울은 주의 만찬을 '떡을 먹는 것'과 '잔을 마시는 것'으로 상징되는 예수의 죽음과 그의 재림을 연결한다. 결국 바울은 주의 만찬의 종말론적인 특성을 재림에 대한 기대(고전 16:22)와 긴밀하게 결합된 것으로 본다.

3. 주의 몸을 분별하는 것으로서 가난한 자들에 대한 배려

바울은 11장 27~32절에서 고린도교회의 성도들을 하나님의 심판에 직면하여 주의 만찬에서 합당한 행동을 하라고 화급하게 요청한다. '먹고 마시는' 것과 가난한 자들과 부유한 자들, 그리고 그들이 동등하게 어울려야 하는 '주의 몸'을 '분별하지 못하는' 것(29절)을 언급하는 이 단락은 그리스도의 몸으로서의 교회에 대한 성도들의 부족한 이해를 비판한다. 여기서 27~28절의 경고는 자연적으로 고린도교회의 현실에서 적용되어야 할 실제적인 지침이다.[34] 고린도교회의 설립자이면서 교회의 복음적 기능에 몰입하는 바울은 이러한 경고와 실천항목을 통해서 고린도의 성도들이 그리스도의 몸으로서의 교회를 세울 뿐만 아니라 예수의 죽음과 부활 그리고 재림의 신학적 의미를 삶의 자리에 적극적으로 반영하는 그리스도인으로 성장하기를 기대하고 있다. 즉 바울이 고린도교회의 성도들에게 제시하는 범례로서의 교회는 각 지체들이 소유한 고유한 가치가 중시되어 진정한 일치를 이루는 주의 몸이다.

28절에서 '자기를 살피고'라는 바울의 권고가 의도하는 것은 10장 16~17절에서 이미 주의 만찬에 대하여 언급할 때 포함시킨 것으로, 29절에서 '(주의) 몸(토 소마)'을 다시 강조함으로써 공동체의 일치와 연대를 재천명한다. 센프트(C. Senft)는 이러한 공동체로서의 교회의 일치를 지지하는 입장에 대해서 부정적인 견해를 밝히면서 온전히 성만찬이라는 교회의 성사에 대한 언급이라고 주장한다.[35] 그러나 17절에서 이미 바울은 교회의 공동체로서의 통일성을 유지하자는 취지로 그의 관심을 밝힌 바 있다. 28절은 '살피다'(도

키마조)의 명령형으로 시작하는데, 고린도교회에서 옳은 성도로 밝히 드러난 어떤 사람들을 암시하는 11장 19절의 '인정함을 받은 자들'(호이 도키모이)과 어원이 같다. '주의 몸을 분별하지 못하고' 주의 만찬에 참여하는 성도들은 질병이나 심지어 죽음의 형벌로 자신의 '심판'을 자초한다. 31~32절에서 동일한 견해를 반복하는 바울은 심판을 받게 되는 기준을 제공한다. '주의 몸'을 분별한 고린도인들은 질병이나 죽음과 같은 '심판'을 피했을 것이다. 그럼에도 불구하고 현재의 심판은 일종의 신앙의 훈련으로 간주되었고, 궁극적으로 하나님의 심판을 면하게 될 첩경이다(32절).

'그런즉'으로 시작하는 33절에서 바울은 고린도교회가 구체적으로 실천할 지침을 제공한다. 21절에서 '먼저 갖다 먹는다'고 지적된 바와 같이 33절에서 바울은 공동체의 구성원들에게 점잖게 충고하면서 교회의 품위 유지에 대하여 지도하면서 '기다리라'고 명한다. 이것은 달리 번역하면 서로 신경을 써서 상대방을 배려하라는 것이다. 따라서 34절의 "만일 누구든지 시장하거든 집에서 먹을지니"라는 지침은 주의 만찬에 대한 훼손이 하나님의 심판과 철저한 처벌을 면할 수 없는 것이라는 점을 강하게 부각시키면서 공동체에 속한 가난한 성도들에 대한 끊을 수 없는 애정과 배려를 독려하는 것이다. 그러므로 바울은 고린도교회가 '주의 몸을 분별하는 것'에 대하여 신중하게 처신할 것을 주문하면서 그리스도가 근거가 되는 주의 만찬이야말로 신앙공동체의 일치를 위한 가장 중요한 신학적 근거임을 강조한다.

바울은 고린도교회의 일치된 결속력을 유지하기 위해 주의 만찬에 근거하여 호소한다. '주의 죽음'과 재림에 대해서 동일하게 초점을 맞추는 것은 공동체의 일치와 화합을 촉구하는 것으로 보이며, 교회의 일치와 성도들의 결속을 통하여 고린도교회를 복음의 기초 위에 든든하게 세우려는 바울의 열정과 봉사의 마음을 읽을 수 있다. 즉 바울의 가장 근원적인 해석학적 기초는 그리스도의 십자가라고 할 수 있다. 실제로 같은 공동체에 속한 성도들이 사회경제적 신분이 낮다는 이유만으로 식사에서 배제된다는 것은 매우 불합리하며 있어서도 안 되는 텍스트의 지침을 거스르는 사례이다. 그렇다면 이처럼 주의 만찬을 두 부류로 가르는 사람들은 도대체 어떤 사람들인가? 그들은 아마도 바울이 계속해서 거론한 영적으로 지혜로운 자라고 자만하는 사람들일 것이고, 그러한 자기 판단으로 은사를 중시할 뿐 아니라 성적으로 금욕적인 입장을 취하고 지식을 숭상하는 부류였을 법하다. 이러한 현실을 목도한 바울에게 이러한 모습은 공동체 전체를 하나로 통합하는 데 매우 부정적인 걸림돌이 되는 해악적 요소로 마땅히 시정되어야 할 요소로 지목되었을 것이다.

나가는 말: 가난한 자들에 대한 배려를 통한 교회일치의 실천

바울은 고린도교회의 설립자이다. 그러므로 그는 누구보다도 고린도교회와 이 교회를 구성하는 성도들의 삶과 신앙의 성숙에 대해서 많은 관심을 가지고 있었다. 고린도교회는 앞에서도 살펴보았듯이 사회적 신분이 높거나 경제적인 부를 이루고 있는 성도도 있었지만 가난한 성도들이 훨씬 더 많았을 것이다. 1장 26절에서 바울은 그러한 교회의 현실적인 모습을 완곡하게 표현했다. 바울은 11장에서 성만찬과 관련된 주제를 통해서 이러한 실체 가운데서 나타나는 모순적 행동을 매우 염려했다. 성도들을 향한 바울의 열정은 이러한 모순된 모습을 그냥 둘 리가 만무했다. 바울은 고린도교회의 빈부의 차별이 만들어 내는 교회의 분열과 갈등의 문제를 해결하고자 펜을 들었고 그에 대한 화끈한 답변과 제안을 통해서 성도들이 준수할 행동 지침을 제공한다.

이 글을 통해서 우리는 성경적 삶의 실천으로써 계층 간 갈등을 해소시키는 교회의 책임과 성도의 실천 방법에 대해 가난한 자들을 어떻게 대할지에 대한 교훈을 통해 구체적으로 제공받는다. 바울은 고린도라는 특수한 사회 경제적 환경에 위치한 고린도교회의 모순된 경험을 통해서 교회가 어떻게 하나님의 뜻을 정직하게 실천해나갈 수 있는지를 알려 준다. 바울에게 있어

교회가 가난한 성도들을 배려하지 못하거나 그들을 소외시킨다면 교회이기보다는 이익 집단에 불과할 뿐이다. 오늘날의 교회도 이와 유사한 문제에 직면해 있다. 빈부 간의 경제적 불균형으로 인한 양극화 현상은 신앙공동체에서도 자주 마주치는 사안이다. 이런 상황에서 복음의 진정성을 바르게 구현하기는 쉽지 않다. 그러나 하나님의 친구로서의 교회와 그리스도인은 바울이 제시하는 교회의 사회 책임의 측면을 주목하여 그리스도인으로서 위탁받은 임무를 수행하기 위하여 최선을 다해야 할 것이다. 양극화 현상 및 사회적 갈등은 공동체의 따뜻한 배려와 돌봄을 통해서 극복될 수 있어야 한다. 바울은 이러한 고민에 싸여 있는 오늘날 그리스도인들에게 다음의 몇 가지 지침을 제공해 준다. 이 점을 기억한다면 사회의 갈등 해소를 위한 교회의 책임을 수행하면서 인간적으로 경험할 수 있는 답답함이나 자괴감을 극복할 수 있을 것이다. 첫째, 성령의 교제를 통해서 가난한 자들을 소외시키지 말아야 한다. 둘째, 교회의 참된 모습은 나눔과 세심한 배려를 통해서 드러난다. 셋째, 가난한 자들에 대한 관심은 제한적이지 않고, 그리스도께서 교회를 위하여 베푼 그 희생적 죽음에 근거해서 꾸준히 실천할 주제이다.

거룩한 입맞춤(고전 16:20)의
배경과 의미

바울은 몇몇 서신에서 편지를 마감하며 "너희는 거룩하게 입맞춤으로 문안하라"(살전 5:26; 고전 16:20; 고후 13:11; 롬 16:16)고 말한다. '거룩한 키스'가 바울 서신 중 최초의 서신인 데살로니가전서로부터 가장 후대인 로마서에 이르기까지 나타나고 있다는 것은 '거룩한 키스'가 바울 사역 내내 그가 강조한 것임을 알 수 있다. 이 '거룩한 키스'는 '사랑의 키스'로 변용되어 베드로전서에 나타나기도 한다(벧전 5:14).

'키스하다'에 해당하는 헬라어로 '퀴네오'(κυνέω)가 있는데, 신약성경에는 사용되지 않고 있다. 신약에서는 '사랑하다'라는 의미의 '필레오'(φιλέω)가 '키스하다'라는 의미로 사용되고 있으며, 명사형은 '필레마'(φίλημα)다.

그레코-로만 문화에서 신의 키스는 치유를 가져오는 것으로 이해된 반면에 유대교에서는 죽음으로 인도하는 표징으로 이해되었다. 탈무드 등이 전하는 유대교 전설에 의하면 모세, 아론, 미리암, 아브라함, 이삭, 야곱 등의 인물들은 신의 키스에 의해 그들이 생명이 마감된 것으로 알려져 있다. 이러

이 글은 차정식, "바울과 키스의 사회학: '거룩한 키스'에 관한 추리", 『바울신학탐구』(서울: 대한기독교서회, 2005), pp. 332~360을 저자와 출판사의 허락을 받아 요약하여 재구성한 것이다.

한 키스 이해는 입이 숨결을 조정하는 기관으로서 죽어가는 자의 마지막 호흡을 붙잡을 수 있다는 생각에서 말미암은 것으로, 신이 그 입 위에 키스하여 그 숨을 거두어간다고 연상한 결과이다.

유대교 랍비들이 선별한 903가지 죽음의 형태 중에서 신의 키스를 가장 쉽고 편안한 죽음의 방식으로 보았다. 유대 순교자들은 죽기 직전에 키스를 나누었는데, 후대에 기독교 순교자들에게도 전승되었다. 이들은 죽어가면서 곧 영혼이 천국의 문을 키스하며 들어가게 되리라는 희망을 다지며 미리 그것을 연습으로 시위한 것이다.

성경과 유대 문헌을 보면 다양한 삶의 자리에서 행해진 키스가 있음을 발견할 수 있다. 첫째, 친족간의 애정을 표시하는 키스다(창 27:26이하; 29:11, 13; 31:28; 32:1; 33:4; 45:15; 48:10; 50:1; 출 4:27; 18:7; 룻 1:9, 14; 삼상 14:33; 왕상 19:20; 토빗 5:17; 7:6; 10:12). 둘째, 다윗과 요나단의 경우에서 보듯 절친한 친구간의 키스(삼상 20:41)가 있다. 셋째, 일상적 인사로서 키스가 있다(창 29:11, 13; 33:4; 출 4:27; 18:7; 삼하 20:9). 넷째, 이별할 때 하는 키스가 있다(창 31:28; 삼하 19:39; 왕상 19:20; 룻 1:9, 14; 토빗 5:17; 10:12). 다섯째, 재회 혹은 화해의 자리에서 행해진 키스가 있다(창 33:4; 45:15; 삼하 14:33). 그러나 친인척의 테두리를 벗어나 이방인들 즉, 이교도들과 키스하는 것은 용납되지 않았다.

신약의 경우 '탕자의 비유'(눅 15:11~32)에서 아버지는 재회 혹은 화해의 의미로 돌아온 탕자에게 키스를 한다. 또한 죄 많은 여인은 예수님의 발에 키스를 했는데, 이는 존경과 애정의 표시다(눅 7:38, 45). 저 유명한 가룟 유다가 예수님에게 키스한 것은 일상적 인사의 키스였다(막 14:44~45). 또 바울이 밀레도에서 에베소 장로들과 이별할 때 서로 목을 안고 입을 맞추었다(행 20:37).

이러한 배경 속에서 바울의 '거룩한 입맞춤'은 어떻게 이해될 수 있을까? 먼저, 바울이 말하는 키스가 '거룩한 키스'인 이유는 무엇인가? 그것은 교회 성도들은 말 그대로 성도, 즉 성령을 받은 거룩한 사람들이기 때문이다(고후 13:11~13; 고전 7:14 참고). 둘째, '거룩한 키스'는 바울이 세운 교회의 예배에서 행해진 하나의 예전적 의식이었을 것이다. 고린도후서 결구에 따르면 〈서신 낭독 → 거룩한 입맞춤 → 축도〉 순으로 진행되었던 것 같다. '거룩한 키스'는 공동체들의 신앙적 정체성을 확고하게 만들고, 성도들간의 유대를 다지는 기능을 하였을 것이다. 바울이 세운 교회는 유대인과 이방인(민족), 남자와 여자(성별), 자유인과 노예(사회계층) 등으로 구성되어 있었을 것이며, 이렇게 상이한 성도들을 하나로 만드는 데 유효한 기능을 담당했던 것이 세례식과 거룩한 키스였던 것이다. 이것은 갈라디아서 3장 28절에서 바울이 선언하는 바 "유대인이나 헬라인이나 종이나 자유자이나 남자나 여자 없이 그리스도 예수 안에서 하나"임을 실천하는 것이다.

바울의 '거룩한 키스'는 후대로 가면서 두 가지로 변질된다. 첫째, 영지주의자들은 영지(靈知, γνῶσις 그노시스)를 얻는 자들이 구원자와 지곡한 경지에서 결합하는 신비한 연대를 혼인의 관계에 비유하였다. 이 신비스러운 연합의 상징이 키스였다. "영지를 얻는 우리 완전자들은 키스를 통하여 생명을 잉태하고 낳을 수 있다. 그래서 우리는 서로 서로 키스한다. 우리는 각자 안에 있는 은혜를 통해 잉태를 한다"(빌립복음서, 59).

Pistis Sophia라는 영지주의 문헌에 따르면 영지주의자들은 영지주의적 기독론에 기초하여 지상의 육신적 예수가 하늘에 있는 그의 쌍둥이 반쪽과 결합하기 위해 필요한 열쇠로서 키스를 설정하였다. 후대의 유대-기독교 분파인 엘카사이트(Elchasites)와 영지주의가 결합된 마니교의 신화에서는 키스가 하늘 나라 빛의 세계로 가는 통과 절차의 이미지로 등장한다.

둘째, 초기 교부들은 바울의 '거룩한 키스'를 '평화의 키스'로 그 이름을 바꾸어 성만찬과 감사 기도 사이에 정식 예전의식으로 정하여 꾸준히 시행하였다. 그러나 여러 가지 부작용이 생겼다. 예를 들면 불신자 남편을 둔 여성 신자가 남자 신도에게 키스를 나눌 경우, 그 남편이 오해할 수 있다. 또 키스를 하는 자들이 '거룩한 키스'의 의미를 망각한 채 에로틱한 감정으로만 키스를 할 수도 있다. 그리고 잘생긴 사람에게만 키스하고 못생긴 사람은 그냥 통과하는 당혹스러운 일도 있었던 것 같다. 그러자 키스의 남용을 제지하기 위한 교회내 규례들도 제정되기에 이른다. 결국 교회안에서 키스는 세례식, 주교의 임명식, 장례식, 순교자에 대한 경의를 표할 때, 성물에 대한 경외감을 표시할 때에 한해서 이루어지게 되었다.

Ⅱ. 본문 연구

01
십자가,
하나님의 지혜
고린도전서 1~2장의 주해와 적용

고대 그리스 – 로마 사회에서 철학과 수사학은 열정적인 추구의 대상이었다. 유명한 소피스트(sophist)들과 수사학자들은 크게 존경을 받았고, 많은 사람들이 그들의 제자가 되기를 원했다. 당시 부모들의 관심도 자연히 자기 아들을 위해 최고의 선생을 찾는 일이었다.[1] 학생들의 사회적 지위는 자기 스승들의 명성과 직접 연관돼 있었기 때문이다. 학생들은 종종 다른 학파의 학생들과 스승들의 장·단점을 비교하면서 논쟁했다.[2] 이런 풍토 속에서, 고린도 성도들은 자신들에 대해 세상적인 관점으로 인식하고, 영적 지도자들을 당시 철학과 수사학의 기준으로 서로 비교하며 불화를 일으켰다.

구체적으로 말해, 고린도 성도들 중에 많은 사람들은 가식 없는 복음 선포보다 인간의 현란한 지혜를 더 가치 있게 평가했고, 바울의 단순한 접근보다 아볼로의 웅변을 선호했다(비교 4:6).[3] 이것은 하나님의 지혜에 대한 이해 부족에서 나온 행위다. 그래서 바울은 고린도전서 1~2장에서 하나님의 지혜인 십자가에 대한 가르침을 제시한다.

인사와 감사(1:1~9)

고린도전서는 고대 편지의 양식을 따라 인사(1:1~3)로 시작한다. 1장 1절에서 바울은 저자인 자신을 소개하면서 '그리스도 예수의 사도'라는 사실을 강조한다. 바울이 사도로서 복음을 전하도록 권위를 부여받은 것은 예수 그리스도에게서 온 것이다. 그는 스스로 복음을 전하는 자나 선생이 된것이 아니다.

바울은 독자들이 세상에서 구별돼 하나님의 백성이 된 자들이라는 것을 상기시키며, 또한 그들이 "각처에서 … 우리의 주되신 예수 그리스도의 이름을 부르는 모든 자들"과 하나된 것을 강조한다(1:2). 이는 다분히 의도된 것으로, 분파적인 고린도인들이 우주적 교회의 한 부분이라는 사실을 깨닫게 하기 위함이다.[4]

바울은 고린도교회 위에 복을 선언한다. "하나님 우리 아버지와 주 예수 그리스도로부터 은혜와 평강이 있기를 원하노라"(1:3). 여기서 '은혜'는 그리스도 안에 나타난 하나님의 구원의 행위를 포괄적으로 가리키는 말이다. '평강'은 인간의 온 존재가 하나님의 은혜로운 구원의 혜택에 참여하는 것을 의미한다.

1장 4~9절은 감사 부분이다. 바울은 하나님께서 고린도 성도들에게 주신 풍성한 은혜를 감사한다(1:4). 감사의 내용은 고린도 성도들이 특별히 "모든 말과 모든 지식에 풍족하다"는 것이다(1:5). '말'은 모든 종류의 영적인 말을 의미하는데, 특별히 고린도전서 12~14장에 나오는 '지혜의 말씀', '지식의 말씀', '방언', '예언' 등을 가리키는 것 같다. '지식'은 아마 예언적 계시와 관련된 특별한 것을 가리키는 것 같다(고전 13:2, 8, 14:6).[5]

하나님께서 부어주심으로써, 고린도 성도들은 모든 은사에 부족함이 없다(1:7). 하지만 그들은 많은 은사들로 인해, "이미 배부르며 이미 부요하며 왕 노릇하였다"(4:8). 그래서 바울은 그들에게 교회를 "주 예수 그리스도의 날에 책망할 것이 없는 자로 끝까지 견고케 하시"는 분은 주님이심을 상기시키고 있다(1:8). 아무리 은사가 풍성해도, 주님께서 끝까지 붙들어 주시지 않으면 우리에게 미래는 없다. 구원은 전적으로 하나님의 신실하심에 달려 있다.

바울은 하나님을 찬양한다. "너희를 불러 그의 아들 예수 그리스도 우리 주와 더불어 교제하게 하시는 하나님은 미쁘시도다"(1:9). 여기서 '교제'라고 번역된 말은 헬라어로 '코이노니아'인데, 바울 서신에서 '코이노니아'의 지배적인 의미는 '참여'(sharing, participation)다.[6] 그렇다면, 예수 그리스도와의 교제는 그분의 모든 것에 동참하는 것을 의미한다.[7] 그리스도인들은 믿음으로 그리스도의 죽음에 동참하고(롬 6:8), 현재 성령님을 통해 그분의 생명에 참여하며(고후 4:10~11), 마지막에 반드시 그분의 영광에 참여하게 된다(롬 8:17, 빌 3:10).

고린도교회 안의 분쟁(1:10~17)

인사와 감사 다음에 1장 10절에서 바울은 즉각적으로 핵심적인 권면을 한다. "형제들아 내가 우리 주 예수 그리스도의 이름으로 너희를 권하노니 다 같은 말을 하고 너희 가운데 분열(스키스마타)이 없이 같은 마음과 같은 뜻으로 온전히 합하라." 바울이 이런 권면을 하게 된 것은 '글로에의 집안 사람들'에게서 고린도교회 안에 '분쟁'(에리데스)이 있다는 소식을 들었기 때문이다(1:11). 그들의 보고에 따르면, 고린도 성도들은 각각 "나는 바울에게, 나는 아볼로에게, 나는 게바에게, 나는 그리스도에게 속한 자"라고 각각 주장한다는 것이다(1:12).

바울이 볼 때, 고린도교회 안의 분쟁은 참으로 어리석고 유치한 것이다. 우리의 구원자 그리스도는 결코 나눠질 수 없다. 예수 그리스도는 우리 모두를 위해 십자가에 달리신 분이시다. 어떤 인간도 그리스도처럼 대속의 죽음을 행할 수 없고, 자기 이름으로 세례를 줄 수도 없다. 우리는 오직 예수 그리스도의 이름으로 세례를 받고 예수 그리스도와 연합된 존재다(1:13). 그러므로 그리스도인들의 헌신과 충성의 대상은 오직 예수 그리스도 한 분 뿐이시다.

바울은 자신이 고린도교회에서 소수의 사람들에게만 세례를 주었다는 사실에 대해 하나님께 감사한다. 실제로 바울에게 세례를 받은 사람들은 그리스보와 가이오였다(1:14). 또한 바울은 스데바나 집 사람들에게도 세례를 베푼 적이 있음을 기억해 낸다. 그러나 그들 외에 다른 누구에게도 세례를 준 적이 없다(1:16). 사도 바울이 이런 말을 하는 목적은 아무도 자기 이름으로 분파를 만들 수 없음을 강조하기 위함이다(1:15).

바울은 그리스도에게서 받은 자신의 본래 사명을 밝힌다. 이는 세례를 주는 것이 아니라, 복음을 전파하는 것이다(1:17a). 바울은 복음을 전하되, '말의 지혜'(엔 소피아 로구)로 하지 않았다(1:17b). '말의 지혜'란 그리스-로마의 수사학과 관련된 용어로, 연설에 동원된 수사학적 기술을 가리킨다.[8] 수사학이 꽃을 피웠던 그리스-로마 사회에서 '지혜'는 웅변술과 동의어였다. 그러나 바울은 복음을 선포할 때, 인간의 지혜를 의지하지 않았다. 그 목적은 "그리스도의 십자가가 헛되지 않게 하려 함이었다"(1:17c).

하나님의 지혜와 인간의 지혜(1:18~31)

바울의 핵심 사역은 십자가에 못 박히신 예수 그리스도를 선포하는 것이다. 십자가가 선포될 때, 두 가지 극단적인 반응으로 나타난다. 즉 십자가는 '멸망하는 자들'에겐 미련한 것으로 간주된다. 그러나 '구원을 얻는 자들'에겐 하나님의 능력이다(1:18). 하나님의 진노나 구원은 십자가의 선포에 대해 인간이 어떤 반응을 보이는가에 따라 결정되는 것이다.

하나님께서 인간의 지혜와 총명을 폐하시고 멸하신다(1:19). 세상 지혜자를 대표하는 유대의 율법 학자들과 헬라의 변론가(sophist)들이 설 땅은 없다(1:20). 그 이유는 분명하다. 세상이 자기 지혜로 하나님을 알 수 없기 때문이다(1:21a). 세상의 지혜는 인간으로 하여금 창조주 하나님을 스스로 깨닫고 영광을 돌리게 못한다(비교 롬 1:21). 오히려 그것은 하나님의 영광을 피조물의 형상으로 바꾸는 우상 숭배라는 어리석음의 극치로 나타난다. 그러므로 하나님께서 '케리그마'(κήρυγμα케뤼그마)라는 '어리석은 것'으로 믿는 자들을 구원하시길 기뻐하신다(1:21b). '케리그마'는 바울의 설교에 대한 내용과 형식을 모두 포함한다.[9] 곧 십자가를 단순하게 선포하는 것을 의미한다.

"유대인은 표적을 구한다"(1:22a). 이것은 유대인의 메시아적 기대를 반영하는 말이다. 그들은 하나님의 능력과 위엄을 나타내는 표적 곧 출애굽 사건 때 나타난 것보다 더 장엄한 표적으로 압도당하기를 원한다(비교 막 8:11; 눅 11:16; 요 6:30).

한편 "헬라인은 지혜를 찾는다"(1:22b). 그들은 고상한 삶을 추구하며 철학적인 지혜를 구한다.

그러나 바울은 "십자가에 못 박힌 그리스도를 선포한다"(1:23a). 유대인은 신명기 21장 23절에 근거해, 십자가를 하나님의 저주의 상징으로 간주했다(1:23b). 유대인들이 볼 때 메시아는 능력, 승리, 장엄을 뜻한다. 그러나 십자가는 연약함, 수치, 패배를 의미한다.[10] 따라서 '십자가에 못 박힌 메시아'는 유대인들에게 기름에 튀긴 얼음과 같은 모순이요, 걸려 넘어지게 하는 돌이다(1:23b). 한편, 이방인에게 십자가는 어리석은 것이다(1:23c). 그리스인들과 로마인들이 볼 때, 자기 원수들에게 사로잡혀 십자가에서 죽임을 당한 신(god)에 관한 이야기는 한 마디로 미친 것이다(1:23c).[11]

그러나 하나님의 백성으로 부르심을 입은 자들에게는 유대인이나 헬라인이나 그리스도는 죄인을 죄와 죽음의 세력에서 구원한 "하나님의 능력이요 하나님의 지혜다"(1:24). "하나님의 미련한 것이 사람보다 지혜 있고 하나님의 약한 것이 사람보다 강하다"(1:25).

인간적인 눈으로 볼 때, 십자가는 분명 어리석고 수치스러운 패배다. 그러나 하나님께서 그런 십자가를 통해 죄와 죽음의 세력을 정복하셨다.

1장 26~31절은 하나님의 지혜와 능력을 증명해 보이기 위해 하나의 실례를 제시한다. 먼저 바울은 고린도 성도들에게 그들이 하나님의 부르심을 받았을 때 사회적으로 어떤 신분에 속하고 있었는지 생각해 보라고 요구한다(1:26a). 그들 중에 교육을 많이 받고, 정치적으로 영향력이 있으며, 훌륭한 가문의 사람들이 많지 않았다(1:26b). 물론 고린도교회 안에 사회적으로 유력한 사람들도 일부 있었다. 그러나 대부분 천한 노동으로 생계를 유지해 가는 해방 노예나 노예들로 구성돼 있었다.

그런데 하나님께서는 세상의 어리석은 것들과 약한 것들과 천한 것들과 멸시 받는 것들과 없는 것들을 택하셔서 존귀한 자기 백성들로 삼으셨다. 그래서 지혜 있는 자들과 강한 것들과 있는 것들을 부끄럽게 하시고 폐하신다(1:27~28). 이것은 우리로 하여금 출애굽 사건을 기억하게 만든다.[12]

여기에 목적이 있다. 그것은 "아무 육체라도 하나님 앞에서 자랑하지 못하게 하려 하시고"(1:29), 또한 주님을 자랑하게 하시려는 것이다(1:31). 그리스도인들이 존재하는 것은 그리스도 예수 안에서 우리를 구원하신 하나님의 은혜 때문이다(1:30a). 그리스도께서 우리를 위해 하나님의 지혜가 되사, 우리를 의롭게 여기시고 거룩하게 하시며 구속하셨다(1:30b, cf. 고후 6:11). 그러므로 자랑하는 자는 주 예수 그리스도를 자랑해야 한다.

십자가 설교와 성령님의 능력(2:1~5)

2장 1~5절에 또 하나의 실례가 등장한다. 이것은 바울 자신의 설교 사역 안에 나타난 하나님의 능력을 입증하기 위함이다. 당시 웅변가들은 어떤 도시를 방문했을 때, 그 도시에 대해 화려한 말로 찬양하고 또 자신들의 업적과 지혜를 자랑했다. 이는 자신들의 명성을 알리고 재정적인 이익을 얻기 위함이었다.

그러나 바울은 고린도에 가서 '하나님의 비밀'을 전할 때[13] '훌륭한 말이나 지혜'[14]로 하지 않았다(2:1). 바울은 1장 17절에서도 비슷한 말을 한 바 있다. 곧 복음을 전할 때, '말의 지혜'로 하지 않았다. 앞서 말했듯이, 바울이 청중을 설득하기 위해 수사학적 기술을 의지하지 않았다는 뜻이다.

그 대신 바울은 오직 십자가에 못 박히신 그리스도에게만 모든 초점을 맞추기로 미리 작정했다(2:2). 십자가는 유대인들에겐 걸림돌이요, 헬라인들에겐 어리석은 것이었다. 그러나 바울은 십자가에 달리신 예수 그리스도만을 선포의 중심 내용으로 삼기로 작정했다. 여기서 우리는 바울이 당시 유랑 웅변가들과 분명히 구별되고 있음을 잘 알 수 있다. 그들은 아첨하는 자들이요, 사람을 기쁘게 하는 자들이었다(비교 살전 2:1~10). 그러나 바울은 어디에 가든 항상 십자가만을 선포했다. 십자가는 단순히 하나님의 여러 구원 행위 중에 하나가 아니다. 십자가는 하나님의 구원 역사 전체를 통합하고 해석하는 핵심이다.[15]

바울은 십자가의 복음을 전할 때 "두려워하며 심히 떨었다"(2:3). 고린도후서 10장 10절에서 인정한 것처럼, 바울의 말 주변은 시원치 않았다. 수사학의 관점에서 볼 때, 바울은 능숙하고 설득력 있는 연설가가 아니었다. 바울 자신도 그 점을 잘 알고 있었다. 게다가 힘을 숭배하는 고대 그리스 세계에서 하나님의 연약함(곧 십자가의 이야기)을 선포한다는 것은 배척 받을 가능성이 많았다. 따라서 바울은 두려워하며 떨었다.

그런데 바울의 복음 선포에 놀랍게도 성령님의 능력이 나타났다. 그는 설교할 때 "지혜의 권하는 말로 하지 아니하고 다만 거룩한 성령의 능력과 나타남(아포데익씨스)[16]으로" 했다(2:4). 그래서 많은 고린도인들은 성령의 능력으로 십자가의 복음을 믿고 변화되었다. 인간 말의 기술(수사학)로는 결코 하나님을 경험해 알 수 없는 것이다.

하나님께서 이렇게 역사하시는 데는 목적이 있다. 그것은 "믿음이 사람의 지혜에 있지 아니하고 다만 하나님의 능력에 있게 하려는 것이다"(2:5). 믿음은 인간의 수사학이나 인간의 지혜에 근거하는 것이 아니라, 사람을 근본적으로 변화시키는 하나님의 능력 곧 성령님에게서 오는 것이다.

하나님의 지혜와 성령님의 계시(2:6~16)

2장 6~16절에서 바울은 자신이 선포하는 십자가의 복음이 바로 하나님의 지혜며, 그것은 오로지 성령님에 의해서만 깨달을 수 있다고 주장한다. 인간의 지혜는 공허한 것이다. 그것으로 인간은 하나님의 지혜에 도달할수 없다. 그러나 '온전한 자들'(호 텔레이오스)은 하나님의 지혜를 이해하고수용한다(2:6a). 여기서 '온전한 자'란 성령을 받고 그리스도를 믿는 자를의미한다. 하나님의 지혜는 '이 세대의 지혜'나 '이 세대의 지도자들의 지혜'와 전적으로 다르다(2:6b). '이 세대'는 종말론적 용어로서 '오는 세대'와 대조되는 말이다. '이 세대의 지도자들'은 '폐하여져 가고 있는 자들'인데, 일차적으로 예수님을 십자가에 못 박아 죽인 유대와 로마의 권세자들을 가리키고 넓은 의미로 세상의 모든 지도자들과 지혜자들을 포함한다.

하나님의 지혜는 우리로 하나님의 영광에 참여케 하려고 영원 전에 미리 정하신 것이다. 그것은 이전에 감취졌다가 이제 예수 그리스도를 통해인간의 역사 속에 계시된 하나님의 구원이다(2:7). 이 세상의 지도자들 중에이 지혜를 안 사람은 하나도 없었다. 만약 알았더라면, 어떻게 그토록 높으신 '영광의 주'를 가장 처참한 십자가에 못 박게 할 수 있었겠는가(2:8)? 참으로, 그리스도의 연약한 십자가를 통한 하나님의 구원은 인간이 "눈으로보지 못하고 귀로도 듣지 못하고 사람의 마음(카르디아)으로도 생각지 못하였다"(2:9).

그러니까 하나님의 십자가의 구원은 인간의 자연적 인식을 넘어서는 초월적 비밀이었다.

그러나 하나님께서 성령님을 통해 그리스도의 복음을 우리에게 '계시하셨다'(2:10a). 오직 성령만이 '하나님의 깊은 것'을 살피신다(2:10b). 마치 인간의 영이 인간의 깊은 생각을 알듯이, 하나님의 영도 하나님의 깊은 생각까지 알고 계신다.

우리는 이런 하나님의 영을 받았다(2:11). 그 목적은 우리로 하나님의 구원의 선물을 이해하게 하려는 것이다(2:12). 그러므로 바울은 복음을 전할 때, 인간의 지혜의 말(수사학적 말의 기술)이 아니라 성령님께서 가르쳐 주시는 말(복음에 합당한 말)로 한다(2:13).

그런데 자연인[17]은 성령을 소유하지 못한 자로, 성령의 일들을 받아들이지 않고 오히려 의도적으로 배척한다. 성령이 없는 자들의 시각은 처음부터 철저히 왜곡돼 있기 때문에 그들에게 인간의 일은 지혜롭게 보이지만, 성령의 일은 어리석게 보이는 것이다. 그들에게는 성령의 일을 이해할 수 있는 능력이 전혀 없다. 성령의 일은 성령으로만 분별되기 때문이다(2:14).

그러나 신령한 자는 성령을 소유한 자로, 하나님의 구원의 행위에 관한 모든 것들을 분별하여 이해한다. 또한 그는 죄에 매여 있는 자연인의 마음까지 꿰뚫어 본다. 그런데 믿지 않는 자는 성령의 사람을 판단할 수 없다(2:15, 비교 4:3~4).

이것은 부모가 어린 아이의 마음을 훤히 알고 있지만, 어린 아이는 부모의 마음을 이해하지 못하는 것과 같은 이치다. 자연인은 아무도 주님의 마음을 알 수 없다. 그러나 성령의 사람은 주님의 마음(누스)을 소유하고 있다(2:16).

적용

고린도전서 1~2장은 무엇보다 설교에 대해 소중한 가르침을 준다.

첫째, 설교자는 십자가에 초점을 맞춰야 한다. 사도 바울은 십자가를 자기 선포의 중심 내용으로 삼았다. 십자가는 하나님의 구원 역사에서 지나가는 과정의 일부가 아니다. 그것은 하나님의 구원 역사의 절정이요, 구원 역사의 전체를 통합하고 해석하는 핵심이다. 인간의 일시적인 욕망을 충족시키기 위해 십자가 복음 외에 다른 것들을 전한다면 복음으로 말미암는 진정한 개종은 발생하지 않는다.

둘째, 십자가는 하나님의 지혜다. 십자가에 못 박힌 그리스도는 표적을 구하는 유대인에겐 거리낌이요, 지혜를 구하는 헬라인에겐 어리석은 일이다. 그러나 하나님께서 그런 십자가를 통해 죄와 죽음의 세력을 정복하시고 믿는 자들을 구원하셨다. 만일 하나님께서 인간과 구원의 길을 상의하셨다면, 인간은 십자가보다 훨씬 더 매력적인 방법을 제안했을 것이다.

하지만 하나님께서 인간과 단 한마디도 상의하시지 않고, 어리석고 연약하게 보이는 십자가를 택하여 제시하셨다. 이제 인간은 모험적인 선택을 해야 한다. 하나님의 어리석음을 믿고 구원받든지, 아니면 자신의 지혜를 고집하다가 멸망하든지 둘 중에 하나다.

셋째, 십자가의 복음은 직선적으로 선포돼야 한다. 아볼로는 설교할 때 고대 수사학적 화술을 멋지게 활용했다. 그러나 바울은 인간의 지혜를 의지하지 않고, 십자가를 단순하게 선포했다. 십자가는 그 단순함과 투명함 속에서 밝히 드러나는 것이다. 하지만 십자가를 수사학적 화술로 전한다면, 그 안에 있는 인간적인 요소가 십자가의 능력을 나타내는 일에 방해로 작용한다. 설교자는 청중을 십자가 앞에 세워야 한다. 그래야 인간은 적당한 종교 생활을 중단하고 운명의 결단을 하게 된다.

넷째, 십자가를 선포하는 설교자는 성령의 능력만을 의지해야 한다. 설교자는 수사학의 다이내믹을 교묘하게 사용해 청중을 설득하려 해선 안 된다. 대신에 성령님께서 설교를 통해 스스로 역사하시도록 해야 한다. 십자가의 복음은 성령님으로만 깨달아지기 때문이다.

02

사역자들의 올바른 위상

고린도전서 3~4장의 주해와 적용

고린도교회의 이야기는 초대 교회에 대한 우리의 막연한 동경을 허망하게 만든다. 이 편지를 읽노라면 '사람 사는 데는 어디나 똑같다' 는 생각이 절로 든다. 마치 오늘날 목회 현장에서 만나는 '골치 덩어리들' 을 한 곳에 모은 것 같다. 영적 자만이 하늘을 찌르면서도 저급한 세상의 가치들이 여과 없이 통용된다. "(이런 음행은) 이방인 중에서도 찾을 수 없다"는 바울의 좌절감은 교회가 세상과 구분이 안 된다는 현대 우리의 좌절감과 다르지 않다. 하긴 사람의 본성이 진화하는 것이 아니라면, 옛날이 오늘과 같다고 해서 무엇이 이상할까?

우리가 초대 교회에서 기대하는 것은 모방할 만한 이상은 아니다. 고린도교회는 우리와 같이 '죄의 증상' 으로 힘겨워하는 사람들, 하지만 복음을 받고 그 능력에 참여한 사람들의 공동체였다. 우리는 눈물로 그들을 섬겼던 사랑 깊은 한 목회자의 편지를 통해 그들의 이야기를 듣는다. 여기서 우리의 관심은 단순히 시시비비를 가리는 도덕적 교훈만은 아니다. 우리에게 더 중요한 것은 그들의 이야기를 새롭게 들으며 '골치 아픈' 삶에 역사한 복음의 족적을 찾는 일이다. 물론 오늘날 우리의 삶에도 동일하게 역사하시는 복음의 길을 확인하는 작업이다. 이 편지가 현대 우리를 위한 말씀인 이유는 그때나 지금이나 변하지 않는 인간의 본성 때문이기도 하지만, 그때나 지금이나 변하시지 않는 하나님의 역사하심 때문이기도 하다.

사역자의 위상에 대한 오해(3:1~4)

고린도교회의 문제는 '시기와 분쟁'이었다. 그 이면에 사람을 자랑하는 태도가 있었다. 이런 자랑은 하나님께서 '은혜'(2:12)로, '어리석은 십자가의 메시지'(1:18; 21)로 그들을 부르셨고, 이로써 세상의 가치관을 전복시키셨음을 깨닫지 못한 결과다(1:18~31). 따라서 그들은 '육신에 속한 자들'이었다(3:1). '신령한 자'라면 하나님의 생각을 알고 그에 따라 움직일 것이다(2:10~12). 그런데 당시 분열상은 하나님의 지혜를 따르는 신령한 태도가 아니라, 사람을 따라 움직이는 육적 행태일 뿐이다(3:3). 부르심을 받았지만, 그들은 아직 육에 속한 자들로서 성령님의 일을 받아들이지 못하는 수준에 머물러 있었다(2:14). 태어났지만 아직 자라지 못한 '어린 아이들'인 것이다(3:1).

바울이 휘두른 목회적 채찍의 한 가닥은 고린도교회 성도들이 각기 다른 지도자들을 빙자해 분열되는 상황을 겨냥하고 있다(1:10~12; 3:4). 그들은 각기 바울, 아볼로, 게바(베드로), 혹은 그리스도를 들먹이며 나눠져 있었다. 네 개의 이름 모두 실제적으로 교회의 분열과 관련되었는지 분명치 않다. 한 곳에 바울과 아볼로만 언급(3:3~6)되므로, 당시 분열상은 고린도교회의 설립자 바울과 후속 목회자 아볼로의 이름 아래 전개되었을 수도 있다. 물론 이런 행태는 정작 바울이나 아볼로 자신의 의도와 정면으로 배치된다(4:6). 지도자를 빌미로 파당을 짓는 것은 그들이 사역자의 역할을 심각하게 오해했기 때문이다. 바로 이런 오해가 3장과 4장의 주제다. 여기서 바울은 자신과 아볼로 같은 사역자들의 참된 위상을 분명히 밝힘으로써 분열의 병인을 치료하고자 한다.

사역자의 참된 위치(3:5~9)

그렇다면 아볼로는 무엇이며 바울은 무엇인가? 한마디로 그들은 고린도 교회 성도들이 그들의 이름을 걸고 서로 갈라설 만한 중요한 존재들이 못 된다. 그들은 '사역자들'(디아코노이)에 불과하기 때문이다(5절). '디아코노이'는 섬기는 자, 곧 종을 의미한다(마 20:26; 23:11; 막 9:35). 그들은 종이므로 오로지 '주님께서 각각 주신 대로' 즉 하나님께서 지시하신 대로만 움직인다. 복음 사역의 주인공은 하나님이시며, 바울과 아볼로는 그 권위에 부속된 조연에 불과하다.

바울과 아볼로가 성도들의 믿음에 중요한 역할을 한 것은 사실이다. "나는 심었고 아볼로는 물을 주었다"(6절). 하지만 이는 부수적 역할에 불과하다. 실제로 하나님께서 복음의 나무를 자라게 하신다. "그런즉 심는 이나 물 주는 이는 아무 것도 아니로되, 중요한 것은 오직 자라게 하시는 하나님 뿐이다"(7절). 심는 이나 물 주는 이가 '하나'(헨)라는 것은 그들이 '아무 것도 아닌' 신분 곧 하나님의 지시대로 움직이는 종이라는 점에서 같다는 뜻이다(8절 상). 바울이 성도들을 위해 십자가에 달린 것도 아니고, 그들이 바울의 이름으로 세례를 받은 것도 아니다(1:13). 하나님의 지시만을 수행하는 종으로서 그들은 "각각 자기의 일하는 대로 자기의 상을 받으리라"(8절 하).

신약에서 달란트 비유처럼, 수고에 따라 대가를 받는다는 사상은 동등한 계약 관계가 아니라 절대적인 주종 관계를 전제로 한다. 따라서 각자 수고한 것에 따라 대가를 받는다는 것은 그들이 하나님의 종임을 한층 부각시킨다. '하나님의 동역자'(쉬네르곤)도 마찬가지다(비교 살전 3:2). 이는 하나님의 일을 돕는다는 사실을 말할 뿐이며, 권위에 대한 주장으로 잘못 해석해선 안 된다.[1] 하나님께서 책임을 지시는 존재므로 추종이든, 비판이든 성도들이 사역자들을 두고 소란을 피울 일은 아니다.

하나님의 성전(3:10~23)

여기서 논의는 다른 사역자 및 교회 구성원들에게 확대된다. 교회는 농사로 치면 '하나님의 밭'이지만, 건축으로 치면 '하나님의 집'이다. 그것도 다름 아닌 성전이다(6:19; 고후 6:16; 엡 2:20~22, 비교 벧전 2:4~5). 앞서 심는 자로 묘사된 바울의 역할은 건축 비유에서는 기초를 닦는 자다. 바울은 "내게 주신 하나님의 은혜" 곧 사도적 사명을 따라(롬 15:16; 고전 15:10; 갈 2:9; 엡 3:7~8) 지혜로운 건축자가 되어 교회의 터를 놓았다(10절, 비교 엡 2:20). 이 터는 예수 그리스도인데, 이것 말고 아무도 다른 터를 닦을 수 없다(11절). 이는 바울이 고린도에서 인간적 지혜에 호소하지 않고 오직 '전도의 미련한 것' 곧 '십자가에 달리신 그리스도'만을 선포함으로써 사람들로 믿게 한 사실을 가리킨다(1:17~18; 2:1~2; 3:5).

바울은 그리스도로 교회의 기초를 이루고, '다른 이들'[2]은 그 위에 건물을 세운다. 하지만 "각각 어떻게 그 위에 세울지를 조심해야 한다"(10절 하). 달리 말해, 구조물은 유일한 터 곧 십자가에 달리신 그리스도라는 복음에 일치하는 방식으로 세워야 한다. 누구도 그리스도의 터가 아닌 다른 터 위에 건물을 세울 수 없다. 각자의 임무는 교회의 유일한 기초인 '십자가에 달리신 그리스도'가 함축하는 삶의 방식에 어울리는 공동체를 세우는 것이다. 사실 십자가를 통한 하나님의 부르심은 세상의 가치관을 역전시킴으로써 모든 인간적 자랑을 끝내는 것이다(1:26~31). 자신과 사역자들을 그르게 '자랑하며' 분열하는 고린도 성도들은 이런 점에서 심각한 문제를 안고 있었다. 곧 그들은 그리스도라는 터에 어울리는 건물을 제대로 세우지 못했다.

어떻게 세울지 조심하라는 11절의 권면은 12~15절에서 심판에 대한 경고로 뒷받침 된다. 사람들은 각자 교회라는 건물을 세우겠지만 '그날' 곧 심판의 날은 각자 세운 것을 불로 시험할 것이다(12~13절). 재료가 불에 견뎌 건물로 남으면 그에 상응하는 '대가'(미스톤)를 받고, 세운 것이 모두 타

버리면 '해를 받을 것이다'(14~15절). '해를 받다'(제미오페세타이)는 것은 '손해를 입다', '처벌을 받다'는 의미로 쓰인다. 복음서의 종말 비유들에서 해를 받는 것은 하나님에 의해 버림 받는 것을 의미한다(비교 9:27). 하지만 "그러나 자기는 구원을 얻되"라는 구절이 그런 해석을 가로 막는다. 이 구절만 놓고 보면, 구원이라는 기본 외에 어떤 부가적 보상이 있다는 주장은 가능하다. 널리 퍼진 상급론은 바로 이런 생각을 전제로 한다.

문제는 바울 서신의 다른 부분에서 이에 대한 근거를 찾을 수 없다는 것이다. 바울이 말하는 '상' 혹은 '대가'는 종말론적 구원이며, 구원이 그 자체로 부족한 것처럼 그 위에 무언가 더할 수 있는 것은 아니다. 따라서 이 구절은 난해하다.[3] 하지만 교리적 어려움 때문에 바울의 의도를 놓쳐선 안 된다. '불을 통과한 것처럼' 얻은 구원이 무엇이든 간에 본문은 위로의 말씀이 아니라 '해를 받으리라'는 종말론적 경고의 말씀이다. '그래도 구원은 받는구나'라고 위로 받으라는 게 아니라, '목숨을 걸고라도 그런 무서운 결과는 피해야겠구나' 하면서 '두렵고 떨림으로'(빌 2:12) 교회를 세워가라는 것이다.

종말론적 경고는 16~17절에서 한층 엄중해진다. 교회는 집이지만 여느 집과 사뭇 다르다. 교회는 하나님의 성령님께서 머무시는 하나님의 성전이다(16절). 성도들이 이를 모르는 것도 아니다("알지 못하느뇨?"). 그런데 누군가 성전을 부수려 든다면 어떻게 해야 할까? 물론 이는 하나님의 거룩함과 성도들을 모아 거처로 삼으신 하나님의 의지에 대한 정면 도전이다. 하나님께서 이런 행태를 묵과하실 리 없다. 같은 동사를 반복하며 헬라어로 깔끔한 대칭을 이루는 17절의 경고는 단순하면서도 엄중하다. "누구든지 하나님의 성전을 부수면 하나님이 그 사람을 멸하실(부수실) 것이다"(개역 성경의 '더럽히면'은 건물 이미지를 무시한 어색한 번역이다). 성전은 범접할 수 없는 거룩함을 지닌다. 그렇다면 성도들도 거룩하다. 교회는 거룩한 모임이며, 그 거룩함은 어떤 이유로도 훼손될 수 없다. 이는 파벌적 행태로 교회를 '파괴하는' 고린도 성도들을 향한 준엄한 경고다. 지금처럼 성전을 파괴하는 행동을 일삼으면 하나님께서 그 사람을 멸망시킬 것이다. 그러기에 사람들은 바울이 닦은 터 위에 어떻게 교회를 세워야 할지 조심해야 한다.

18~23절에서 바울은 다소 부드러운 권고로 돌아간다. 성전 파괴 행동을 하는 인간의 자랑을 잠재우는 십자가의 뜻을 알지 못한 채 세상의 가치관을 따르기 때문이다. 하지만 하나님께서 지혜로운 자 대신 무식한 자를 부르셔서 인간의 지혜를 헛되게 하셨다(1:27; 3:19~20). 세상 지혜는 하나님께 미련한 것(3:19)이기에, 이를 자랑하는 것은 어리석은 영적 자기 기만이다(18절). 그러니 세상에서 '어리석은 자가 되고'(18절), 사람을 자랑하지 말아야 한다(21절). 왜냐하면 성도들은 "하나님께로부터 나서 그리스도 예수 안에 있고"(1:30) 따라서 만물이 모두 그들의 소유이기 때문이다(21절 하). 놀랍게도 성도들의 소유가 된 만물 속에 "세계나 생명이나 사망이나 지금 것이나 장래 것"뿐 아니라 "바울이나 아볼로나 게바"와 같은 사역자들도 포함된다(23절). 곧 사역자들이 성도들에게 속한 것이지, 성도들이 특정 사역자들에게 속한 것이 아니라는 것이다. 자신의 소유물에 기대어 서로 갈라서는 모습은 얼마나 우스꽝스러운가! 오히려 자신들의 소유주인 그리스도를 자랑하는 것이 정상이 아닌가? 하지만 "그리스도께서 어찌 나뉘었는가?"(1:13).

이와 같이 성도들은 지도자들을 그리스도의 '일꾼'(휘페레타스)이며 하나님의 비밀을 맡은 '청지기'(오이코노무스)로 여겨야 한다(4:1). 개역 성경에서 1절 번역은 대단한 권위를 호소하는 듯한 인상을 주지만 사실은 정반대다. 바울의 일관된 의도는 사역자들에 대한 성도들의 과대 망상에서 거품을 빼는 것이다. '일꾼'은 '아랫것' 곧 '종'이다. '맡은 자'는 복음서에 자주 등장하는 '청지기'다. '종'과 '청지기'는 독자적 권위 없이 주인의 지시대로 움직인다는 점에서 동일하다. 사역자들은 그리스도의 '종'이며, 복음의 '청지기'일 뿐이다. 이는 3장 7~8절과 21~23절에서 이미 바울이 분명히 했던 사항이다.

판단하지 말라(4:2~6)

주인이 청지기에게 바라는 것은 명령에 대한 '신실함'(피스토스)이다(4:2). 일한 대로 주인에게 '대가'를 받을 것이기 때문이다(3:8). 성도들이 아니라 하나님께서 사역자들을 판단하실 것이기 때문에 바울은 다른 성도들이나 다른 사람의 판단에 개의치 않을 뿐 아니라 스스로 자신을 판단치 않는다(4:3). 자책할 것이 없다고 자신하지만, 그것도 무의미하다. 자신은 하나님을 섬기는 종이기에, 자기에 대한 판단은 오직 주님께 달려 있기 때문이다(4:4). 주님께서 유일한 심판관이라면 우리가 취할 태도는 바울처럼 판단을 삼가는 것이다. '때가 이르기 전'(프로 카이루)이라는 한정사는 때가 되면 판단하라는 말이 아니다. 그때는 주님께서 오셔서 사태의 진상과 마음의 속내를 드러낼 것이며, 그 결과에 따라 하나님으로부터 응분의 칭찬이 있다(4:5). 시간적(아직 심판의 때가 아니다), 권리적(심판의 권리는 오직 주님께만 있다)으로 판단하는 태도는 복음의 원리와 맞지 않다.

바울과 아볼로는 성도들을 위해 '판단 중지'의 원칙을 스스로 적용했다.[4] 이런 실물 교육의 목적은 "기록된 바를 넘어가지 말라는 말의 의미를 우리들에게서 배우도록" 하려는 것이다(4:6). '기록된 것'은 개역 성경에서처럼 '기록된 말씀'을 가리킬 수도 있고, 서판에 적힌 알파벳을 베끼면서 공부하던 당시의 관습을 염두에 둔 표현일 수도 있다. 어느 쪽이든 간에 본문의 요점은 바울과 아볼로의 태도를 본받으라는 것이다. 곧 주제 넘는 판단과 비교를 일삼으며 "누구는 좋아하고 누구는 싫어하면서 우쭐해지지 않도록" 하려는 것이다(4:6, 개역 성경의 번역은 만족스럽지 못하다). 성도들은 바울과 아볼로가 예수 그리스도의 종의 자세로 충실히 섬기는 모습에서 십자가와 은혜의 의미를 깨달았어야 했다. 그러나 그들은 그러지 못했고, 서로 인간을 자랑하면서 교회를 분열시키는 잘못을 저지르고 있었다.

바울과 고린도 성도들(4:7~13)

이 부문은 바울의 지혜로운 겸손과 성도들의 어리석은 교만을 극명하게 대조시켜 보여준다. 4장 1~5절 말씀과 함께 읽는다면, 이 부분은 특히 바울을 판단하는 일부 성도들을 겨냥한 것일 수도 있다. "누가 너희를 구별하였느냐?"는 질문은 고린도 성도들의 선택 방식을 상기시킨다. 하나님의 선택은 세상의 가치를 뒤엎는다(1:26~29). 자격 없이 택하심을 받은 고린도 성도들이 이에 대한 가장 강력한 증거다(1:26~28). 그리고 이런 선택에 모든 인간적 자랑을 막으려는 단호한 신적 의지가 담겨 있다(1:29). 당시에 그들이 무엇을 가졌든지 그 중에 하나님께서 주시지 않은 것이 하나라도 있던가? 전부가 하나님의 선물이라면, 왜 본래 자신의 소유였던 것처럼 자랑하는가? 연속되는 세 번의 수사적 질문은 그들의 우쭐함이 얼마나 속 빈 강정인지 잘 보여준다.

4장 8절 말씀은 역설적인 풍자다. 실상 고린도 성도들은 육에 속한 어린아이에 지나지 않지만(3:1~3), "이미 배부르고 이미 부요하고 우리 없이 왕 노릇하였다"(4:8). 그들은 이미 하나님 나라에 들어와 있다. 두 번 반복된 '이미'와 '우리 없이'는 이런 착각의 비현실성을 부각시킨다. 비꼬기는 계속된다. "너희들이 정말로 왕 노릇한 것이라면 좋겠다. 그렇다면 너희에게 복음을 전한 우리도 함께 왕 노릇하게 된다는 말이 아닌가?" 하지만 사도들은 하나님의 나라는커녕, 검투사로 싸우다 죽으라고 개선 행렬의 맨 끝에 세워진 죄수처럼 "세상 곧 천사들과 사람들"의 구경거리가 되었다(4:9). 세 차례 반복되는 "우리 – 너희"의 대조는 매우 인상적이다. "우리는 그리스도 때문에 미련한데, 너희는 그리스도 안에서 지혜롭구나. 우리는 약한데, 너희는 참 강하구나. 너희는 이미 존귀하게 되었는데, 우리는 아직도 비천하구나"(4:10). 바울은 이렇게 비천하고 성도들은 이렇게 고귀하다. 더없이 신랄한 비꼬기의 표현이다.

뒤이어 '세상의 구경거리' 된 사도의 형편이 더 생생히 묘사된다. '이미 왕 노릇하는' 성도들과 달리 바울은 '바로 이 시간까지' 종의 행보를 계속한다(비교 9:19). 배고프고 목마르며, 헐벗고 매 맞으며 정처가 없다(4:11). 사도적 후원의 권리조차 반납하고 직접 일해 비용을 충당한다(비교 9:4~22). 모욕당하면 축복하고, 핍박 받으면 참는다(4:12). 욕을 먹어도 친절로 응대한다. 이 정도면 구경거리 수준을 넘어 "세상의 쓰레기와 만물의 때"와 같다(4:13). 물론 이는 모두 '그리스도의 연고'로 된 일이다(4:10). 자신이 복음에 장애가 되지 않겠다고 하는, 하나라도 더 구원해야겠다는 열정의 발로다(9:19~22). 바울의 낮은 행보는 자신이 하나님의 종이며(3:5, 4:1), 따라서 그로부터 대가 혹은 처벌 받을 것임을 아는 데서 나온 것이다(9:16~18, 23~27; 3:8, 14~15).

아버지가 아들에게(4:14~17)

바울이 자신의 '종 노릇'과 성도들의 '왕 노릇'을 대조하는 것은 그들을 비난하기보다 사랑으로 훈육하기 위함이다. 바울은 성도들을 "사랑하는 자녀같이 권한다"(4:14). 그들을 "그리스도 예수 안에서 복음으로써 낳았다"(4:15). 그들은 앞으로도 많은 스승들을 만날 테지만, 그들을 믿게 한 바울의 아버지의 역할은 남다른 것이다.

따라서 바울은 자신의 사랑하는 영적 자녀들에게 호소한다. "너희는 나를 본받는 자가 되라"(4:16, 비교 살전 2:11). 곧 11~13절에 묘사된 그런 종의 모습 말이다! 모든 교회에서 그랬듯이, 바울은 자신의 모범과 가르침을 통해 고린도 성도들을 섬겼다. 그리고 그 모범을 다시금 상기시키기 위해 그의 '신실한 아들' 곧 아버지 바울을 그대로 본받는 디모데를 파송했다(4:17). 그들은 이 모범을 따라야 했다. "내가 그리스도를 본받는 자 된 것같이 너희는 나를 본받으라"(11:1).

말이 아니라 능력으로(4:18~21)

이어지는 질책은 특별히 바울에 대해 '교만해진' 사람들을 겨냥하고 있다. 일부 성도들은 디모데가 오니까 바울은 오지 않겠다고 생각하며 더 우쭐했던 것 같다(4:18). 하지만 주님께서 허락하시면 바울은 속히 고린도를 방문할 것이다(4:19). 그러나 그는 교만한 자들의 말솜씨에 관심을 두지 않을 것이다. 중요한 것은 멋지게 떠들 수 있는 말이나 인간적 지혜가 아니라 얼마나 철저하게 십자가 복음에 합당하게 살아가느냐 하는 능력이다. 누구는 벌써 하나님 나라의 왕인 듯이 까불지만(4:8), 실상 하나님 나라는 말이 아닌 능력으로만 들어갈 수 있는 곳이다(4:20).[5]

바울이 십자가에 달린 그리스도로 터를 닦고 씨를 심은 이유가 바로 이것이다. 십자가 복음을 통해서만 '성령과 능력의 나타남'이 가능하기 때문이다(2:1~5). 물론 이 능력은 세상이 말하는 패권주의적인 것이 아니라, 십자가 복음에 어울리는 삶 곧 성령님의 인도하심에 따라 인간적인 자랑을 포기하고 하나님의 생각으로 살아가는 것이다. 바울은 이런 삶의 자세를 가장 절묘하게 제시하고 있다. 고린도 성도들은 바울의 이런 모습을 본받아야 한다(비교 살전 1:5). 바울의 마지막 경고는 잘못하는 자녀를 향한 아버지의 가슴 아파하는 심정을 느끼게 한다. "너희가 무엇을 원하느냐? 매냐 온유함이냐?"(4:21).

결론과 적용

구체적인 적용은 독자의 몫이지만, 일반적인 사항을 간략히 짚어볼 수 있다. 지도자들을 빙자해 분열되는 고린도교회의 모습은 우리에게도 낯설지 않다. 하지만 이 문제를 다루는 바울의 방식은 사뭇 다르다. 바울은 현재 교회의 분열에 연루돼 있다. 성도들 중에 일부는 바울에 대해 비판적이다. 하지만 바울의 해결 방식은 단순한 개인 변호를 넘는다. 문제는 자신이 아니라 교회며, 교회의 분열을 치유하는 것이 중요하다.

바울의 논조에서 가장 인상적인 대목은 자신에 대해 '아무 것도 아니다'라는 철저한 자기 비하일 것이다. 사역자는 하나님의 일을 돕는 하나님의 종이다. 따라서 그의 역할은 제한돼 있다. 바울은 아무 것도 아닌 자 곧 성도들의 기쁨을 돕는 자일 뿐, 그들의 믿음을 주관하는 자가 아니다(고후 1:24). 교회 분열의 원인이 될 정도로 중요한 존재가 못 된다는 것이다. 후에 바울은 자신의 선포를 '주 되신 예수 그리스도'와 '너희의 종 된 우리 자신'으로 요약한다(고후 4:5). 그렇다면 오늘날 우리의 목회적 자화상은 실물보다 너무 큰 것이 아닐까? 우리는 성도들에게 필요 이상으로 중요한 존재가 돼 있는 것은 아닐까?

바울이 보여준 종 된 자세의 핵심은 주님을 본받는 것이다. 그는 몸소 십자가 복음의 실천적 의미를 보여주었고(롬 15:18; 살전 1:5), 그의 선포는 항상 '나처럼 하라'였다(11:1; 갈 4:12). 이는 영적 자만이 아니라 분명한 책임 의식이다. 복음이 우리를 구원하는 하나님의 능력(롬 1:16; 고전 1:18)이라면, 그 능력을 실제로 보여주지 않고선 복음을 전할 방법이 달리 있을까? 목회자의 역할에 대한 심각한 재고를 요구하는 대목이다.

교회가 성전이라는 말씀과 그에 결부된 종말론적 경고도 진지한 묵상을 요구한다. '성전 건축'이라는 이단적 표현이 여전히 퍼져 있지만, 성전이 건물이 아닌 성도의 공동체를 의미하는 것임은 재론할 필요도 없다. 하지만 목회자로서 혹은 성도로서, 우리는 하나님의 성전임을 얼마나 깊이 인식하고 있는가? 우리의 행동은 성전을 세우기보다 오히려 허무는 일이지 않을까? 우리는 과연 십자가에 달리신 그리스도라는 터에 어울리는 재료로 교회를 세우고 있는가? 나의 노력은 심판의 불을 견딜 수 있을 것인가?

어리석은 십자가의 메시지로 우리를 구원하시는 사실은 우리 모두에게 항구적인 도전으로 다가온다. 은혜의 메시지는 우리 신앙에 나태함을 조장하는 교리가 아니라, 우리의 인식과 삶을 본격적으로 뒤집는 혁명적 메시지다. 그리고 이 복음의 능력은 우리의 삶을 십자가에 달리신 예수 그리스도를 닮은 것으로 바꿔 놓는다. 이 글을 쓰면서 필자는 이를 분명히 이해할 사람이 얼마나 될까 염려한다. 목회자들이나 성도들에게 교회가 세상을 살아가는 방식의 하나가 돼 버린 지금, 시종일관 종의 모습을 유지한 바울은 어떤 의미가 있을까? 자기 주장에 바쁜 성도들 사이에 개인의 계획을 위해 득실을 계산하는 대신에, 모든 자랑을 잠재우는 십자가의 복음을 과감하게 외치며 자기 삶으로 그 실체를 보여 줄 목회자는 얼마나 될까?

　　바울은 복음을 구원의 능력이라고 정의했다. 곧 하나님의 나라에 들어가게 하는 능력이다(4:20). 이 능력은 부활을 통해 드러났으며, 우리가 믿을 때에 주시는 성령님의 역사로 우리 삶에 드러난다(갈 3:1~5, 14; 4:6). 그래서 바울의 최종적 관심은 바로 이 '능력'에 있다(4:19). 물론 승리주의적 힘자랑이 아닌 십자가 모양을 하고 있지만, 성령님의 능력은 신자의 삶을 시종일관 좌우한다. 능력은 많은 사람들에게 잊혀진 복음이 된 것 같다. 하지만 이것이 아니라면 복음이 복된 소식일 이유가 어디 있는가? 바울이 우리에게 온다면(4:19), 그는 우리에게 무엇이라 할까?

03

음란과 소송에 대한
바울의 권고
고린도전서 5~6장의 주해와 적용

고린도전서는 글로에 가문이 고린도교회 내 분파들에 대해 보낸 보고에 대한 답신이다(1:11). 여기의 세부적인 내용들은 매우 바울을 근심시키는 것이라서, 그는 이 주된 문제를 설명하는 데 편지의 첫 6장을 사용하며, 또한 무엇보다 이 문제를 설명하려고 노력했던 것으로 보인다. 물론 이후에는 고린도교회의 다른 문제, "너희의 쓴 말에 대하여"서도 답신에서 설명하려 했다(7:1). 고린도전서 5~6장은 구전보고에 대해 설명하는 첫 부분의 마지막에 해당한다. 이 두 장은 고린도교회에 나타난 가장 놀라운 문제들을 담고 있으며, 이것들은 다른 어떤 문제들보다 사회적이다.

고린도 교인의 음란에 대한 권고(고전 5:1~13)

우선 부도덕한 형제의 문제는 여러 가지로 바울을 괴롭게 했다. 첫째로, 바울은 성도들 중의 성적 부정에 대한 암시들로 언짢아하고 있다. 사실, 음행은 이후 6장의 마지막에서 다시 다루는 문제다. 거기에서 바울은 기준을 명확하게 밝힌다. "몸은 음란을 위하지 않고, 오직 주를 위하며 주는 몸을 위하시느니라"(6:13b). 그의 최종적인 명령은 "음행을 피하라"(6:18)다. 틀림없이 성적 죄악에 대해서, 바울은 형제의 부도덕을 허락하지 않았다.

둘째로, 바울은 하나님의 공동체 안에서 벌어지는 부도덕성에 대해 교회가 머뭇거리는 것을 근심했다. 바울이 원한 적절한 반응은 5장 13절에서 발견된다. "이 악한 사람은 너희 중에서 내어 쫓으라." 이 말씀은 언약 공동체에 "너희 가운데 악을 제하라"고 명령된 신명기의 몇몇 구절들을 의미한다. 바울이 볼 때 하나님의 거룩함에 대한 고린도인들의 헌신은 충분히 진지하지 않았다.

셋째로, 더 모욕을 주자면, 고린도 교인들은 소심할 뿐 아니라, 또한 교만했다. "너희는 교만하도다." 바울은 큰 호통을 하며 이렇게 썼다. 이 비난은 이제 우리가 돌아보려는 1세기 고린도 세계의 사회적 역학에 대한 적절한 그림 없이는 이해하기 어렵다.

고린도교회 내 개인의 음란은 분명 유죄였는데, 어떤 것은 깜짝 놀랄 만큼 뻔뻔하기도 했다. 바울은 그저 "아비의 아내를 취한 자"라고 적고 있다. 이것은 생모와 관계를 가진 것이 아니라 계모와 관계를 가진 것이 분명한데도, 바울은 그냥 '근친상간'으로 표현한다. 여기서 우리는 아버지가 돌아가셨기 때문에, 남자가 과부가 된 계모와 결혼한 상황임을 짐작할 수 있다.

한 명의 여성과 육체관계를 가진 아버지와 그의 아들은 구약율법을 범한 동시에 유대인의 정서에도 매우 혐오스러운 일을 한 것이다.

신명기 27장 20절에 나오는 열두 개의 저주 중 하나는 "계모와 구합하는 자는 그 아비의 하체를 드러내었으니"다. 이는 왜 압살롬이 다윗왕의 후궁들과 지붕에서 벌인 행동이 악취를 풍기는 것이었는지 보여준다(삼하 16:21~22). 이는 분명히 돌에 맞을 일이며, 유대인들은 하나님이 이와 같은 행동을 한 자를 저주하실 것이라 믿었다. 그리스-로마 시대에 대한 연구는 바울의 판단 - "이런 음행은 이방인 중에라도 없는 것이라" - 이 본질적으로 옳음을 보여준다. 로마의 법과 사회규범에서 이런 관계의 허용은 보이지 않는다.

로마의 철학자 키케로는 기원전 1세기 당시 그의 생각에 최고 역겨움을 말하기를, "장모가 사위와 결혼하는 것이다. … 오! 여자의 죄를 생각하는 것은, 믿을 수도 없고, 들을 수도 없다"라고 말했다. 그러므로 고린도 교인이 범한 행동은, 후에 "기독교"라 확인받는 유대종교(행 15:20)와 사회적 규범 양쪽 모두 참을 수 없는 범죄였던 것이다. 대체 어떤 부류의 사람이 그딴 짓을 한단 말인가?

종교적으로 보면, 남자에 대한 평가는 아주 간단하다. 그는 믿음 없는 불경한 기독교인이었다. 그는 거룩함이나 경건에 대해서는 아무 것도 몰랐다. 그러나 고린도전서 5장을 제대로 이해하기 위해, 우리는 사회적 관점에서 이 사람을 평가해야 한다. 사회적으로 보면, 그 남자는 사회가 말하는 것에 무관심한 사회 부적응자거나 아니면 사회의 규칙을 초월해 있는 엘리트였음이 틀림없다.

그는 고린도 신앙공동체의 일원으로 받아들여져 왔던 것으로 보이고, 또한 교회가 그를 쫓아내려 하지 않았다는 이유에서, 사회적 엘리트 쪽이란 주장이 훨씬 그럴듯해 보인다. 그는 그가 속한 공동체와 사회의 법을 무시할 만큼 부유했고 힘이 있었다. 그의 재산은 또한 부도덕한 행위에 동기를 부여했다. 로마법에 따르면 만약 그의 아버지가 부자로 죽었다면, 유산의 대부분은 부인이 상속받고 아들에게는 적은 몫만이 남겨진다.

사실상 아버지의 재산은 일차적으로 계모와 그녀의 아버지 또는 새 남편에게 가게 된다. 따라서 이 근친상간한 남자는 커다란 재정적 동기부여 때문에 계모와 결혼했을 것이다. 그의 부유한 아버지가 남긴 전재산은 이제 혼자 독차지하게 된 것이다.

그 사람이 높은 사회적 지위에 있는 남자란 사실은 다른 증거에 비춰봐서도 잘 알 수 있다. 첫째로, 왜 교회가 그를 쫓아내는 것을 망설였는가 하는 것에서 알 수 있다. 그는 교회의 명사(名士)로, 또한 그리스-로마 세계의 다른 단체들의 기준으로 보건대 아마도 교회공동체의 후원자로 존재했을 것이다. 예컨대, 그는 고린도교회 내의 몇몇 극빈가정들의 생계수단이었을 수도 있다. 그는 교회 소유 노예들의 주인이었을 수도 있다. 당시에 지주나 주인을 교회 밖으로 쫓아내는 것은 아주 말도 안 되는 얘기였다.

둘째로, 왜 고린도교회가 그토록 교만했는지 부유한 권세자를 보면 알수 있다. 고린도전서 1장에서, 우리는 고린도교회의 주된 문제가 사실 논쟁보다는 교만의 문제인 것에 주목했었다. 바울은 문제를 간결하게 정리했다. "이는 다름 아니라 너희가 각각 이르되 나는 바울에게, 나는 아볼로에게, 나는 게바에게, 나는 그리스도에게 속한 자라 하는 것이니"(1:12). 다른 말로 하면, 고린도교회의 분파는 그들에게 가장 인상적인 리더들에 대한 자긍심과 자랑함에서 비롯된 것이다. 그래서 바울은 경고하기를 "자랑하는 자는 주 안에서 자랑하라"(1:31), 그리고 "그런즉 누구든지 사람을 자랑하지 말라"(3:21)고 하였다.

고린도전서 5장에서, 이 문제들에 대한 바울의 불만은 이 말에서 절정에 달했다. "너희의 자랑하는 것이 옳지 아니하도다"(5:6). 고린도교회는 그들의 공동체에 있는 이 근친상간한 형제가 있는 것을 자랑스럽게 여겼다. 왜냐하면 그가 부유했건, 정치에서 높은 지위를 유지했건 간에 그는 세속 고린도 사회에서 높은 질적 가치를 나타내는 높은 사회적 지위에 있던 사람이었기 때문이다.

만약 그때 바울이 고린도교회에 있는 상황이었다면, 바울은 범죄한 형제가 얼마나 부유하거나 권력을 가졌던가에 상관없이 추방했을지도 모른다. 바울은 세 가지 이유로 이것을 요구했다.

첫째, 바울은 그리스도께서 희생의 대가로 사신 교회의 순수성을 보전하기 원했다. 죄 된 구성원의 추방은 하나의 방법이다. "너희는 누룩 없는 자인데 새 덩어리가 되기 위하여 묵은 누룩을 내어버리라"(5:6). 바울의 신학에서 그리스도의 희생은, 신자들의 속죄를 성취하신 유월절 어린양의 희생이었고, 이는 "누룩 없는 새 덩어리"로 성취되었다. 이는 개인적 차원에서가 아니라 교회 공동체 차원에서의 중요한 성취다. 예수 그리스도의 신부는 흠이 없어야 한다. "내가 너희를 정결한 처녀로 한 남편인 그리스도께 드리려고 중매함이로다"(고후 11:2). 진실한 회개가 있는 죄는 하나님의 은혜의 일이며, 교회의 일반적 관점에서 회개치 않은 죄는 남아있어선 안 된다.

죄는 제거되어야만 한다.

둘째로, 바울은 죄를 범한 사람의 구원이 유지되기를 원했다. 5절이 이를 명확히 보여준다. "이런 자를 사단에게 내어 주어라"를 얼핏 보면 무척 가혹하며 소망이 단념된 것으로 보일 수 있다. 그러나 이 구절은 5장의 다른 명령들의 조명의 빛 가운데서 읽어야 한다. 즉 "이 악한 자를 너희 중에서 내어 쫓으라." 그 남자를 사단에게 넘겨주라는 것은 그를 사단의 구류 가운데로 옮기는 것을 의미한다.

바울이 이렇게 말하는 목적은 글자 그대로 "육신은 멸하게" 하기 위해서다. 바울이 그 남자의 육체적 죽음을 바란 것이 아니다. 오히려 바울은 음행의 배후에 그런 죄의 원인인 육신이 있으며(갈 5:19), 절제하는 새로운 삶을 위하여 육체는 멸해져야 한다고 이야기 한 것이다. 예수 안에서, 이 육신은 십자가를 통해 멸하여진다. "그리스도 예수의 사람들은 육체와 함께 그 정(육신)과 욕심을 십자가에 못 박았느니라"(갈 5:24). 그러나 만약 성도가 이 진리를 거부하고 계속 죄를 짓는다면, 유일하게 남은 대안은 멸망을 수확하는 일이 될 것이다(갈 6:8).

5절의 뒷부분은 보다 긍정적인 면을 그린다. 바울의 깊은 의도는 그 사람의 영이 주 예수의 날에 구원을 얻도록 하는 것이다. 구원이 사단에게 구류되었다가 통과함으로 성취된다는 사실이 얼마나 신비로운가. 육신이나 죄성의 종말은 그것으로 끝이 아니다.

나아가 그 남자가 구원과 같은 영적인 문제들에서 더욱 확실히 회복케 되는 더 위대한 목표가 있다. 확실하게 말할 수 있는 것은 바울이 형제들의 영적인 구원을 염두에 두었다는 것이며, 그러므로 그 남자는 영혼이 잘 되었을 것이다.

바울이 그 남자가 추방되기를 바랐던 세 번째 이유는 공정한 심판의 시행 때문이었다. 12절은 바울이 줄곧 이런 견해를 염두에 두고 있음을 보여준다. 바울은 "외인들을 판단하는 데 내게 무슨 상관이 있으리요마는 교중 사람들이야 너희가 판단치 아니하랴"고 썼다. 후에, 6장에서 이런 견해는 성도와 교회간의 소송이라는 더 큰 문제로 나타난다. 여기에서 바울은 그의 공동체를 하나님께서 심판하실까 근심하고 있다. 예수 그리스도께서 직접 교회에 부여한 의무와 권위(마 16:18)를 바울은 믿었다. 그래서 13절은 세상 안의 죄는 하나님께서 심판하실 것이므로 남아 있어도 된다. 그러나 교회 안의 죄는 즉시 주님이 주신 권위로 처리해야 한다는 원칙의 적용을 보여준다.

고린도전서 5장 안의 가르침을 적용하는 것은 오늘날의 교회 상황에서 매우 민감한 사항이다. 교회의 몸 된 지체의 순수함은 심각한 문제며, 모든 성도들의 일치 다음으로 중요하다. 바울은 솔직히 말하기를 "만일 어떤 형제라 일컫는 자가 음행하거나 탐람하거나 우상숭배를 하거나 후욕하거나 술 취하거나 토색하거든 사귀지도 말라"(5:11).

게다가 그리스도께서 그의 말씀에 따라 이렇게 할 권위를 우리에게 주셨기 때문에, 오늘날의 교회들은 하나님의 심판을 교회 내에서 시행해야 하는 책임을 반드시 깨달아야 한다. 동시에, 오늘날 세상과 세상 죄에 대한 심판은 일차적으로 하나님 손에 있다. 따라서 우리는 교회의 죄들을 먼저 돌아보아야 한다.

고린도교회의 분쟁과 소송에 대한 권고(고전 6:1~11)

고린도전서 6장은 성도와 고린도교회 사이의 고소사건을 다룬다. 여기서 다시, 로마시대의 고린도에 대한 바른 사회적 지식은 바울의 낙심, 가르침 등을 바르게 이해하는 데 중요하다.

고린도전서 5장 12~13절의 사건은 고린도교회에 또 하나의 심각한 문제를 야기했으며 또한 설명한다. 한 성도가 다른 한 교회 성도를 고소하여 분쟁을 중재할 세속법정 앞에 세웠다.

바울이 이 일을 "지극히 작은 일"이라고 부른 사실은 이 논쟁이 본질상 중요치 않은, 아마도 재정적 이유거나 또는 손해배상보다는 미납된 채무에 대한 것일 수 있음을 말해준다. 바울은 형사사건은 국가의 영역권 안에 있으며, 이런 경우에 대하여 하나님의 심판을 수행하는 것이 국가의 역할이라고 성경의 다른 곳에서 주장하고 있다(롬 13:1~4).

본 상황이 일차적으로 재정문제에 관한 것이란 견해는 7~8절에 근거한다. "불의"는 재정문제라기보다는 기타 다른 상해를 포함할지 모르는 반면에, "속임(사기)"은 일차적으로 상업적 용어다. 이 논쟁은 돈에 관련된 것이다.

로마 법제도에 대한 연구에 따르면, 법정은 빈민들이나 심지어는 평민들도 쉽게 갈만한 곳이 아니라고 한다. 실제로 낮은 사회적 지위를 가진 자가 세속법정에서 판결을 받는다는 것은 사실상 불가능하다. 로마 통치 하의 고린도에서, 보통 법정은 아고라라고 불리는 시장의 중심부에 있었으며, 치안판사가 재판석에 앉아 있곤 하였다(고후 5:10).

두 교회 사람들 사이에 법적 소송이 벌어지면 말 그대로 공공장소, 다시 말해 "믿지 않는 자들 앞에서(고후 6:6b)" 마을 한복판에서 이루어지니, 바울의 분노가 이해될 만도 하다.

로마제국 시대의 사회규범에 따르면, 오직 부자와 권력자들만이 상대방을 법정에 세울 수 있었다. 하층계급의 사람들이 그의 상위계급 사람들을 상대로 고소했다는 얘기는 실제로 들어본 적이 없다. 오히려, 사회적 약자들을 상대로 고소하는 자들은 항상 그들보다 사회적으로 계급이 더 높은 부자나 권력자들이었다.

고린도교회에 대한 바울의 분노는 보편적인 그러나 사악한 사회적 불의 때문일 수도 있다. 부자들은 가난한 자들이 대항할 수 없는 법적 우위를 점했다. 그래야 7절에 나오는 바울의 명령을 이해할 수 있다. "차라리 불의를 당하는 것이 낫지 아니하며 차라리 속는 것이 낫지 아니하냐?"

교회 안의 부유한 교인들은 탐욕에 따라 행동했고, 가난한 교인들에게 해를 입혔다. 그러나 더 부유한 자들은 분명히 어느 정도의 돈을 손해 볼 여력이 되었을 것이다. 이것을 바울은 9절에서 "불의"라고 말한다. 4~5절에 제기된 바처럼, 더 높은 사회적 지위를 가진 자들이 문제였다. 바울은 빈정대며 "너희가 세상 사건이 있을 때에는 교회에서 경히 여김을 받는 자들을 세우느냐 내가 너희를 부끄럽게 하려 하여 이 말을 하노니"라고 말한다. "경히 여김을 받는 자"와 "내가 너희를 부끄럽게 하려"란 말은 문제를 일으키는 자들이 자신들을 현명하고 집안 좋은 이들로 여기고 있음을 암시한다. 바울은 계속해서, "너희 가운데 그 형제간 일을 판단할 만한 지혜 있는 자가 이같이 하나도 없느냐?"라고 말한다. 문제를 일으키는 자들은 사회적으로나 경제적으로나 잘 난 사람들이다.

문제에 대한 바울의 대답은 신학적으로 세 원칙에 기초를 삼고 있다. 첫째로, 신자들은 미래에 세상을 심판할 재판관이 될 것이고(6:2), 심지어 천사들에게도 그리할 것이다(6:3).

그러므로 교회에서 소소한 경우를 심판하는 것은 성도들에겐 능력 발휘 이전의 단순한 목표연습에 불과하다. 이 진리는 신자들이 이런 상황을 교회 내부 안에서도 재판할 수 있을 만큼 현명하다는 것 이상을 말한다.

둘째로, 잠재적으로 교회의 증거의 문제다. 5절에 나타난 바울의 분개는 아마도 방해물 없이 복음이 전파되는 것을 보고픈 그의 열망에서 나온 것으로 보인다(고전 9:12). 실제로 그는 마음과 생각의 전투를 위해, 그리고 죄와 사단에 대해 싸움으로써 교회의 증거를 경험했다. 그는 "너희 가운데 이미 완연한 허물이 있나니"(6:7b)하며 탄식하였다.

셋째로, 교회 내 악한 자들의 이런 행동들은 신자들의 지위와 모순된다. 하나님의 나라를 상속받은 자들은 음행과 탐욕, 또는 다른 죄들로 나타내어져서는 안 된다. 오히려 그들은 예수와 성령으로 씻음과 거룩함과 의롭다 하심을 받았다(6:11b). 이는 보다 인상적인 신학적 진리다. 실질적으로 바울은 그의 전형적인 방식대로 말하길, "거룩하여졌으니 그렇게 살라." 신학과 행동을 따르는 것이 윤리학이라면 우리가 그리스도 안에 있는 자들이란 사실과 윤리는 틀림없이 일치해야 한다.

오늘날 사회에 대한 교회의 증거는 복음을 전하는 것뿐만 아니라 모든 수준에서 심각함이 틀림없다. 우리는 절대로 우리 성도들이 오늘날 소송의 광기에 동참하도록 해서는 안 된다. 소송에 두 명의 성도가 결부되어 있을 때, 이는 중차대한 죄며 비성경적이다.

교회는 교회됨의 증거를 위해 반드시 교회 내부 안에서 이런 논쟁들을 중재해야 할 것이다. 오늘의 교회는 또한 교회질서 유지와 제자도의 영역 안에서 권징에 대해 더욱 긍정적인 평가를 해야 한다. 규제 없는 편파주의가 횡행하는 이 세상에서 모든 사회계층의 사람들을 존중하고 또한 옳은 재판을 시행하는 것은 오직 교회 공동체의 소임임에 틀림없다.

고린도 교인의 음란에 대해 기준을 제시함(고전 6:12~20)

고린도전서 6장의 마지막 부분에서 바울은 성적 죄악과 성적 죄악을 일으키는 원인에 대해서 다시 다룬다. 6장 9절의 악한 것들에 대한 언급은 같은 주제에 대한 지속적인 설교다. 더구나 이것들은 명백히 고린도교회에서 다시 일어나고 있는 문제였다. 거기에는 성 매매가 있었고 신전 매음은 일상적이었다. 한때는 고린도교회가 천명 이상의 매춘부들을 고용한 것으로 악명 높았고, 로마 사회에서는 매춘부와 자는 것이 성욕 해소를 위해 용인되는 행위였다. 따라서 고린도교회 회심자들의 큰 어려움은 정기적으로 갖아온 매춘부와의 관계를 끊는 것이었다. 바울은 이 문제를 앞선 편지(5:9)에서 이미 설명했고 고린도전서 6장이 이 문제를 마지막으로 다룬 것은 아니다(10:8; 고후 6:15; 12:21).

그러나 바로 이 죄악의 문제는 더 깊었다. "모든 것이 내게 가하나"(6:12)는 고린도에서 일반적으로 받아들여지던 표어였다. 이것이 심한 자유주의거나 율법에서의 자유함을 남용하는 것이거나, 개인의 자유를 향유하라고 지나치게 지지하는 세속적인 철학이거나 간에 바울은 그 실행을 강하게 반대했다.

이런 자유는 그 자체로 나쁘다기보다는 죄악과 중독으로 인도하기 때문에 나쁜 것이다. 바울은 주장한다. "모든 것이 내게 가하나 다 유익한 것이 아니요 모든 것이 내게 가하나 내가 아무에게든지 제재를 받지 아니하리라"(6:12).

바울은 또 다시 성적 죄악이 믿는 자들에게 통용될 수 없는 몇 가지 이유를 설명한다. 첫째로, 믿는 자들의 육체는 죽음과 부활 때에 그리스도의 몸처럼 변화될 것이고(6:14), 또한 믿는 자들의 육체는 그리스도의 몸의 일부라는 것이다(6:15). 전자인 그리스도의 몸처럼 변화될 것이라는 것은 모든 믿는 자들의 운명이다. 그러나 후자인 각각 신자의 몸이 그리스도의 몸의 일부라는 것은 어쩐지 특별한 언급이다. 여기서 그리스도의 몸은 단지 영적인 실제만은 아니다. 그러나 우리는 17절의 빛을 통해 볼 때 물질적인 의미를 너무 강조해도 안 된다. 두 번째로, 믿는 자들은 그리스도와 영적으로 연합된다(6:17). 그리고 믿는 자들의 육체는 이 영적인 실제를 반영해야 한다. 세 번째로, 믿는 자들의 몸은 죄를 지으면 안 되고 불결해져서도 안 된다. 다른 말로 하자면 우리는 몸을 소중한 보물을 다루듯이 보호해야 한다는 것이다(6:18). 네 번째로, 믿는 자들의 몸은 성령의 전이기(6:19) 때문에 몸은 순결하고 거룩하게 지켜져야 한다. 다섯 번째로, 믿는 자들의 몸은 자기 자신이 주인이 아니고 하나님이 값 주고 사셨기 때문에 이제는 하나님께 속하게 되었다. 따라서 믿는 자는 하나님의 재산인 몸을 함부로 할 수 없고 주인이신 하나님께 영광을 돌리는 도구로써 몸을 사용해야 한다는 것이다.

오늘날 세계에서 성은 매매의 대상이고 성적 순결을 지키는 것은 지지되기보다는 우습게 여겨지고 있다. 그러나 교회는 성에 대해 강력한 기준을 가져야 하고 성적 죄악이 교회 울타리를 침범하지 못하도록 지켜야 한다. 바울 신학은 몸에 대해 여러 가지 해석을 보여준다. 여기서 각각의 관점은 그리스도에 의해 구속된 몸이라는 기초를 가지고 있다. 우리는 교인들과 특별히 젊은이들에게 몸은 신성한 것이고 예배를 위한 구별된 도구며 주님이 값 주고 사셨고 성령의 전이라는 것을 강조해야 한다. 기독교인들은 성을 통해서 하나님께 영광을 돌려야 한다.

04

결혼과 독신과 이혼과 재혼에 관한
통전 신학의 이해

고린도전서 7장의 주해와 적용

5월은 가정의 달이다. 우리의 소중한 가정을 믿음으로 굳게 지키는 것은 아주 중요한 일이다. 가정은 하나님의 창조 질서에 속한다. 필자도 점점 나이가 듦에 따라 쉽지 않은 주제에 관한 원고 청탁이 쇄도한다. 고린도전서 7장[1]에 관한 글도 마찬가지다. 이혼 문제는 신학자라고 해서 누구나 쉽게 쓸 수 있는 주제가 아니다. 이혼에 관한 통계 자료는 지금 한국 가정이 심각한 위기 상황에 직면해 있음을 말해 준다.

우선 한국 가정의 이혼율이 2002년 이후 40%를 넘어서 경제개발협력기구(OECD) 회원국들 중 2위에 올랐으며 지난 2001년부터 아시아에서 1위를 점하고 있다. 또 20년 이상 동거 동락해 온 부부의 황혼 이혼도 매년 지속적으로 늘어나 현재 1990년 대비 3배나 증가했다. 1일 평균 840쌍이 결혼하고 398쌍이 갈라서, 결혼한 부부의 절반가량 이혼하는 셈이다. 이혼 평균 연령은 남성이 40.6세, 여성이 37.1세로 10년 전에 비해 각각 3.4, 3.7세가 높아졌다.

1995년 일본의 조이혼율이 1.6건이고 한국이 1.5건이었으나, 한국은 2~3년마다 0.5건씩 증가하고 있어 이런 추세라면 2008년에 미국보다 높을 것이라는 전망이 나오고 있다. 한마디로 '세계 최고 이혼 국가'로 불릴 전망이다.

문제는 기독교 가정도 이혼 문제에 노출돼 있다는 것이다. 2001년에 미국의 '바나 리서치 센터'는 18개월 동안 7,000명과 인터뷰를 통해 조사를 실시했다. 결과는 중생을 체험한 크리스천의 이혼율도 일반 크리스천들의 이혼율과 비슷하다는 점이다. 거듭난 성도들 중에 33%가 이혼을 경험했는데, 일반 크리스천들의 경우는 34%가 이혼을 경험했다. 이미 지적한 것처럼, 한국의 이혼율은 40%를 넘어섰다. 그렇다면 그 수치가 크리스천의 이혼율과 흡사하다는 충격적인 결과로 받아들일 수밖에 없다. 생각해 보면, 하루 398쌍이 이혼하는데, 그 중에 40%인 159명이 기독교 가정에서 이혼하는 셈이다.

어떻게 우리의 가정을 지킬 것인가? 유행병처럼 번지고 있는 이혼과 재혼이 만연된 오늘날 한국의 풍토에서 유일하게 하나님의 말씀만이 우리의 가정을 지킬 수 있다. "하나님이 짝지어 주신 것을 사람이 나누지 못할지니라"(막 10:9). 이 엄격한 하나님의 말씀이 오늘날 복잡한 현대 사회에서 얼마나 그 힘을 발휘할 수 있을까? 특히 결혼과 독신과 이혼과 재혼 문제는 너무나 복잡한 양상으로 전개되고 있다. 이와 관련해 우리는 많은 논란이 되고 있는 고린도전서 7장을 통전 신학[2]에 입각한 올바른 주해를 통해, 건설적인 기독교 가정을 세워나가는 데 힘써야 한다.

본문의 개요

7장 1~7절의 결혼에 관한 교차대칭 구조
  도입: 이전 말(1a절)
    A 남자와 여자(1b절)
      B 부정적 행동 – 음행(2절)
        C 의무(3절)
          D 아내와 남편(4a절)
          D´ 남편과 아내(4b절)

C´ 의무(5a절)

     B´ 부정적 행동 – 절제 못함(5b절)

    A´ 모든 사람(6~7a절)

종결: 은사(7b절)

7장 8~9절 결혼하지 않은 자들과 과부들에 관하여

  독신을 권면함(8절)

  결혼을 허락함(9a절)

  이유: 절제 못함과 정욕의 불길(9b절)

7장 10~11절 이혼에 관하여

  아내에 대하여(10a절)

  이유: 주님의 명령(10b절)

  남편에 대하여(11a, b절)

  이혼 불가에 대한 재진술(11c절)

7장 12~16절 신자와 불신자의 결혼과 이혼에 관하여

  결혼에 대하여(12~14, 16절)

    남성에게 주는 권면(12절)

    여성에게 주는 권면(13절)

    신자와 불신자의 결혼이 주는 유익(14, 16절)

  이혼에 대하여(15절)

    이혼 가능(15a절)

    이혼의 유일한 조건(15b절)

7장 17~24절 하나님의 부르심의 원리

  하나님의 부르심(17절)

첫 번째 예(18~19절)

    할례자의 경우(18a절)

    무할례자의 경우(18b절)

    무용지물(19a절)

    하나님의 계명(19b절)

부르심의 실천(20절)

    두 번째 예의 교차대칭 구조(21~23절)

      A 종과 자유인(21절)

        B 종이면서 동시에 자유인(22a절)

        B′ 자유인이면서 동시에 종(22b절)

      A′ 주님의 종과 사람들의 종(23절)

7장 25~28절 결혼 생활과 독신 생활에 대하여

    처녀에게 주는 권면(25, 26절)

    바울의 권위(25절)

    독신의 이유(26절) : 종말론적 권면(임박한 환난)

    남성에게 주는 권면(27절)

    남성의 결혼과 독신의 지속을 위한 권면(27절)

    결혼의 지속(27a절)

    독신의 지속(27b절)

    결혼과 죄 짓는 것의 관계성(28절)

    결혼 자체는 죄가 아님(28a절)

    결혼의 결과 – 육신의 고난(28b절)

7장 29~31절 크리스천의 실존 원리

    종말론적 권면(29a절)

    아내가 있는 자들은 없는 자 같이(29b절)

우는 자들은 울지 않는 자 같이(30a절)

기쁜 자들은 기쁘지 않은 자 같이(30b절)

매매하는 자들은 없는 자 같이(30c절)

물건을 쓰는 자들은 다 쓰지 못하는 자 같이(31a절)

권면의 이유(31b절)

7장 32~35절 염려의 문제

염려가 없기를 권면(32a절)

형제의 경우(32b~33절)

독신 형제 – 주를 기쁘게 함(32b절)

결혼한 형제 – 아내를 기쁘게 함(33절)

자매의 경우(34절)

독신 자매 – 몸과 영을 거룩하게 함(34a절)

결혼한 자매 – 남편을 기쁘게 함(34b절)

권면의 이유(35절)

7장 36~38절 처녀의 결혼과 독신에 관하여

처녀의 결혼(36절)

처녀의 독신(37절)

처녀의 결혼과 독신(38절)

결혼 – 잘한 일(38a절)

독신 – 더 잘한 일(38b절)

7장 39~40절 과부에게 주는 권면

재혼(39절)

독신(40절)

설교를 위한 해설

고린도전서 7장에서 바울은 기본적으로 스토아 철학에서 말하는 소위 금욕주의의 전통에 대해 외형적으로 찬성하는 것처럼 보인다.[3] 바울의 출발점은 남녀의 성적 결합이 스토아에서 경계하는 정욕의 문제와 결부되는지 중요하게 다룬다. 그래서 바울은 고린도전서 7장을 시작하자마자 가능하면 남자가 여자에게 접근하지 말라(7:1)고 권면한다. 그리고 바울은 7장을 마치면서 과부는 독신으로 지내는 것이 복이 있다(7:40)고 말한다.

이런 사실을 중시할 때, 외관상으로 바울에게 결혼은 음행에 빠지지 않기 위한 것으로 이해된다(7:2). 그래서 바울은 결혼하는 사람들에 대해 절제하는 힘이 없고(7:5) 정욕이 불타오르기 때문(7:9)이라고 한다. 그러므로 자신과 같이 독신으로 지내는 것이 좋다고 말한다(7:7~8).

왜 바울은 극단적으로 들리는 표현을 하고 있을까? 우리는 바울의 결혼에 대한 권면이 신학적으로 종말론의 관점 위에 서 있는 것을 고린도전서 7장 여기저기에서 확인할 수 있다. 곧 엄청난 환난이 임박하고(7:26), 마지막 때가 얼마 남지 않았으며(7:29), 세상의 외형이 사라질 것(7:31)이기 때문이다. 그렇다고 바울이 고린도전서 7장에서 결혼 자체를 부정하는 것은 결코 아니다.

바울은 결혼에 관해 남편과 아내가 서로에게 행할 의무가 있음을 확인해 준다(7:3). 더구나 결혼하면 부부가 더 이상 자신의 몸을 본인이 주장하는 것이 아니라, 아내의 몸은 남편이 또한 남편의 몸은 아내가 주장한다는 사실을 분명히 밝힌다(7:4). 그래서 결혼한 후에 서로 분방하지 말고 혹시 기도할 경우가 생긴다면 아주 잠시 동안 분방이 가능하다고 구체적으로 언급한다(7:5).

바울은 이혼에 대해서도 서로 갈라서지 말라고 강력하게 촉구한다 (7:10~14). 여기서 비록 바울이 가정의 창조 질서에 관해 언급하지 않고 있지만, 그가 이혼하지 말 것을 주님의 명령이라고 표현한 점을 중시할 때,

분명히 창세기 2장에서 하나님께서 아담에게 하와를 데리고 오시면서 둘이 한 몸을 이루라고 선언하신 말씀을 반영하고 있다고 평가할 수 있다. 이는 가정의 숭고한 뜻을 기리면서 창조 신앙에 근거한 가정 질서의 회복이라는 차원에서 이혼을 강력하게 금하는 것이라고 볼 수 있다.

그러나 바울은 이혼을 한 가지 조건인 경우에 유일하게 허락한다. 곧 신자와 불신자의 결혼에서 이혼 문제가 제기되었을 때 이혼하라고 제안한다(7:15a). 오늘날 흔히 제기되는 이혼 사유 중에 성격 차이라든지 배우자의 부정 문제는 여기에 결코 개입돼 있지 않다. 더구나 신자끼리 만난 결혼에서 이혼 문제는 상상조차 할 수 없다. 단지 여기서 언급하는 불신 배우자와 이혼도 신앙의 이유에 근거한다. 그러나 신자가 불신자와 결혼한 후에 신앙의 이유로 부득이 이혼할 때에도, 주의할 사항으로 이혼을 '화평 중에'(7:15b) 실행할 것을 권면한다. 더구나 고린도전서 7장은 이런 이혼의 경우에 신자가 불신 배우자를 구원할 수 있는 길이 있음을 강조함으로써, 이혼의 신중함을 거듭 제안한다(7:16).

처녀의 결혼에 관해 바울은 하나님의 부르심에 근거해야 함을 강조한다. 바울은 고린도전서 7장 17~24절에서 하나님의 부르심이 지니고 있는 일반적인 원리에 관해 미리 언급하고 있다. 이런 부르심의 근거는 형제들에게 준 말씀이지만(7:24), 처녀들에게도 동일하게 주시는 말씀이다. 그런 점에서 표준새번역 성경이 '형제 자매'라고 번역한 것은 올바르다.

두 번에 걸쳐서 언급된 '주의 일을 염려하여'(7:32, 34)라는 표현은 앞서 언급한 하나님의 부르심의 원리를 일깨워 준다. 따라서 여기서 바울이 제안하는 결혼의 중요한 원리가 있는데, 그것은 하나님의 부르심과 주님의 일을 위해 결혼해야 한다는 사실이다. 과연 우리는 얼마나 자주 이 원리에 입각해 결혼 생활을 영위하고 있는지 곰곰이 생각해 봐야 한다.

그런 의미에서 과부의 재혼도 마찬가지다. 바울은 과부의 재혼에 대해 그의 남편이 죽은 경우를 언급하는데(7:39), 이는 과부의 재혼 사유가 지극히 제한적이라는 사실을 보여준다. 더구나 주님 안에서 재혼해야 함을 말하고(7:39), 앞서 언급한 결혼의 중요한 원리인 하나님의 부르심과 주님의 일을 위한 소명을 이룬다는 차원의 표현이 또 다른 방식으로 표현된 것으로 평가할 수 있다. 그래서 바울은 하나님의 영감을 받아서 계속 말하고 있는데, 이런 신앙적 차원이 아니라면 그냥 독신으로 지내는 것이 좋다고 결론을 짓는다(7:40).

이것은 무슨 뜻인가? 과부가 된 것이 결코 비극이 아니라는 사실이다. 흔히 세상적으로 과부를 미망인(未亡人)이라고 표현한다. 즉 아직 망하지 않은 여인이라는 뜻이다. 아주 잘못되고 부정적이며 혐오스러운 표현이다. 오히려 바울은 하나님의 부르신 소명을 이룰 수 있다면, 독신으로 남아 주님의 일에 힘쓰는 것이 과부에게 큰 복이라는 사실을 강조한다. 우리는 누가복음 2장에서 안나가 평생 동안 독신으로 지내며 성전에서 기거하다가 메시아로 오신 아기 예수님을 만난 사건을 이에 견줘서 이해할 수 있다.

통전 신학의 이해

크리스천의 가정 생활에서 결혼과 독신과 이혼과 재혼 문제만큼 복잡한 주제도 드물다. 이 주제는 단순히 전통적 차원이나 권위적 차원에서 접근할 문제가 아니다. 필자는 이 주제를 통전 신학의 관점에서 고린도전서 7장에 나타난 원리를 이해하려 한다.

고린도전서 7장에서 언급하는 결혼과 독신과 이혼과 재혼이라는 주제에서 (1) 하나님의 부르심(17~24절)과 (2) 성도의 신앙 생활이 지니고 있는 실존(29~31절)에 관한 말씀들은, 크리스천의 가정에 꼭 필요한 핵심적인 원리들을 통전 신학에 입각해 제안한다.

1. 하나님의 부르심(17~24절)

크리스천의 가정 생활에서 중요한 것 하나는 하나님께서 현재 부르신 그대로 행할 것을 바울이 촉구하고 있다는 점이다. 곧 바울은 "각 사람이 부르심을 받은 그 부르심대로 행하라"(17, 20, 24절)고 권면한다. 여기서 우리가 중시하는 단어는 '각 사람'(헤카스토스)과 '부르심'(칼레오)인데, 다음과 같이 짧은 구절에 자주 등장한다.

> "17 각 사람은 주께서 그에게 나누어주신 대로, 또 하나님께서 그를 부르신 그대로 살아가십시오. 이것이 모든 교회에서 명하는 나의 지시입니다. 18 할례를 받은 몸으로 부르심을 받은 사람은, 굳이 그 할례 받은 흔적을 지우려고 하지 마십시오. 할례를 받지 않은 처지에서 부르심을 받은 사람은, 굳이 할례를 받으려고 하지 마십시오. 19 할례를 받은 것이나 안 받은 것이나 그것은 문제가 아니고, 하나님의 계명을 지키는 것이 중요합니다. 20 각 사람은 부르심을 받은 그 때의 처지에 그대로 머물러 있으십시오. 21 당신은 노예로 있을 때에 부르심을 받았습니까? 그런 것에 마음 쓰지 마십시오. 그러나 자유로운 몸이 될 수 있는 기회가 있으면, 어떻게 해서든지 그것을 이용하십시오. 22 주님 안에서 부르심을 받은 노예는 주님께 속한 자유인입니다. 그와 같이, 자유인으로서 부르심을 받은 사람은 그리스도의 노예입니다. 23 여러분은 하나님께서 값을 치르고 사신 몸입니다. 여러분은 사람의 노예가 되지 마십시오. 24 형제자매 여러분, 여러분은 각각 부르심을 받은 그 때의 처지에 그대로 머물러 있으면서 하나님과 함께 계십시오"(표준새번역).

여기서 우리는 하나님의 부르심이 각 개인에게 임하신다는 사실을 바울이 강조하고 있음을 알 수 있다. 특히 그는 '메노'라는 단어를 두 번이나 사용함으로써 하나님의 부르심에 머물러 있으라고 권면한다(7:20, 24). 이것은 크리스천의 가정 생활에서 무엇보다 하나님께서 위로부터 부르신 소명의 중요성을 종말론적으로 일깨워 주는 말씀이다. 어떻게 하나님의 부르신 소명을 이룰 수 있는가 하는 문제만이 결혼에서 중요한 관건이 된다는 사실을 바울이 강조하고 있다. 이것을 필자는 하나님의 부르심이라는 원리로

정의한다.

흔히 결혼을 '인륜지대사'(人倫之大事)라고 하는데, 결코 가볍지 않은 일임을 뜻하는 말이다. 하물며 크리스천의 결혼이 어떠할까? 하나님의 부르심의 원리에 굳게 서서 결혼을 결정하는 것이 올바른 신앙의 자세라는 점을 바울은 강조한다. 이것은 결혼에 세상적인 차원이 아닌 종말론적 차원이 있음을 우리에게 일깨워 준다. 그 종말론적 근거는 무엇인가? 다음의 원리와 연결해 생각해 보자.

2. 성도의 신앙 생활이 지니고 있는 실존(29~31절)

바울이 이 구절에서 강조하는 것은 결혼이 결코 세상의 일상적인 일이 아니라는 사실이다. 즉 바울은 다음과 같이 짧은 구절에서 '때'(카이로스)와 '세상'(코스모스)이라는 단어를 사용함으로써, 크리스천의 결혼이 종말론적 근거를 지니고 있음을 지적한다.

"29 형제자매 여러분, 내가 말하려는 것은 이것입니다. 때가 얼마 남지 않았으니, 이제부터는 아내 있는 사람은 없는 사람처럼 하고, 30 우는 사람은 울지 않는 사람처럼 하고, 기쁜 사람은 기쁘지 않은 사람처럼 하고, 무엇을 산 사람은 그것을 가지고 있지 않은 사람처럼 하고, 31 세상을 이용하는 사람은 그렇게 하지 않는 사람처럼 하십시오. 이 세상의 모습은 사라져 버리기 때문입니다"(표준새번역).

왜 바울은 결혼을 종말론적 관점에서 이해하고 있을까? 그 이유는 "때가 얼마 남지 않아서"(29절), "이 세상의 모습은 사라져 버리기 때문"이다(31절). 여기서 때는 단순히 연대기적 시간을 말하는 게 아니라, 하나님의 때를 가리킨다. 그런 점에서 주님께서 재림하실 시기가 얼마 남지 않다는 사실을 일깨워 준다. 이 구절을 바울은 특히 종말론적 관점에서 강조한 다음, 계속해 주님의 일과 세상의 일을 대조하면서 다음과 같이 설명해 나간다.

"32 나는 여러분이 염려 없이 살기를 바랍니다. 결혼하지 않은 남자는 어떻게 하면 주님을 기쁘시게 해 드릴 수 있을까 하고, 주님의 일에 마음을 씁니다. 33 그러나 결혼한 남자는 어떻게 하면 자기 아내를 기쁘게 할 수 있을까 하고, 세상일에 마음을 쓰게 되므로 34 마음이 나뉘어 있습니다. 결혼하지 않은 여자나 처녀는 몸과 영을 거룩하게 하려고 주님의 일에 마음을 쓰지만, 결혼한 여자는 어떻게 하면 남편을 기쁘게 할 수 있을까 하고 세상일에 마음을 씁니다"(표준새번역).

여기서 바울은 주님의 일을 세상의 일에 대비시키고 있다. 이런 대비를 통해 그는 결혼 문제가 단순히 세상의 일이 아니라, 주님의 일이라는 종말론적 신학을 강조한다. 이것을 필자는 크리스천의 실존이라는 원리에서 논하려 한다. 그 이유는 크리스천이 세상에 속해 살아가지만, 분명히 세상에 속하지 않은 사람처럼 살아야 한다는 바울의 설명은 성도의 실존적 삶의 태도를 종말론적 관점에서 일깨워 주고 있기 때문이다. 때에 관한 분명한 인식이 크리스천으로 하여금 종말론적 삶을 살아가게 한다.

그렇다면 결혼 문제는 무엇보다 성도의 종말론적 삶과 무관할 수 없다. 하나님의 때가 얼마 남지 않았는데, 어떻게 아무나 하고 결혼해 아무렇게 살 수 있겠는가. 당연히 결혼 생활을 통해 주님을 기쁘시게 하는 삶을 살아야 하지 않는가?

결론적으로, 두 개의 원리는 결코 독립적으로 나눠져 제 기능을 다할 수 없다. 다시 말해, 크리스천의 가정 생활에서 빈번하게 제기되는 결혼과 독신과 이혼과 재혼 문제는 통전 신학에 입각해 이해해야 한다. 곧 하나님께서 위에서 부르신 차원과 성도가 땅에서 그 부르심에 응답하는 차원이 조화를 이뤄야 함을 바울은 두 가지 원리를 통해 가르쳐 준다. 두 개의 원리를 관통하고 있는 공통의 주제는 종말론적 특징을 갖고 있다. 결혼과 독신과 이혼과 재혼과 관련된 문제는 인간적 차원에서만 전개되는 일들이 아니라, 개개인의 삶 속에 하나님께서 직접 개입하시는 숭고한 차원이 있다는 사실을 바울은 본문을 통해 강조한다.

그러므로 바울은 하나님이나 인간의 한쪽으로 치우치는 입장을 지양하면서, 종말론적 차원이라는 새로운 때에 대한 인식의 전환에 근거해 하나님과 인간 양쪽을 근본적으로 연결시킬 수 있는 관점을 제안한다. 이는 통전 신학이 추구하는 방향인데, 곧 결혼과 독신과 이혼과 재혼이라는 문제가 제기되었을 때 양극단적인 입장을 선택할 것이 아니라 두 개의 원리 중심에 종말론적 차원이 있음을 알고 가정의 숭고함을 지켜 나가야 한다는 것이다.

나가는 말

바울 당시에 고린도는 항구 도시였기 때문에 동서양의 많은 상인들이 빈번히 왕래하면서 다른 곳에 비해 상대적으로 성도덕이 아주 문란했던 것으로 잘 알려져 있다. 따라서 오늘날과 마찬가지로 당시 고린도에서 남녀의 혼외 성범죄뿐 아니라 독신, 과부, 혼전 동거, 동성애, 근친상간, 일부다처제, 이혼, 재혼 등 흔히 볼 수 있는 문제들이 많았다. 그뿐 아니라 고린도교회 안에 배우자 한 쪽만 예수를 믿고 다른 한 쪽은 불신자인 경우가 많았는데, 이런 부부들로 인해 일어나는 문제들이 비일비재했다. 그래서 고린도교회 성도들은 사도 바울을 통해 제반 문제에 대한 주님의 뜻을 알기 원했다.

이런 문제들을 해결하기 위해 바울이 고린도전서 7장을 통해 제안하고 있는 원리는 두 가지다. 곧 하나님의 부르심의 원리와 크리스천의 실존의 원리다. 이것은 결혼과 독신과 이혼과 재혼 문제를 궁극적으로 해결할 수 있는 두 개의 기둥과 같다. 두 개의 기둥은 각각 따로 떨어져 독립적으로 세월질 수 없다. 반드시 통전 신학에 입각해 서로 연결돼야 한다.

하나님의 부르심이 크리스천들에게 실존의 원리가 돼야 하고 동시에 크리스천의 실존이 하나님의 부르심을 이루는 것이 돼야 한다. 그런 점에서 바울도 하나님의 부르심을 먼저 설명한 후 이어서 크리스천의 실존에 대해 언급했다.

결혼은 신성한 것이다. 따라서 결혼의 조건에 반드시 하나님의 부르심에 대한 깨달음이 있어야 한다. 그리고 결혼은 크리스천의 실존이라는 차원에서 각 개인의 윤리적 책임이 뒤따른다. 하나님의 부르심과 크리스천의 실존이라는 원리에서 결혼뿐 아니라, 독신과 이혼과 재혼의 문제도 깊이 생각해야 한다.

요즘 많은 기독 청년들이 독신을 선호한다. 그런데 심각하게 물어야 할 것이 있다. 과연 자신은 독신을 위해 하나님의 부르심을 받았는가? 아니면 단순히 눈이 높아서 혹은 마땅한 배우자를 만나지 못하고 있다가 나이가 들어 그냥 독신으로 살겠다고 한다면, 신앙적으로 심각한 문제다.

이혼도 마찬가지다. 오늘날 세상적인 이유로 이혼하는 크리스천들이 주위에 너무나 많이 있다. 고린도전서 7장에서 바울이 이혼의 사유로 유일하게 거론하고 있는 조건은, 신자와 불신자 사이에 신앙의 이유로 이혼 문제가 제기 될 때만 가능하다고 아주 소극적으로 이혼을 허락하고 있다.

이혼하는 사람이 여러 가지 이유를 대고 자신의 이혼을 합법화하는 오늘날의 상황에서, 바울의 가르침은 너무나 준엄하다. 하나님의 부르심에 근거한 이혼인가? 더구나 크리스천의 실존에 합당한 이혼인가? 이 문제가 해결되지 않았다면, 이혼율은 원천적으로 불가능하다는 것이 바울의 가르침이다.

마지막으로 재혼은 어떠한가? 이혼한 사람들이 재혼하는 비율이 점점 높아지고 있다. 사회의 분위기가 재혼을 부추기고 있다. 마치 이혼하고 재혼하면 새로운 인생의 행복이 약속된 것처럼 환상을 심어주기도 한다. 그러나 바울은 재혼 문제에서도 하나님의 부르심과 크리스천의 소명이라는 차원에서 권면한다. 더구나 과부의 재혼을 언급하면서 남편이 죽은 경우에 주님 안에서 재혼하라고 권면한다. 이는 과부의 재혼이 주님의 일을 이룰 수 있을까 하는 신앙적 이유에서만 가능하다는 사실을 언급한다.

복잡한 현대 사회에서 크리스천들은 점점 세속화되고 있다. 신약 성경에 따르면, 결혼과 독신과 이혼과 재혼은 결코 개인적 차원에서 결단할 일이 아니다. 반드시 하나님의 부르심에 근거해 크리스천의 실존에 합당한 일이라는 결단이 있어야 한다. 과연 주님의 일을 이룰 수 있을까 하는 문제가 선결될 때 가능하다는 것이 통전 신학의 관점에서 본 본문의 가르침이다.

05

그리스도인 권리의 올바른 사용

고린도전서 8~9장의 주해와 적용

고린도교회의 문의에 근거한 사도 바울의 답변은 7장에 이어 8장에서도 계속된다. 8장에서 11장 1절까지는 하나의 큰 단락을 형성한다. 우상 제물의 문제와 관련하여 일어나는 논란들을 바울은 다각적인 차원에서 다룬다.

8장과 9장에서는 우상 제물을 실제적으로 먹을 것이냐 말 것이냐 하는 문제보다 이런 문제를 우리가 어떤 각도에서 다루어야 할 것인지 주로 원리적 측면을 다룬다. 고린도 교인들이 주장하는 것처럼[1] '지식'의 관점에서 이 문제를 접근할 수도 있지만, 바울은 교회의 덕 세움을 고려한 '사랑'의 시각이 보다 바람직하다는 것을 강조한다.

사랑이 주도적 원칙이 될 때 우리는 개개인의 권리보다 더 소중한 복음 안에서 공동체의 하나 됨을 이룰 수 있다. 바울은 이를 위하여 자신의 정당한 권리를 기꺼이 포기하는 산 실례를 직접 보여주고 있다. 이렇게 함으로써 우리는 예수 그리스도께서 보여주신 길을 따라 '약한 자'를 위하여 '강한 자'가 스스로를 희생함으로 이루는 새 창조의 변혁적 새 질서를 이 세상 가운데 증거할 수 있다. 그런 점에서 볼 때 이 부분 역시 바울이 고린도서신 전체에서 제시하는 변혁적 공동체의 비전을 실제적 측면에서 잘 예시하는 단락임을 알 수 있다.

우상 제물 문제와 그 본질(8:1~13)

8:1은 '~에 관하여는'(페리 데)으로 시작한다. 7:1에 이어 또 다른 하나의 논제를 제시한다. 이번에는 그 주제가 우상 제물에 관한 것이다. 우상 제물은 우상의 신전에 바쳐졌다가 나오는 고기를 가리킨다. 그리스도인이 이런 고기를 먹을 수 있느냐 없느냐 하는 문제가 고린도교회 안에 제기되고 있다.

고린도교회의 소위 강자들은 이 문제에 관하여 자신들의 권리(에쿠시아, 8:9)를 주장한다. 그리고 이 권리의 배후에는 그들의 지식(그노시스, 8:1)이 놓여 있다. 바울이 1절에서 "우리가 다 지식이 있는 줄을 안다"고 말할 때, 이것은 고린도교회 강자들의 슬로건을 반영하는 것으로 보인다.[2] '그래, 너희 말대로 이 문제에 관하여 우리는 다 지식이 있는 줄 안다'고 받고 있는 셈이다. 바울의 반격은 바로 이어서 나타난다. 그러나 그 지식은 사람을 교만하게 하는 것이며, 덕을 세우는 것은 오히려 사랑이다.

바울의 주된 관심은 덕을 세우는(오이코도메이) 일이다. 이 단어는 바울이 14장에서 보다 집중적으로 사용하고 있다. 고린도교회의 가장 큰 약점은 덕을 세우는 일을 하지 못하고 있다는 점이다. 곧 그들의 공동체 의식의 결핍이다. 이것은 음행의 문제나 송사의 문제에서도 그러하였고, 주의 만찬의 경우에도 그러하며, 예배나 은사의 문제에서도 마찬가지다. 만일 그들 속에 교회 공동체에 대한 인식이 바르게 작용하여서 덕을 세우는 일을 최우선의 행동지침으로 삼는다면 그들은 바울이 하는 것처럼 지식보다 사랑을 더 우선적인 판단의 기준으로 삼았을 것이다.

지식은 꼭 필요한 것이지만 그 한계를 가진다. 누군가 무엇을 알고 있다고 생각하지만, 거기에는 아직도 알아야만 할 것이 남아 있다. 13장에서 바울은 우리의 지식의 부분적 성격을 지적한다(13:9). 그리고 그 지식도 마침내는 폐하여지고 말 것이다. 하나님과의 관계에서는 하나님을 지식적으로 아는 자들이 아니라 하나님을 사랑하는 자들이 하나님에 의해 알려진 자들이다. 곧 하나님은 그를 사랑하는 자들을 아신다. 우리가 하나님을 사랑하는 것은 곧 그의 백성들 가운데서 사랑으로 덕을 세우는 일을 하는 것을 말한다. 이런 사람들을 하나님은 아신다.

바울은 4절에서 다시 한 번 '우리가 안다'라는 문구를 사용함으로써 자신과 고린도교회의 강자들이 공유하고 있는 지식의 내용을 언급한다. 세상에 비록 많은 우상들이 있지만, 실상 그것들은 아무 것도 아니며, 오직 한 분 하나님만이 유일한 참 신이시다. 바울은 신명기 6장 4절의 쉐마 고백을 기초로 한 교회의 공통적인 신앙고백을 언급한다. 이것은 옛 고백처럼 하나님은 한 분이신 하나님이심을 고백하나, 기독론을 바탕으로 새롭게 구성이 되어서 '만물이 그로 말미암고 우리 역시 그로 말미암은' 한 주 예수 그리스도를 함께 고백하고 있다.[3]

고린도교회의 강자들이 이런 고백을 자신들의 행동의 기반으로 삼고 있다. 그 내용 면에서 흠잡을 것은 아무 것도 없다. 바울도 지적하는 것처럼 이런 내용은 우리가 다 알고 있는 내용이다. 그러나 문제는 이런 고백을 어떻게 사용하느냐에 놓여 있다.[4]

고린도의 강자들은 이런 지식을 바탕으로 '우상의 집' 곧 우상 신전에 앉아 먹는 행위를 정당화하려 한다(8:9). 단지 우상 제물을 먹는 문제만이 아니라 그것을 어디에서 먹느냐 하는 문제까지 거론되고 있다.[5] 그들은 하나님은 한 분뿐이라는 지식 무장을 앞세워서 우상의 전각들에 출입하는 것이나, 그곳에서 제사 후 제공되는 종교적 연회에 참여하는 것을 아무렇지도 않게 생각하고 있었던 것으로 보인다.

고린도에 있었던 아스클레피온(Asclepion) 신전의 형태를 보면 사람들이 공개적으로 출입하는 뜰과 제사를 드리는 신전 사이에 3개의 식당이 놓여 있다. 각 방에서는 11명 정도가 식사할 수 있었고, 여기에서 사람들이 제사 음식을 함께 먹었던 것으로 보인다.[6]

뿐만 아니라 이런 자리에 사람들을 부르기 위해 수시로 초청장들이 발송되었다는 것을 현재 남아 있는 파피루스 자료들을 통해 확인할 수 있다.

예를 들어 옥시린쿠스 파피루스(Oxyrhyncus papyri) 중에는 이런 초청장이 들어 있다. "케레몬은 그대를 내일 사라페이온(사라피스의 신전)에서 주 사라피스의 식탁에 함께 참여하도록 초청합니다."[7]

이런 일들이 일상적으로 이루어지던 상황 속에서 고린도교회의 강자들은 우상 신전에 가서 음식 먹는 행위를 포기하고 싶어 하지 않았던 것으로 보인다.

이처럼 자신들에게 유리하도록 지식을 사용하던 강자들의 눈에는 그 교회의 약자들의 처지가 전혀 인식되지 않고 있다. 바울은 이 약한 자들 속에 남아 있는 '습관'을 언급한다. 물론 이는 그들이 여전히 우상 신전에 다니는 습관을 계속하고 있었다는 것이 아니라, 과거의 그런 습관이 지금도 계속해서 그들 속에 남아 있는 영향력을 말한다.[8] 그들에게는 우상 제물을 먹는 일과 우상을 섬기는 일이 완전히 별개의 일이 아니다. 우상 제물을 먹음이 우상을 섬김과 연계가 됨으로써 그들의 양심이 손상을 입고 결국 더럽혀지는 결과를 빚는 것이다.

바울은 이런 결과가 일어나는 데 결정적인 역할을 한 것이 강한 자들의 행위임을 지적한다. 강한 자들의 행위가 약한 자들의 양심이 담력을 얻도록 하여 그들로 하여금 우상 제물을 먹게 만드는 것이다.[9] 8장 10절에서 '담력을 얻어'라는 말을 쓸 때 바울이 사용하는 단어는 8장 1절의 '덕을 세운다'는 말과 동일한 단어다. 곧 그들의 양심이 '덕 세움을 입어'라고 말하는 것이다. 이 경우는 바르게 덕을 세우는 것이 아니라 그 정반대의 방식으로 덕을 세우는 것을 말한다. 바울은 고린도의 강자들의 행위가 얼마나 사람들을 오도하는 결과를 낳을 수 있는지를 역설적으로 강조하는 것이다.

그들이 진정으로 공동체에 덕을 세우는 일을 하려면 약한 자들의 약한 양심을 고려하는 행동을 해야만 한다. 자신에게 지식이 있다고 해서 그것으로 자신의 행위를 정당화하는 데 급급하다 보면 결국 교회 공동체는 덕 세움을 받지 못하고 오히려 약하여지고 마는 것이다. 그래서 바울은 그들을 향하여 "너희 자유함이 약한 자들에게 거치는 것이 되지 않도록 조심하라"(8:9)고 권한다.

'자유함'으로 번역된 말은 강한 자들이 가졌다고 주장하는 그들의 권리(엑수시아)를 가리킨다. 이 권리의 주장이 약한 자들에게 '거치는 것'(프로스콤마) 곧 그 진보와 성장을 가로막는 거침돌이 되어서는 안 된다. 우리가 이 권리를 어떻게 바르게 사용해야 할 것인지의 문제가 이 부분에서 바울의 주된 관심이다.

우선 사람들의 권리에 속하는 식물은 상대적 성격을 가진다. 먹든지 먹지 않든지 그것이 결정적 중요성을 가지지는 못한다. 식물이 우리를 하나님 앞에 세우지(파라스테세이)[10] 못하지만(8:8), 그러나 식물 때문에 형제가 멸망될(아폴루타이) 수는 있다(8:11). 따라서 이 상대적 차원에 속하는 식물보다 더 소중하게 생각해야 할 것은 '그리스도께서 위하여 죽으신 형제'다(8:11).

여기에서 바울은 우리에게 동료 그리스도인을 바라보는 하나의 새로운 시각을 제시한다. 우리가 다른 성도들을 '그리스도께서 위하여 죽으신 형제'로 바라보는(on-look) 것은 어떤 사물을 제3자적 관점에서 관찰하는 것과는 전혀 다르다. 이런 관점 속에는 우리의 자아개입적(self-involving) 자세가 수반된다. 고린도교회의 강자들 속에는 이런 시각이 결여되어 있다. 그들은 오직 자신과 그리스도와의 관계만을 생각한다.

그러나 그리스도는 우리로 하여금 그가 위하여 죽은 다른 그리스도인들을 바라보게 만드신다. 그러므로 자신이 그리스도와의 관계 속에서 아무 잘못이 없다고 하더라도, 형제에게 죄를 짓는 것은 곧 그리스도에게 죄를 짓는 것이 된다. 근본적으로 그리스도인은 공동체적으로 존재할 수밖에 없다.

바울은 동료 그리스도인의 상태보다 자신의 권리를 더 중요하게 생각하는 고린도교회의 강자들과 달리, 자신의 우선권이 어디에 있는지를 분명하게 밝히고 있다. 고기를 먹는 문제와 관련하여 그것이 형제를 실족케 하는 결과를 가져온다면 영원히 고기를 먹지 않겠노라고 천명한다. 고기를 먹음으로 누리는 자신의 웰빙(well-being)보다 형제의 웰빙이 더 소중하기 때문이다. 바울은 이처럼 자신의 결연한 뜻이 무엇인지를 밝힘으로써 자연스럽게 9장 속에서 권리 사용과 관련한 자신의 예를 제시하는 쪽으로 이야기의 방향을 전환한다.

권리의 종이냐 섬김의 자유인이냐(9:1~18)

9장 1절과 2절 사이에서 바울은 '내가 ~이 아니냐'는 표현을 반복적으로 사용함으로써 강한 자기제시를 하고 있다. 이런 숨 가쁜 수다가 4절 이하에서는 한층 강화된 형태로 '우리에게 권리가 없겠느냐'는 말로 반복되고 있다. 권리에 관한한 바울 자신에게는 누구에게도 뒤지지 아니 할 정당한 권리들이 있음을 터진 봇물처럼 밝히는 것이다.

특히 이런 권리는 고린도교회에서 더욱 정당하게 인정되어야 할 권리다. 바울의 사도적 사역의 결과물이 바로 고린도 교인들이기 때문이다. 그들은 바울의 사도됨을 입증하는 살아 있는 '인'(스프라기스, 9:2)이다. 바울은 이런 메타포를 통해서 자신과 고린도 교인들 사이의 뗄 수 없는 상관관계를 확인한다.

다른 한편 바울의 사도권에 대한 도전이 일각에서 일어나고 있다는 흔적을 우리는 9장 3절에서 찾아볼 수 있다. 우리는 이 단계에서 그것이 얼마나 심각한 것인지를 명확히 알기는 어렵지만, 바울은 고개를 들기 시작하는 그 압력에 비추어 자신의 권리에 대한 '발명'(아폴로기아, 9:3), 곧 변호를 하고 있다.[11] 자신의 권리에 대한 바울의 숨 가쁜 언급은 이와 같이 이중적 역할을 수행한다. 한 면에서는 자신과 하나가 된 사람들과의 관계의 확인이요, 또 한 면에서는 대적자들을 염두에 둔 자기변호의 일환이기도 하다.

바울은 자신의 권리의 정당성을 모두 네 가지 차원에서 밝히고 있다. 처음 두 가지는 9장 7~10절 안에 제시하고 있다. 그 중 하나는 일반적 증거고, 다른 하나는 성경적 증거다. 9장 7절에서 바울은 군인과 농부와 목동의 세 경우를 들어서 일반적 경험에 비추어 수고하는 사람이 그 수고의 대가를 취할 수 있는 정당한 권리가 있음을 밝히고 있다.

이어서 8~10절에서는 율법의 예를 제시하고 있다. "곡식을 밟아 떠는 소에게 망을 씌우지 말라"는 신명기 25장 4절의 말씀이 그것이다. 흔히 이 구절은 바울이 역사적, 문자적 의미를 무시하고 자의적으로 성경을 해석하는 것이 아니냐는 비난을 받기도 하는 대목이지만,[12] 그 본문이 놓여진 문맥은 짐승의 권리보다는 사람의 권리에 관한 것이다. 또한 그 율법 조항이 갖는 정신적 측면에서 볼 때 짐승에 해당되는 것인 만큼 사람에게는 더욱 더 그러해야 한다는 점을 고려할 때, 바울의 성경 해석이 자의적이라고 보기는 어렵다.

수고하는 사람이 그 수고의 대가를 취할 수 있어야 한다는 것은 율법도 보장하는 권리다.

왜 바울이 이런 권리 이야기를 하는지 그 실제적인 이유를 12절에서 밝히고 있는데, 아마도 그는 이 말을 급히 하고 싶었던 것 같다. 말을 하고 나니 다시 생각이 난 듯 13~14절에서 자신의 권리의 정당성을 입증하는 두 가지 이유를 더 첨가한다. 그 하나는 성경에 근거한 유대인들의 선례다. 성전의 일을 하는 레위인들과 제단의 일을 하는 제사장들이 그 섬기는 사역을 통해 자신들의 대가를 받는 것은 정당한 일이다.

이어서 최종적으로 바울은 예수 그리스도의 말씀을 언급한다. "복음 전하는 자들이 복음으로 말미암아 살리라"(9:14)는 말씀이 그것이다. 엄밀하게 동일한 문구를 찾기는 어려우나 유사한 문구를 우리는 누가복음 10장 7절 등에서 찾아볼 수 있다.

바울이 이렇게 네 가지의 경우를 들어 꼼꼼하게 자신의 권리의 정당성을 '변호'하는 것은 그 권리를 찾아 누리기 위함이 아니다. 오히려 그런 정당한 권리가 있음에도 불구하고 자신의 권리를 어떻게 사용하는지, 또 그 이유가 무엇인지, 하나의 살아 있는 실례를 보여주고자 하는 것이 목적이다.

바울은 그 권리를 쓰지 아니하고 범사에 참는다고 말한다(9:12). '참는다'(스테고멘)는 말은 침묵하고 덮어둔다는 의미다. 다르게 행할 수도 있지만, 이렇게 하기로 선택하는 의식적 행위임을 보여준다.[13] 이것이 그리스도인의 권리 또는 자유를 사용하는 길이다.

자격이 되지 않아서 권리를 주장하지 못하는 사람이 아니라, 모든 자격을 갖추었음에도 불구하고 자신의 정당한 권리를 주장하지 않고 오히려 포기하는 길을 의식적으로 선택하고 있다면, 우리는 그 이유가 무엇인지를 분명히 살피지 않을 수 없을 것이다. 바울의 경우 그 이유는 단 하나다. 자신의 권리보다 더 소중한 예수 그리스도의 복음 때문이다. 바울은 이 그리스도의 복음에 아무 장애가 없게 하기를 바라고 있다(9:12b). '장애'(엥코페)라고 할 때 바울이 쓰는 말은 문자적으로는 나무 등을 쳐서 넘어뜨리는 일에 사용되던 단어다. 그렇게 쓰러진 나무 등걸들이 장애물 역할을 한 데서 장애라는 의미가 파생되었다.

바울은 그 자신이 복음의 진보에 장애가 되는 나무 등걸이 되려 하지 않는다. 뒤에 가서 좀 더 적극적인 측면을 이야기하고 있지만, 그는 복음의 확장을 위해 오히려 자기 자신을 쳐서 복종시키는 길을 택하고 있다.

바울이 자신의 권리보다 복음을 우선하며 살고자 하는 것은 그의 빼앗길 수 없는 '자랑'(카우케마, 9:15)이다. 15절에서 우리는 복음중심적 차원에서의 바울의 강한 자아의 면모를 엿볼 수 있다.

첫째는 "내가 이것을 하나도 쓰지 아니하였다"는 언급이다. '에고'를 문장의 첫머리에 두어서 강조적으로 사용한다. 여기에 역접어 '데'를 붙여서(에고 데) 다른 사람은 어떨지 몰라도 바울 자신만큼은 자기 권리의 종이 되어 살지 않겠다는 뜻을 나타내고 있다.

뿐만 아니라 "내가 차라리 죽을지언정"이라는 강한 표현을 사용한다. 바울은 여기에서 문장을 다 완성시키지도 못하고 있다. 마음이 머리보다 앞서고 있는 것이다. 그리고 숨을 돌려서 겨우 끝맺는 말이 "나의 자랑을 누구든지 헛되이 하지 못하리라"는 말이다. 바울은 다른 자랑은 다 버렸지만, 이 자랑만큼은 누구에게도 양보하려 하지 않는다. 이것은 하나님 앞에서 그의 가장 고상한 차원의 신앙적 행위기 때문이다.

바울이 복음을 위하여 자신의 권리를 다 버린다는 것은 그에게 포기할 수 없는 자랑이지만, 복음을 위하여 수고하는 일 자체는 그에게 자랑거리에 해당되지 않는다. 오히려 그것은 그의 '부득불 할 일'(아낭케, 9:16) 곧 필수불가결의 당위다. 그가 사는 날 동안 땅 위에 존재하는 이유는 바로 복음 때문이며, 복음을 들어야 할 사람들 때문이다. 이 일을 하는 것은 당연히 해야 할 일이기 때문이지만, 이 일을 하지 않을 때는 그에게 화가 있을 것이다.

바울은 자신의 복음 사역과 관련하여 자발의 측면과 비자발 즉 당위의 측면을 나타내기 위해 17절에서 '헤콘'(자발적으로)과 '아곤'(비자발적으로)의 두 반의어를 사용한다. 그의 기본 출발점은 그에게 맡겨진 '직분'(오이코노미아, 9:17)이다. 사실은 이 자체가 놀라운 특권이다. 하나님께서 그의 무한한 신임 가운데서 그의 경륜에 속하는 일을 사도에게 맡겨주셨다. 바울은 이 일의 '청지기'(오이코노모스, 고전 4:1)가 되어 신실함의 자세로 맡겨진 직무를 감당하는 자다. 이 면에서 그에게는 자랑할 것이 없다.

그러나 그는 기본만을 하는 사람이 아니다. 그 이상의 일을 자발적으로 하려 한다. 곧 자신의 권리를 도모하는 것이 아니라 오히려 그것조차도 포기하는 일이다. 이것은 그의 자랑(카우케마 무, 9:15)에 속하는 일이요, 또한 하나님의 상(미스토스, 9:17)을 기대하는 일이다. 복음이 그의 전부가 되고 복음을 위하여 그의 전부를 바쳐서 살아갈 수 있도록 만들어주신 것, 바로 이것이 그의 상이다. 인간이 갚을 수 있는 모든 것을 다 포기하였기 때문에 오직 하나님만을 바라보며 그로부터 모든 것을 기대하는 이것보다 더 큰 상이 있을 수 없는 것이다.

복음의 우선권을 위한 자기 훈련(9:19~27)

복음을 위하여 바울이 어떻게 자신을 낮추며 또 포기하는 삶을 사는지에 대하여 그는 좀 더 실제적인 측면을 우리에게 보여준다. 그것은 복음을 전하는 사람들에게 자기주장의 방식이 아니라 그들의 입장에 자신을 낮춤으로 그 안에서 복음이 승리하게 하는 방식을 취하는 것이다.

이 면에서 바울은 큰 자유와 융통성을 발휘한다. "내가 자유자가 아니냐"(9:1) 할 때 그에게 있는 자유(엘류쎄리아)가 발휘되어야 할 영역은 다른 곳이 아니라 바로 이런 곳에서다. 19절에서 밝히고 있는 것처럼 그는 모든 사람들에게 대하여 자유자지만, 더 많은 사람들을 얻기[14] 위하여 기꺼이 모든 사람들의 종이 되려 한다. 유대인들에게는 유대인의 방식으로, 또 이방인들에게는 이방인의 방식으로 다가가며 그들의 자리에 자신을 낮추어서 그들 속에 복음이 높임을 받게 하는 것이다.

바울은 약한 자들에게는 기꺼이 그들의 편에 서서 약한 자와 같이 되려 한다. 실질적인 면에서 바울은 강한 자요, 강한 자의 자유와 권리를 가졌지만, 그러나 언제든지 약한 자의 자리에 설 줄 알았던 사람이다. 이런 면이 고린도교회의 소위 '강자' 들과는 차이가 있다.

"모든 것을 복음을 위하여"(9:23)라는 바울의 삶의 원칙은 결코 추상적 구호에 그치는 것이 아니다. 복음이 그에게서 최우선이 되게 하기 위하여 그는 기꺼이 자신의 자유와 권리를 포기할 뿐만 아니라, 자신의 개인적 삶의 모든 부분이 이를 위해 드려지도록 철저한 자기훈련을 자발적으로 수행하고 있다.

바울은 이를 나타내기 위해 고린도 사람들에게 익숙한 운동경기들을 은유적 도구로 사용한다. 고린도에서는 2년마다 이스미아 경기 대회(the Isthmian Games)가 열리고 있었다.[15] 창던지기, 레슬링 등을 포함한 총 여섯 종목의 경기 가운데 바울은 우리 본문 속에서 달리기와 복싱의 두 경우를 언급한다.

이 두 종목의 공통점은 그 표적이 분명해야 한다는 것이다. 달리기를 하면서도 자신의 목표지점이 어딘지를 모르고 달리면 상에서 점점 멀어질 것이다. 뿐만 아니라 내가 때려야 할 대상을 잘 모르고 헛주먹질을 하면 아무 효과 없는 싸움이 되고 말 것이다.

바울은 자신의 달음질의 목표가 무엇인지를 분명히 하고 있다. 그것은 운동 경기에서 승리자들이 얻는 승리의 상(브라베이온) 또는 면류관(스테파노스)에 비견되고 있다. 물론 이런 것들의 특성은 썩는다는 것이다. 성도들이 바라는 썩지 않는 상에 비하면 이런 것들은 아무 것도 아니다. 그러나 선수들이 이런 상을 얻기 위해서도 엄청난 절제를 하는데, 하물며 영원한 상을 얻기 위해서는 우리가 얼마나 더 큰 절제를 해야 할 것인지를 바울은 역설하고 있다.

테니스 코트의 여제라 불리는 나브라틸로바는 지난 2003년에 당시 47세의 나이로 윔블던 테니스 혼합복식 우승자가 되었다. 우승 후 그녀는 이런 말을 남겼다. "운동을 하고 있는 한 최상의 몸 상태를 유지해야 한다. 내가 얼마든지 관리할 수 있는 부분에 의해 제약받고 싶지 않다." 우리는 나브라틸로바가 받았던 것과 비교할 수 없는 상을 바라보고 있다. 곧 복음의 영광에 동참하는 일이다. 이를 위해 우리에게는 분명한 목표 의식이 필요하며 또한 절제의 삶이 필요하다.

바울은 그의 앞에 있는 목표를 위하여 자기의 몸을 쳐서 복종하게 하는 일을 하고 있음을 밝힌다. 여기에 사용된 '친다'(휘포피아제인, 9:27)는 말은 눈퉁이가 시퍼렇게 되도록 주먹을 날린다는 의미다. 바울이 치는 것은 다른 상대가 아니다. 오히려 자신의 몸을 구체적 대상으로 삼아 이렇게 (은유적으로) 치고 있다. 그렇게 하는 목적은 그의 몸을 스스로의 종으로 삼아 복음을 위한 자신의 삶의 목표를 잘 섬길 수 있도록 하기 위함이다. 물론 바울이 여기서 몸을 실제로 그렇게 때리는 식의 금욕적 자세를 표방하는 것은 아니다. 몸을 포함하여 그 자신이 전적으로 무엇을 위하여 살아야 할 것인지에 대한 훈련과 헌신의 자세를 이런 은유적 표현들을 통해 나타내는 것이다.

바울이 이와 같은 철저한 자기 훈련을 하는 이유는 그 자신이 버리운 자(아도키모스)가 되는 것을 원치 않기 때문이다. 버리운 자가 된다는 것은 구원에서 떨어진다는 것을 의미하지는 않는다.[16] 3장 14~15절에서도 말하는 것처럼 기껏 사역하고서도 그 공력이 불타고 만다면 하나님 앞에서 상을 받는 데 무자격자 또는 탈락자가 되고 말 것이다. 인간의 보상을 바라고 하는 모든 사역은 결국 이와 같은 결과를 맞고 만다. 그러나 복음의 우선권을 위해 자신을 철저히 죽이며 사역하는 자는 복음의 열매를 풍성히 남길 뿐만 아니라 하나님의 상을 기대할 수 있는 것이다.

오늘에의 적용

바울이 고린도전서 8~9장 속에서 말하는 내용들을 요약해 보면 이런 몇 가지의 원리들로 정리될 수 있을 것이다. 나의 권리보다 더 우선적인 것은 예수 그리스도의 복음이다. 내가 누리는 음식의 권리보다 더 소중한 것은 그리스도께서 위하여 죽으신 나의 형제, 자매다. 복음은 우리의 삶의 모든 필요나 추구보다 더 우선적인 필요를 우리에게 부여한다. 다른 필요들이 이에 앞서는 것을 막기 위해 우리는 항상 스스로를 주님의 부름 앞에 쳐서 복속시키는 삶을 살아야 한다.

우리가 이처럼 바울의 삶의 모습 속에서 그 목표와 우선권이 분명히 설정된 그리스도인의 삶의 모습을 본다면, 이것이 오늘의 우리에게 어떤 의미를 가지는가? 우리는 다음 몇 가지의 적용점들을 생각해 볼 수 있을 것이다.

첫 번째는 공동체 의식의 회복이 무엇보다 필요하다. 고린도교회가 그러했던 것처럼 오늘의 한국 교회 속에도 개인주의적 구원관이 팽배해 있다. 자신과 하나님의 관계만 생각할 뿐 근본적으로 그리스도인들이 공동체로 존재한다는 것을 너무 쉽게 망각한다. 우리 모두는 그리스도와 관계 속에서 그리스도인들 서로를 바라보는 새로운 시각을 가져야 한다. 서로를 그리스도께서 위하여 죽으신 존귀한 자들로 바라볼 수 있어야 한다. 이와 같은 새 관점(on-look)이 우리 속에 섬김과 사랑과 희생의 자세를 만들어 내는 것이다.

두 번째는 이 시대의 특징인 권리지상주의를 극복하는 일이 필요하다. 어느 시대보다 우리는 개개인의 권리에 민감한 시대 속에 살고 있다. 기본적으로 우리는 서로의 권리를 잘 존중하고 지켜줄 필요가 있다. 그러나 많은 경우에 권리는 사람들의 우상이 되기도 한다. 자신의 권리를 위해서는 물불을 가리지 않는 것이다.

문제는 이것이 교회 안에서조차 그러하다는 점이다. 최근 한국 교회 일각에서 일어나고 있는 심각한 교회 내분과 폭력 사태들은 한국 교회의 심각한 회개와 자성을 요구한다. 자신의 권리를 위해서는 교회 공동체도, 복음도 기꺼이 희생시킬 수 있다고 생각하는 사람들이 너무 많은 듯하다. 바울이 그리스도의 이름과 복음의 영광을 위하여 자신의 정당한 권리조차도 기꺼이 포기할 줄 알았던 그런 자세가 우리에게 어느 때보다 시급하다.

세 번째는 이 시대의 약한 자들에 대한 관심과 배려가 증가되어야만 한다. 예를 들어 내가 건강한 사람이라 하더라도 스스로를 장애인의 위치에 놓고 그들의 처지를 생각해 보는 자세가 필요하다. 당장 교회당 건물부터가 장애인들의 접근을 불허하고 있지는 않은가? 또 그들을 받아들인다고 하더라도 장애인 그리스도인들에 대한 교회의 인식이 여전히 시혜적 차원에 머물고 있지는 않은가?

우리가 교회 안의 '약한 자들'을 다수 가운데 소수라는 관점에서 볼 것이 아니라, 그 한 사람을 위해 자신의 전부를 버리신 예수 그리스도의 '소자 하나' 사상으로 바라보는 것이 필요하다. 그들의 요청이 있기까지 기다릴 것이 아니라, 바울처럼 자발적으로 그들의 자리에 자신을 낮추고 그 아픔을 함께 지는 자세가 필요하다.

06

타인을 위한
자유의 삶
고린도전서 10장의 주해와 적용

고린도전서 10장 1~13절은 믿음이 약한 형제를 고려해 우상에게 바쳐진 음식을 먹지 말라는 8장 1~13절의 권면을 보충하는 예증이다. 고린도전서 9장에서 바울은 말씀 사역자로서 사례비의 권리를 포기하고 스스로 일해 생활비를 마련한 자신의 모범을 통해 어떤 음식이든지 먹을 권리를 포기할 것을 권면한다. 10장 1~13절에서 불순종한 이스라엘이 광야에서 겪은 부정적인 실례를 통해 우상에게 바쳐진 음식을 먹지 말라는 권면을 강화한다. 10장 14절에서 22절까지 우상에게 바쳐진 음식을 먹는 것이 내포한 우상 숭배적 차원을 지적하면서, 그것을 피하라고 권한다. 이어 23절에서 11장 1절까지 바울은 우상에게 바쳐진 제물을 먹는 문제에 관한 권면을 다시 한 번 정리한다.

광야에서 이스라엘이 받은 심판(1~13절)

바울은 이스라엘 백성이 출애굽 후에 광야에서 경험한 사건들을 토대로 우상 숭배를 금하라고 권면한다. 바울은 광야 사건이 우리를 위한 교훈적 본보기로 일어났다고 본다(6, 11절). 이스라엘 백성은 우상의 제물을 먹고 마셨다(7절).

"아론이 그들의 손에서 그 고리를 받아 부어서 각도로 새겨 송아지 형상을 만드니 그들이 말하되 이스라엘아 이는 너희를 애굽 땅에서 인도하여 낸 너희 신이로다 하는지라 … 이튿날에 그들이 일찍이 일어나 번제를 드리며 화목제를 드리고 앉아서 먹고 마시며 일어나서 뛰놀더라"(출 32:4, 6).

하나님께서 이런 행위를 기뻐하시지 않으셨다(5절). 이런 예증을 통해 바울은 우상 숭배하지 말 것을 촉구한다(7절). 아울러 음행도 피하라고 한다(8절). 음행으로 인해 그들은 벌을 받았기 때문이다(8절, 민 25:1, 9 참조). 바울은 불평도 하지 말라고 한다(10절). 이스라엘 백성들이 불평하다가 광야에서 징계를 받았기 때문이다(10절).

우상의 제물을 먹은 이스라엘 백성들이 광야에서 멸망 받은 사실은 새 이스라엘인 그리스도인들도 우상의 제물을 먹을 경우에 하나님의 진노를 받을 수 있음을 암시한다. 세례를 받고 성찬을 받은 그리스도인들은 결코 하나님의 벌을 받지 않는다고 주장하는 사람들을 염두에 두고 바울은 1~4절에서 이스라엘도 홍해를 통과하는 세례를 받았고,[1] 반석에서 나오는 성찬을 받았지만, 불순종하다가 광야에서 징계를 받았다고 지적한다. 그러므로 세례를 받고 성찬을 받은 그리스도인들도 넘어질까 조심해야 한다(12절). 이스라엘이 넘어졌다면 새 이스라엘도 넘어질 우려가 있고, 이스라엘이 우상 숭배로 인해 징계를 받았다면 새 이스라엘도 우상 숭배를 함으로 징계를 받을 수 있기 때문이다.

이런 고린도인들에게 하나님 앞에서 두려움을 갖고 경건하게 살아가는 바울의 태도는 모든 그리스도인들의 좋은 본이 된다. "내가 내 몸을 쳐 복종하게 함은 내가 남에게 전파한 후에 자기가 도리어 버림이 될까 두려워함이로라"(고전 9:27). 바렛(C. K. Barrett)은 그리스도인들이 세례나 성찬 등 성례에 토대한 잘못된 구원의 확신을 갖는 것을 경계하면서, 오직 믿음(신실함)으로 살아야 한다고 잘 지적한 바 있다. "그리스도인들은 어떤 인간적 보장도 없이 순간순간 오직 믿음으로 살아가야 한다."[2]

인간의 어떤 수단도 구원을 보장할 수는 없다. 오직 하나님의 신실하심을 의지할 뿐이다.[3] 구원은 인간에게서 나오는 것이 아니라 하나님께 속한 것이다. 자신의 믿음으로 구원받았다는 것도 인간적인 교만이요, 하나님의 신실하심을 의지하지 않는 태도다. 우리는 오직 은혜로 구원을 받는다. 우리의 믿음도 결국 우리로 믿을 수 있게 하시는 신실하신 하나님의 은혜의 결과다.

바울은 이스라엘이 광야에서 실패했기 때문에 새 이스라엘도 실패할 수밖에 없다는 패배주의적 숙명론에도 동의하지 않는다. 하나님께서는 우리를 일부러 넘어뜨리고 벌하시는 분이 아니다. 하나님께서는 신실하시며, 우리가 능히 감당할 수 있는 시험을 주시므로(13절), 감당하지 못하고 책임을 하나님께 돌리며 핑계할 수 없다.

우상 숭배를 피하라(14~22절)

바울은 다시금 우상 숭배를 피하라고 강조한다(14절). 이런 권면을 위해 바울은 감사의 잔의 의미는 그리스도의 피에 참여하는 것이며, 떡을 떼는 의미는 그리스도의 몸에 참여하는 것임을 지적한다(16절). 그런데 광야에서 이스라엘의 예를 보면 그들은(우상에게 바쳐진) 제물을 먹고 그 제단에 참여했다(18절). 물론 바울은 우상의 실체가 없다는 것을 안다(19절). 그러나 이방 제단의 제물은 하나님이 아니라 마귀들에게 바쳐지는 것이며, 따라서 이방 신전의 제사에 참여하는 것은 마귀들과 영적으로 교제하는 의미를 갖는다(20절). 따라서 바울은 우상에게 제물을 바치는 제사는 우상 숭배로, 이런 제사에 참석해 제물을 먹지 말라고 권면한다. 우리가 주님의 식탁(성찬)과 마귀의 식탁에 동시에 참여할 수 없기 때문이다(21절). 이것은 주님의 시기를 불러일으키며, 우리가 주님을 대적할 수는 없기 때문이다(22절).

22절의 '그러면'에 해당하는 헬라어는 좀 더 정확하게 '만일 그렇게 하지 않겠다면'으로 번역될 수 있다. 이것은 앞에 나오는 권면(21절)을 따르지 않을 경우를 가정(假定)한다. 22절은 그런 가정의 결과가 어떠한지를 보여 줌으로써, 21절의 권면을 강화한다. 만일 성찬(주의 식탁)과 마귀의 식탁에 동시에 참여하지 말라는 바울의 권면을 듣지 않는다면, 그것은 둘 다 참여 하겠다는 뜻이 된다. 헬라 종교에서 사람들은 자유롭게 여러 신들의 제사 음식에 참여할 수 있었다.[4] 그러나 기독교에선 그렇지 않다. 성찬에 참여하 는 자가 이방 종교의 제사상에 참여하는 것은 다른 신을 섬기지 말라고 명 하신 주님의 시기를 불러일으키는 일이다.

우상의 제물에 관한 바울의 결론(10:23~11:1)

바울은 10장 23절에서 11장 1절까지 우상의 제물을 먹는 문제에 대해 결론을 내린다. 23절은 조심스럽게 번역해야 한다. "모든 것이 가하나 모든 것이 유익한 것이 아니요 모든 것이 가하나 모든 것이 덕을 세우는 것이 아 니니"(개역)는 오해 받기 쉬운 번역이다. 이것을 "너희는 '모든 것이 가하다' 고 주장하지만, 모든 것이 유익하지는 않다. 너희는 '모든 것이 가하다' 고 주장하는데, 모든 것이 덕을 세우지는 않는다"고 번역하는 것이 좋다.

23절에서 바울은 잘못된 견해를 인용한다. 그것은 바로 '모든 것이 허용 된다' 는 생각이다. 고린도교회에서 우상의 제물을 먹어도 된다고 주장하는 자들은 모든 것이 허용된다는 논리를 믿는 자들에게 폈던 듯하다. 바울은 이런 논리를 반박한다. "그러나 모든 것이 유익하지는 않다"(23절). "그러나 모든 것이 (교회를 위해) 건설적이지는 않다"(23절). 바울이 말하는 것은 허용 되는 모든 것을 행하는 '자유' 가 아니라, 교회에 건설적인 결과를 가져오는 '유익' 이다.

바울은 '자유' 보다 '유익' 을 추구하는 기본 원리를 좀 더 구체화한다. 유익도 여러 가지다. 즉 남의 유익도 있고 나의 유익도 있는데, 바울은 (사랑의 원리에 따라) 남의 유익을 추구하는 것을 신자의 행동 원리로 제시한다. "우리는 자신의 유익을 구하기보다 남의 유익을 구해야 한다"(24절). 이런 원리를 따라, 바울은 자유를 남용하지 말고 남의 유익을 위해 자유를 제한할 것을 촉구한다.

25절부터 바울은 자신의 권면을 어떻게 구체적이고 실제적으로 적용할 것인지 자세하게 설명한다.

1. 시장에서 파는 것은 묻지 말고 먹으라(25절). 우상에 바쳐진 후에 시장에서 파는 것이라고 해도 문제가 되지 않는다. 여기서 바울은 지식과 자유의 원리를 따른다. 그리고 시편 24편 1절을 근거로 제시한다. 철저한 유대인이라면 그가 먹을 수 있는 음식인지 조사했을 것이지만, 여기서 바울은 그런 유대주의와의 단절을 보여준다.[5]

2. 불신자가 식사 초대를 했을 경우에도 묻지 말고 먹으라(27절). 그 음식이 제사를 지낸 것인지 아닌지는 문제가 되지 않는다. 여기서 바울은 그리스도인들이 불신자와 식사 교제를 할 수 있음을 암시한다. 이것은 이방인과 식사를 하지 않았던 (바리새) 유대주의와의 단절을 보여준다.

3. 하지만 이런 자유가 제한돼야 하는 경우가 있다. 그것은 위와 같이 불신자의 집에 초대받아 갔을 때, 누군가가 "이것은 제물로 바쳐진 것이다"라고 말하는 경우다(28절). 그때 그런 말을 한 사람과 다른 사람들의 양심(감정)[6]을 위해 먹지 말아야 한다(29절). 여기서 바울은 타인의 유익에 따라 행동하는 원리를 적용한다.

바울의 권면에서 염두에 두는 것은 남이 (그가 누구든) 걸려 넘어지게 하지 말라는 점이다(32절). 바울은 자신이 제시하는 원리 즉 타인을 기쁘게 하고, 많은 사람들의 유익을 구해 결국 그들로 하여금 구원 받게 하고자 하는 원리를 몸소 실천하려고 노력한다(33절). 바울은 이런 자신의 모범을 따르라고 촉구한다(11:1). 그런데 바울의 모범은 바로 모든 사람의 유익을 위해 자신의 몸을 내어준 그리스도의 모범을 따르는 행동일 뿐이다(11:1). 이처럼 바울이 제시하는 삶의 방식은 그리스도를 본받아 사는 제자도를 기초로 한다.

"나를 본받으라"는 바울의 권면은 9장을 통해 좀 더 구체적으로 이해될 수 있다. 9장에서 바울은 자신이 복음을 전하는 사람들에게 주님께서 주신 권리 즉 복음으로 말미암아 생활할 수 있는 권리(9:14)를 포기했음을 지적한다(9:18). 이런 권리 포기의 삶이 바로 우상 제물 문제에 대한 해결책으로 제시된다. 지식이 있는 자들은 지식이 없는 자들과 믿음이 약한 자들을 위해 우상 제물을 먹을 수 있는 권리를 포기할 줄 알아야 한다. 이것이 바로 그리스도를 본받고 바울을 본받는 길이다.[7]

"나를 본받으라"는 권면은 4장 16절에도 등장하는데,[8] 이 권면은 교회의 분열을 해결하는 방법이었다. 바울처럼, "후욕을 당한즉 축복하고 핍박을 당한즉 참고 비방을 당한즉 권면하"면(4:12~13) 서로 나뉘어 상대방을 비방하는 잘못을 범하지 않을 것이기 때문이다. 이처럼 "나를 본받으라"는 권면은 바울이 고린도교회의 문제를 해결하는 근원적 해결책이었다. 바른 제자도야말로 모든 교회 문제의 해결책이었다.

적용

본문은 한국에서 제사 음식을 먹어도 되는가 하는 문제와 관련해 적용할 수 있다. 바울의 적용을 그대로 따르면 본문은 다음과 같이 유용될 수 있다.

1. 시장에서 파는 것은 묻지 말고 먹으라(25절). 제사를 지낸 후에 시장에서 파는 것이라고 해도 문제가 되지 않는다(그러나 한국에서 제사를 지낸 후에 시장에서 파는 음식은 사실상 없을 것이다).

2. 불신자가 식사 초대를 했을 경우에도 묻지 말고 먹으라(27절). 그 음식이 제사를 지낸 것인지 아닌지는 문제가 되지 않는다.

3. 그러나 이런 자유가 제한돼야 하는 경우가 있다. 바로 누군가가 "이것은 제물로 바쳐진 음식이다"라고 말할 때다(28절). 그때 그렇게 말한 사람과 다른 사람들의 양심을 위해 먹지 말아야 한다(29절).

한국의 제사는 헬라 신전에서 행해진 잡스런 제사와 많이 다른 고상한 것으로 볼 수 있고, 조상을 존경하는 예식이라고 해석할 여지가 있다. 그러나 제사상을 차리는 것은 조상의 영에게 음식을 대접하는 의미를 내포하는 만큼 제사에 함께 참여해 절하거나, 제단 앞에서 그 음식을 먹는 것은 조상의 영과 교제하는 차원을 갖는다. 바울에 따르면, 이는 오직 주님을 섬기는 자의 태도가 아니다(21절). 비록 조상의 영이라 해도 귀신과 교제하는 상에 참예해 우상 숭배를 범하지 말아야 한다.

그러나 제사 의례와 관계없이 불신자의 식사 초대를 받았을 경우, 식탁에 놓인 것이 혹시 제사상에 올려졌던 음식인지 아닌지 물을 필요는 없다. 그것은 묻지 않고 먹어도 된다. 혹시 제사상에 올려졌던 음식이 나올지라도, 제사상에 올려졌던 것이라고 말하며 의미를 부여하지 않는 이상 단지 음식에 불과하기 때문에 미리 물을 필요는 없다. 그러나 이런 경우라도 누군가가 제사 음식이라고 알려준다면 먹지 말아야 한다(28절). 믿음이 약한 형제 자매가 시험에 들 수 있으며, 불신자들이 비웃을 수도 있기 때문이다.

맺는 말

바울이 권하는 삶의 방식은 지식을 따라 자유롭게 행하는 것이 아니라, 복음 전파를 위해 자신의 자유와 권리를 포기하며 사랑을 따라 행하는 것이다. 이런 바울의 삶의 방식은 교회의 건설에 유익하고, 선교에 효과적이었다. 바울은 유대인들과 이방인들을 구원받게 하는 사역 즉 선교를 위해 자신의 권리와 유익과 자유를 포기하는 성숙한 신앙인의 모습을 보여줬다. 이것은 바로 하나님의 아들로서의 권리를 포기하고 고난받는 종의 길을 가시며 인류를 구원하신 예수님을 본받는 삶의 모습이었다. 바울은 자신이 예수님의 모범을 따르듯이, 자신을 본받으라고 권면한다. 기독교인들이 십자가의 도를 따르는 것은 삶의 기본 원리일 뿐 아니라 우상 제물과 관련된 문제 해결의 궁극적인 대책이기도 하다.

07

성만찬 음식과 신자의 자유

고린도전서 11장의 주해와 적용

고린도는 신약성경 시대에 그리스 반도의 해상 교통의 요지에 있었고 동쪽과 서쪽 항구들을 가진 도시로서 상업과 무역이 번창했다. 세계 각처에서 생업을 찾아 많은 사람이 몰려왔기 때문에 여러 가지 사회적인 문제점들을 많이 안고 있었다. 사회의 구성원들 중에는 노예와 하층 계층의 사람들이 많았고 빈부의 격차가 심했다. 도시는 성적으로도 문란하였다. 그곳의 종교는 여러 민족과 다양한 사회 구성원으로 인해 그리스와 로마의 혼합주의적인 모습을 가지고 있었다.[1] 그리고 고린도 지역은 이러한 다양한 사회 계층과 종교적인 양상으로 윤리적인 문제점들도 많이 나타났다. 고린도전서 11장은 이러한 고린도 지역의 다양한 특성 아래서 이해해야 할 것이다.

그리스도인의 자유(고전 11:1)

고린도전서 11장 1절은 2절부터 16절에서 다루는 '예배에서 여자의 머리에 쓰는 수건에 대한 문제'를 다루는 단락과 함께 묶는 것이 자연스럽지 않다. 그것보다는 10장 23절부터 11장 1절까지 내려오는 단락에서 다루는 '그리스도인들은 하나님의 영광을 위하여 자신에게 있는 자유를 사용할 것'에 대해 교훈하는 단락에 속한 부분으로 보는 것이 자연스러워 보인다.

이 문제를 다루기 전에 그리스도인의 자유(自由)에 관한 문제가 나오게 된 배경을 살펴보기 위해 그 앞에 전개된 내용들을 개관하는 것이 필요할 것 같다.

바울은 고린도교회 안에 나타난 분파에 대하여(1:10~4:21), 교회 안에 존재하는 부도덕(5:1~6:20)함에 대해 말한다. 여기서 바울은 성도들이 자신의 몸으로 하나님께 영화롭게 해야 함을 말하면서(6:12~20), 성도의 몸은 "성령의 전"이라고 한다. 그 후에 바울은 7장 1절부터 11장 1절에서 성도의 일상적인 삶에 대해 교훈한다. 이 중에서 8장 1절부터 11장 1절은 그리스도인들이 우상(偶像) 앞에 바쳤다가 시장에 내다 파는 고기를 먹을 것인가 말 것인가에 대해 말한다. 이 부분은 그리스도인들의 건덕(健德)의 문제요 그리스도인들의 자유(自由)의 문제다. 신약 성경 시대의 고린도는 이방신을 섬기는 신전(神殿)에서 물려온 제물을 고린도교회의 교인들이 사다 먹었다. 이러한 문제 앞에서 그리스도인들은 다른 사람의 양심을 위해서 자신의 자유를 사용할 것에 대해 교훈한다. 그 자유는 하나님의 영광을 위하는 것이다(10:31).

이렇게 바울은 그리스도인의 자유를 다른 사람의 건덕의 문제와 관련을 시킨(10:28~29) 후에 하나님의 영광에까지(10:31) 확대한다. 그러면서 바울은 자신은 어떻게 자신의 자유를 사용하는지 밝힌다. 자기는 자신의 유익을 구하는 것이 아니라 많은 사람들의 유익을 구하므로써 모든 사람을 기쁘게 한다(10:33)는 것을 말한다.

그 다음에 11장 1절에서 "내가 그리스도를 본받는 자 된 것같이 너희는 나를 본받는 자 되라"고 명령한다. 바울이 여기서 "나를 본받는 자가 되라"고 명령하는데 그가 철저하게 그리스도의 종으로서(롬 1:1) 그리스도를 본받고 있음을 알 수 있다. 예수 그리스도는 철저하게 낮아져 하나님께 죽기까지 복종했다(빌 2:5~11). 바울은 그리스도의 종으로 그리스도의 겸손을 본받고자 했고, 고린도 교인들에게도 그리스도를 본받고 살아가는 자기를 본받으라고 명한다.

이렇게 바울은 자신은 단순히 말씀을 가르치고 선포하는 자로 국한 하는 것이 아니라 말씀을 몸소 실천한 사도임을 명백히 밝히고 있다.

예배 때 여자의 머리에 쓰는 수건에 대하여(고전 11:2~16)

고린도전서 10장 23절부터 11장 1절까지 그리스도인의 자유에 대해서 말한 후 2절에서 바울은 지금까지의 비판적인 태도와는 다르게, 교린도 교인들이 바울 자신을 기억하고 바울이 전해 준 전통을 지금까지 잘 지키고 있는 것을 칭찬한다. 이렇게 바울은 고린도 교인들을 칭찬한 후에 3절에서 또 다른 문제를 제기한다. 3절부터 16절까지는 예배에서 여자의 머리에 쓰는 수건에 관한 문제다. 바울은 3절에서 "나는 너희가 알기를 원한다"는 기대와 함께 중심 주제를 말한다. 중심 주제는 "세 종류의 관계성"인데, "남자와 그리스도의 관계, 여자와 남자의 관계, 그리스도와 하나님의 관계" 다.[2]

바울은 3절부터 16절까지 예배드릴 때 남자는 수건을 쓰지 않고 기도나 예언을 하는데 비해 여자는 수건을 쓰고 해야 된다는 것을 말한다. 예레미아스(J. Jeremias)에 따르면 유다 여자들은 공적으로 늘 머리에 수건을 쓰고 다녔다.[3] "각 남자의 머리는 그리스도요 여자의 머리는 남자요 그리스도의 머리는 하나님이시라"는 말로 바울은 예배에서 여성의 위치를 인간 창조의 관점에서 말한다.

여기서 머리라는 말의 의미는 무엇인가? 머리(케팔레)는 "우두머리", "출처", "지배" 또는 "근원"을 의미한다(참조 삼하 22:44; 사 7:8~9). 바울은 여기서 머리라는 말을 비유적으로 사용하면서 창조기사에 근거하여 남자와 여자의 관계와 질서를 말한다. 창세기 2장 18~23절에 따르면 여자는 남자보다 늦게 창조되고 남자를 돕는 배필로서 묘사된다. 이 창조 기사를 배경으로 하여 바울은 여자를 남자의 머리라고 이해한다(11:3). 이러한 이해는 신약

성경 시대의 유대주의가 일반적으로 가지고 있는 이해다.

신약 성경 시대의 사람인 요세푸스는 아피온 반박문에서 "여자는 모든 면에서 남자보다 열등하다"(Contra Apionem 2,201)고 말한다. 유대의 18 기도 문에 의하면 유대교에 속한 남자들은 여자와 종과 이방인으로 태어나지 않은 것을 감사하는 기도를 매일 드렸다. 바울의 견해는 이러한 유대주의적인 입장을 수용함과 동시에 그리스도적인 관점에서 수정하고 있음을 드러낸다.

3절에서 관계적인 개념으로 말한 후 4~6절에서 예배에서 남자와 여자가 어떠한 모습을 갖추어야할 지에 관해 말한다. 그것은 예배에서 수건을 써야할 지에 관한 진술이다. 기도나 예언을 할 때 남자는 수건을 쓰지 않고 하지만 여자는 수건을 쓰고 해야 한다는 것이다. 여기서 말하는 "기도나 예언"은 공중 예배에서 하는 기도나 예언으로 보인다. 여기서 문제가 되는 것은 여자가 "기도나 예언"을 할 때 머리에 수건을 쓰는 문제다. 여자가 "기도나 예언"을 할 때 머리에 수건을 쓰지 않으면 그 머리를 욕되게 하는 것이라고 한다(11:5).

그러므로 여자가 머리를 수건으로 가리기 싫어하면 머리를 깎을 것이라고 한다(11:6). 그러나 남자는 머리에 무엇을 쓰고 기도나 예언을 해서는 안된다고 한다. 이러한 표현은 신약 성경 시대의 고대 동방 세계나 유대교의 문화와 깊은 관련이 있다. 초기 유대교적인 이해에서 여성이 남자에게 자기의 머리를 노출시키는 것은 수치스러운 일이고 남편에게 이혼 사유로 작용했다.[4] 바울은 여기서 당시 유대교의 관습을 수용한 듯하다. 바울은 공중 예배에서 남자와 여자의 외적인 차이를 인정하고 그것을 통해 창조의 질서가 유지될 것을 말한다.

11장 7절에 나오는 "남자는 하나님의 형상과 영광"이라고 하는 말은 시편 8편 5절부터 6절의 "저를 천사보다 조금 못하게 하시고 영화와 존귀로 관을 씌우셨나이다"는 싯구와 연관된다(참조 지혜서 7:25f.). 그리고 사람이 하나님의 형상으로 창조되었다는 창세기 1장 27절 위에서 사람을 이해한다.[5]

11장 7절에서 "하나님의 영광"(독사 테우)이란 말은 종말론적인 하나님의 영광으로 보인다.[6] 그런데 "여자는 남자의 영광"(독사 안드로스)이라고 언급된다.[7] 이러한 언급은 창조론적인 관점에 서 있다. 그리고 8절부터 9절에서도 창조 원리에서 남자가 여자보다 먼저 창조되고 우위에 있다는 것을 나타낸다. 이러한 언급은 당시 유대교적인 이해를 반영한다.

그러나 바울은 아울러 당시 유대교적인 이해에 머무르지 않고 그 범위를 벗어난다. "그러나 주 안에는 남자 없이 여자만 있지 않고 여자 없이 남자만 있지 아니하니라 여자가 남자에게서 난 것 같이 남자도 여자로 말미암아 났으나 모든 것이 하나님에게서 났느니라"(11:11~12). 이 구절은 남자와 여자가 동등함을 말한다. 이러한 언급을 통해 바울은 공중 예배 때 수건을 쓰는 문제를 당시의 사회적인 질서를 수용하면서도 그 근본에 있는 남자나 여자 모두 하나님 앞에서 동등한 존재로서의 위치를 말한다. 김지철은 이 문제에서 그리스도 안에서의 존재로서 남자와 여자를 동등한 위치에 둠으로써 바른 방향을 제시한다. "예수 그리스도 안에 있으면 남자와 여자는 온전한 동등성을 지니며, 창조 질서에 따른 그러한 역할 분담의 의미는 더 이상 중요하지 않게 된다."[8]

고린도전서의 이러한 언급은 "남자나 여자나 다 그리스도 안에서 하나"라고 선포하는 갈라디아서 3장 28절과 같은 맥락에서 이해된다. 바울은 창조 신학의 전승을 존중한다. 그러나 동시에 그리스도 안에서 창조 신학에 언급되는 남자와 여자의 불일치가 극복됨을 말하고 있다.[9] 남자와 여자, 종이나 자유자나 모두가 그리스도 안에서 한 몸을 이루고 모두가 함께 한 몸 된 지체들이다.

고대 사회에서 여자가 머리에 수건을 쓰는 것은 그 당시의 관습으로 이해해야 할 것이다. 수건을 머리에 씀으로써 여자는 자기의 고귀한 위치를 지키고 다른 사람에게 예의를 갖추는 것이 되었다. 그 시대 상황에 맞게 하나님의 종들을 통해 주신 이러한 말씀들을 해석하고 그것을 바르게 이해하는 것이 필요하다. 중요한 것은 이런 문제들을 그리스도의 몸이란 관점에

서 기독론적인 이해가 필요하다.[10]

왜냐하면 이런 언급은 창조 사역과 구속 사역에서 그리스도의 위치를 나타내고 있기 때문이다. 그리스도는 창조 사역에 동참했고(골 1:16, 참조 요 1:2~3), 그의 수난과 부활을 통해 구원 사역을 완수했다.

잘못된 만찬에 대한 교훈(11:17~22)

바울 서신 중에서 성만찬에 관해서는 고린도전서 11장에서만 언급된다. 그런데 고린도전서에 나오는 성만찬에 대한 이 기사 앞부분에 신약 시대의 그리스-로마 사회에서 일반적으로 행해지는 식사와 관련되는 본문(11:17~22) 뒤에 성만찬에 대한 기사가 나온다.

고린도전서 11장 17절부터 22절에는 당시 사회적인 상황과 맞물려 있는 교회적인 문제를 말한다. 교회 내에서 베풀어지는 만찬이 부자와 가난한 자에게 차별을 가져오고 그것이 분쟁의 씨앗이 되는 사회적인 현상을 보며 바울은 교회적이고 실천적인 측면에서 교훈한다(11:17~22). 17절부터 바울은 고린도 교인들의 분쟁에 대해 꾸짖고 있다.

이 단락에서는 앞서 나오는 단락(11:2~16)보다 더 어려운 문제를 보여준다. 그것은 주의 만찬에 대한 오해에서 일어난 문제였다. 주의 만찬을 위해 모인 교인들 중에 먼저 온 일부 부유한 자들은 각각 자기가 가져온 음식을 먹고 마시므로 그들은 배부르고 취하기까지 한다. 하지만 가난한 사람들은 가져온 것이 없으므로 주의 만찬을 베풀 것이 없어 부끄럽게 되는 문제점이 나타났다(11:21~22).

11장 20절에 따르면 고린도교회에 나타난 이러한 분쟁은 파당적인 모습을 띄고 있다. 하나 되어야 할 교회가 분쟁으로 하나 되지 못함에 대해 바울은 말한다. 11장 21절의 "자기의 만찬"(이디온 데이프논)과 23~26절에서 나타나는 "주의 만찬"(20절: 퀴리아콘 데이프논)과는 엄연한 차이가 있다. 주의 만찬은 그리스도 안에서 하나 되는 것을 경험하게 하는 예식으로 이것을 통해 인간적인 차별의 벽이 허물어져야 한다. 그런데 먼저 교회에 도착한 고린도교회의 부유한 사람들은 가난한 사람들이 늦게 도착하는 것[1]을 기다리지 못하고 먼저 자기들의 만찬에 취하지만, 늦게 온 가난한 사람들은 먹을 것이 없어 배고프게 되었다. 고린도교회의 이러한 불합리한 모습에 대해 바울은 단호히 비판한다.

그래서 그러한 일은 "교회를 업신여기고 빈궁한 자들을 부끄럽게 하는 것"(11:22)이라고 분명하게 말한다. 이러한 행위는 주님의 만찬의 의미와는 다른 것이다. 이러한 배경 속에서 바울은 11장 23절부터 26절에서 올바른 "주의 만찬"의 의미를 말한다.

주의 만찬(11:23~26)

'성찬'에 대해 신약성경은 '빵을 뗌'(행 2:42, 46; 20:7, 11) 또는 '주의 만찬'(고전 11:20), '주의 식탁'(고전 10:21) 등으로 말한다. 주의 만찬을 전하는 신약성경은 고린도전서 11장 23~26절과 아울러 마태복음 26장 26~29절, 마가복음 14장 22~25절 그리고 누가복음 22장 14~20절인데, 기술하는 것이 조금씩 차이가 나지만 근본적인 의미에서는 같다. 마태복음의 본문과 마가복음의 본문은 많이 유사하다. 고린도전서 11장 23~26절은 마가복음의 본문과는 여러 가지 면에서 차이가 있다. 고린도전서 본문은 누가복음 본문과 같은 맥락에 서 있다. 마가복음의 본문과 마태복음의 본문은 떡과 몸, 그리고 잔과 "언약의 피"가 평행을 이루는 반면, 바울서신과 누가복음 본문에는 떡과 몸, 그리고 잔이 "새 언약"과 평행을 이룬다.

학자들은 신약성경의 성만찬에 관한 본문 중에서 고린도전서 11장 23~26절이 대체적으로 가장 오래된 본문일 것으로 추측한다. 바울은 주의 만찬에 대한 본문을 말하기 전에 11장 17절부터 22절에서 고린도교회의 잘못된 만찬을 지적한 후에 22절부터 26절에서 주의 만찬을 말한다. 바울은 23절에서 자기가 전하는 주의 만찬 전승이 주님께 받은 것이라고 말한다. 이 구절에서 "받다"(파라람바노)와 "전하다"(파라디도미)라는 동사가 평행을 이루는데 이 동사는 전승을 나타내는 전문적인 말로 나타난다.[12]

바울은 "주께 받은 것"이라는 진술을 함으로써 자기가 전하는 주의 만찬 기사를 보증한다. 주의 만찬 전승의 근원은 예수 그리스도라는 것이다. 23절은 주의 만찬이 예수의 수난에 기원하고 있음을 분명히 한다. "주 예수께서 잡히시던 밤"은 바로 제자들과 함께 만찬을 나누던 그 밤(마 26:26~29, 막 14:22~25; 눅 22:14~20)이다. 11장 23c절부터 25절까지 동작의 주격은 예수 그리스도다.

예수는 떡 – 말이 끝났을 때와 잔 – 말이 끝났을 때 "나를 기념하라"는 말을 덧붙인다. 잔 – 말이 마가의 본문에는 선언적으로 예수의 피 흘림의 구속적인 의미를 나타낸다. "또 잔을 가지사 사례하시고 저희에게 주시니 다 이를 마시매 가라사대 이것은 많은 사람을 위하여 흘리는 바 나의 피 곧 언약의 피니라"(막 14:23~24). 바울은 마가의 본문과는 다르게 누가의 본문과 유사한 형태로 피를 "새 언약"과 관련 짓고, "마실 때마다"란 말과 "이것을 행하여 나를 기념하라"는 말을 덧붙인다. 누가와 바울이 주의 만찬의 잔–말에 사용하는 "새 언약"이란 말은 예수의 피가 인간의 죄를 해결하고 하나님의 새롭게 하심의 구원론적인 토대가 됨을 분명히 하고 있다. 그리스도인은 성찬에 참여함으로 주와 새 언약을 맺게 되는 것이고 그리스도의 몸인 "언약의 공동체"의 일원이 되는 것이다.[13]

예수는 잔 – 말에서 잔을 마실 때마다 자신을 기억하라고 말한다. 이 말은 주의 만찬을 반복하라는 명령이기도 하다. 주의 만찬에서 성찬을 통해 현존하게 되는 주님의 구원의 의미를 새롭게 하게 되는 것이다. 그런데 그 반복은 주가 다시 오시는 그날까지다. 그렇게 주가 인간을 위해 죽으심을 그가 다시 올 때까지 전하므로 '종말론적인 완성'을 대망하는 것이다. 주의 만찬에 참여함으로 지금 시간 속에서 종말에 완성될 하나님의 구원을 경험하는 것이다.

주의 만찬의 실제적인 적용(11:27~34)

바울은 이제 11장 27절부터 34절에서 주의 만찬에 대한 전승을 고린도 교회에 대입하여 교훈한다. 바울은 27절에서 떡을 먹고 잔을 마신다는 표현 뒤에 "주의 몸과 피를 범하는 죄가 있다"는 언급을 한다. 이 언급은 예수의 죽음을 의미하는 것이고, 이 언급을 통해 "주의 몸"과 "주의 피"는 "우리를 위한 것"으로 이해 된다.[14] 고린도 교인들은 주의 만찬을 받기 위해 모였다가 분변하지 못하고 부자는 너무 풍족히 먹고 마시게 되어 취하기까지 한다. 하지만 가난한 자는 먹을 것이 없는 상황에 대해 그렇게 분변치 못하고 먹고 마시는 것은 바로 "주의 몸과 피에 대하여 죄를 짓는 것"이라고 분명히 한다. 주의 만찬은 분명히 그리스도의 몸과 피가 죄인을 위해 주신 것임을 알아 그것을 기념하고 주의 죽음의 구원적인 의미를 새겨야 할 것을 분명히 하고자 한다.

성만찬을 오용하는 사람은 공동체 구성원들 간에 분열의 씨앗을 뿌리고 "주의 몸과 피"를 먹고 마시는 죄를 범하는 것이다. 여기서 죄를 짓는다는 의미는 "주께서 몸과 피로 약속하신 구원의 업적을 무너뜨리는 것을 의미한다".[15] 그러므로 바울은 이 단락에서 자신이 교훈하는 주의 만찬에 대한 교훈은 고린도교회 공동체가 심판의 모임이 되지 않도록 하기 위함이라고 밝히고 있다.

08

신령한 은사들과 사랑

고린도전서 12~13장의 주해와 적용

고린도전서 12~14장은 '신령한 은사들'에 대해 말한다. 특히 방언에 대해 많은 관심을 갖고 설명한다. 13장은 이런 맥락에서 '사랑'에 대해 말한다. 곧 신령한 은사들과의 관계 속에서 사랑의 중요성과 특성을 말한다. 이런 점에서 13장은 12장과 14장 사이에 나오는 하나의 막간극(intermezzo)이라 할 수 있다.

하나님의 영으로 말하는 자(12:1~3)

12장은 "형제들아 신령한 것에 대하여는 내가 너희의 알지 못하기를 원치 아니하노니"라고 시작한다. 이로써 바울은 11장의 성찬(聖餐)에 관한 논의에 이어 새로운 주제를 다루고 있음을 나타낸다. '신령한 것들'이란 성령에 의해 주어지고 유지되는 은사(恩賜)들을 가리킨다. 이 은사들은 여러 종류가 있으며, 한 성령님께서 그분의 기쁘신 뜻을 따라 각 사람들에게 나눠주신다. 이에 대해 4절 이하에서 말하며, 여기서 우선 성령님의 역사에 의해 고린도 교인들이 어떻게 되었는지 먼저 말한다. 즉 전에 그들이 말 못하는 우상이 끄는 대로 끌려갔다고 한다(2절). 이것은 그들이 이방인으로 있을 때 곧 성령을 받지 못했을 때의 모습을 말한다.

그래서 바울은 그들에게 예수님을 믿고 주로 고백하게 된 것은 성령님에 의해서라고 말한다. "그러므로 내가 너희에게 알게 하노니 하나님의 영으로 말하는 자는 누구든지 예수를 저주할 자라 하지 않고 또 성령으로 아니하고는 누구든지 예수를 주시라 할 수 없느니라"(3절). 여기서 '하나님의 영으로 말하는 것'이란 방언으로 말하는 것을 포함해 모든 그리스도인들의 일상적인 말을 전부 포함한다고 볼 수 있다. 단지 방언만으로 제한할 필요는 없다고 본다. 왜냐하면 이어서 나오는 말들이 매우 일반적인 사항이기 때문이다.

그리고 '저주'란 말의 원어 '아나떼마'는 원래 신(들) 앞에 쌓아둔 것 곧 제물을 의미한다. 그런데 신들 앞에 바쳐진 것은 헌물(獻物)이라는 의미도 되었지만, 저주받은 것이라는 의미도 되었다. 그래서 '아나떼마'는 나중에 저주의 경우에 사용되는 말이 되었다.[1] 곧 하나님의 영으로 말하는 자는 결코 예수님을 '저주 받았다'라고 말할 수 없다는 것이다. 이에 대해 다음과 같은 설명이 가능하다. 고린도교회의 성도들은 방언으로 말하는 사람들이 혹시 잘못된 것을 말하지나 않을까 염려했을 것이다.

그러나 사도 바울은 성령으로 말하는 자가 결코 예수님을 저주할 자라고 말할 수 없다고 하면서 그들을 안심시키고 있다.[2] 방언을 하든지 예언을 하든지, 또는 다른 무슨 은사들을 받았든지 간에 하나님의 영으로 말하는 사람은 결코 예수님을 저주할 자로 말할 수 없다는 것이다. 달리 말해, 예수님을 저주할 자라고 말하는 사람은 아무리 은사를 받았다고 주장하더라도 하나님의 영을 받은 사람은 아니라는 것이다.

나아가 이 말은 예수님을 주님이라고 시인하는 사람은 누구나 성령을 받은 사람이라는 사실을 나타낸다(참조 롬 8:9). 왜냐하면 성령으로 아니하고선 예수님을 알 수도 없고 주님이라고 고백할 수도 없기 때문이다. 따라서 이 구절은 그리스도인들 중에 특별한 사람들만 성령을 받았다고 주장하는 사람들에 대한 반대 구절로서도 중요하다.

성령의 은사들(12:4~11)

그러고 나서 바울은 여러 종류의 은사들에 대해 말한다(4~11절). 여기서 바울이 말하려는 핵심은 "은사는 여러 가지나 성령은 같다"는 것이다(4절). 즉 은사의 '다양성'과 성령님의 '동일성'을 말한다. 이어서 "직임(職任)은 여러 가지나 주는 같다"고 말한다(5절). 여기서 '직임'(디아코니아)이란 봉사를 말한다. 곧 교회에서 여러 가지로 하나님을 섬기는 봉사를 의미한다. 그리고 "또 역사(役事)는 여러 가지나 모든 것을 모든 사람 가운데서 역사하시는 하나님은 같으니"라고 말한다(6절). 여기서 '역사'(에네르게마)란 하나님께서 행하시는 모든 종류의 역사들과 능력들을 가리킨다. 이것은 꼭 특별한 역사들만이 아니라 인간의 삶에서 역사하시는 일반적인 사역들까지 포함하는 넓은 개념으로 봐야 한다.[3] 그런데 여기서 주목해야 할 것은, 사도 바울이 은사와 직임과 역사를 각각 삼위 하나님께 돌리고 있다는 사실이다(4~6절). 곧 은사는 성령님께, 직임은 주님(성자)께, 역사는 하나님께 돌리고 있다.

그리고 바울은 '은사'에 대해 다시 집중한다. "각 사람에게 성령의 나타남을 주심은 유익하게 하려 하심이라"(7절). 성령님은 각 사람에게 나타나신다. 곧 각자에게 그 형편에 따라 성령님의 나타남 곧 은사를 주신다. 그리고 그 목적은 '유익하게 하려 하심'이다. 이것은 바울이 고린도교회에 강조하려는 바다. 즉 각 성도에게 성령님의 은사를 주시는 것은 자신의 유익을 위해서가 아니라 교회의 유익을 위해서 사용하라는 것이다(고전 10:23, 24, 14:26).

이어서 바울은 구체적으로 성령님의 은사 몇 가지를 언급한다(8~10절). 여기서 아홉 가지 은사가 열거돼 있으나, 이것은 성령님의 은사가 꼭 아홉 개뿐이라는 의미는 아니다. 성령님의 은사는 그 외에 더 많이 있지만(참조 롬 12:6~8) 여기서 대표적인 아홉 개만 소개하고 있을 따름이다.[4]

1. 지혜의 말씀

가장 먼저 나오는 은사는 '지혜의 말씀'이다. 여기서 말하는 '지혜'(소피아)는 성령님께서 주시는 은사로서의 지혜이며 세상의 지혜와 구별된다. 곧 그리스도의 비밀을 깨닫게 하고 십자가의 도리를 알게 하는 하나님의 지혜이다. 따라서 이것은 성령님으로 깨우치는 영적 지혜이며, 그리스도의 복음을 아는 신령한 지혜이다. 물론 모든 그리스도인들은 기본적으로 이런 지혜를 소유하고 있음이 틀림없다. 하지만 여기서 '어떤 이들'에게 주어지는 '지혜'는 그런 것들보다 더 깊이 있는 특별한 지혜이다.

그리고 단순히 '지혜'라고 하지 않고 '지혜의 말씀'이라고 한 것은, 이 지혜가 교회에서 사용돼야 하는 것임을 말해 준다. 즉 성령님께서 어떤 사람에게 특별하고 신령한 지혜를 주실 때 그것은 혼자 갖고 있으라고 주시는 게 아니라, 사람들에게 복음을 전하고 가르치는 데 사용하라고 주신 것이다. 따라서 설교자와 복음 전도자에게 이런 은사는 필수적이라 할 수 있다.

2. 지식의 말씀

둘째는 '지식의 말씀'이다. 이것은 '지혜의 말씀'과 유사하지만 엄밀히 말해 구별된다. 여기서 말하는 '지식'(그노시스)은 단지 인간의 노력으로 획득하는 지식을 뜻하지 않는다. '은사'로서의 지식에 대해 말하고 있다. 따라서 이것은 성령님의 조명과 감동으로 하나님의 말씀을 깊게 이해하고 깨우치는 것이라 할 수 있다. 따라서 '지식의 말씀'은 성경에 대한 깊이 있는 이해와 그 설명 능력을 가리킨다. 이것은 특히 '교사'의 직분(고전 12:28)과 관계된 은사다. 바울과 아볼로는 '지식의 말씀'에 대한 은사가 특별했던 사람들이다. 고대 교회의 교부들과 종교 개혁 시대의 개혁가들도 이런 은사를 많이 받은 사람들이다.

3. 믿음

셋째는 '믿음'이다. 이것은 구원에 이르는 믿음을 가리키는 게 아니다. 그런 믿음은 모든 그리스도인들이 가지고 있으며 특별히 소수의 사람들만 받는 은사라고 말할 수 없다. 따라서 여기서 말하는 '믿음'은 '산을 옮길 만한 믿음'(고전 13:2; 마 17:20)이라고 말할 때와 같이 특별한 능력을 행하는 믿음이라고 할 수 있다.

예수님께서 믿고 따르는 제자들을 향해 때로 "믿음이 적은 자들아"라고 책망하셨다(마 8:26). 이것은 비록 구원에 이르는 믿음을 갖고 있지만, 하나님의 능력을 온전히 신뢰하지 못하고 있는 제자들을 두고 말한 것이다. 하지만 예수님의 말씀을 전적으로 신뢰한 백부장에 대해선 "이스라엘 중 아무에게서도 이만한 믿음을 만나보지 못하였노라"(마 8:10)고 칭찬하셨다. 또 예수님께 나아와 은혜를 간구한 가나안 여인을 향해서도 "여자야 네 믿음이 크도다"(마 15:28)라고 칭찬하셨다. 따라서 우리는 믿음의 정도에 차이가 있으며 '큰 믿음'은 하나님께서 성령으로 말미암아 주시는 은사임을 알 수 있다.

4. 병 고치는 은사

'병 고치는 은사'도 '믿음'의 은사와 마찬가지로 하나님께서 성령을 통해 특별한 사람들에게 주시는 은사다. 원어로 보면 '병 고침들의 은사들'이라고 복수로 돼 있다. 이것은 여러 종류의 병들을 고치는 은사들임을 말해 준다. 하나님께서 고치지 못하시는 병이 없으며 모든 종류의 병들을 낫게 하실 수 있다. 여기에 물론 귀신 들려 앓는 병도 포함된다.

그런데 개혁주의 신학자들 중에 치유 은사를 초대 교회에 한정된 은사로 이해하는 사람들이 많이 있다. 예를 들어 흐로셰이드는 이것을 '초기 기독교 시대에 하나님에 의해 수여된 특별한 은사'라고 한다.[5] 아브라함 카이퍼는 은사의 종류를 1) 직분적 은사들, 2) 강화된 믿음과 사랑의 역사와 같은 일반적 은사들, 3) 지혜와 지식과 영들 분별의 은사들, 4) 절제의 은사,

5) 신경병과 정신병 치유의 은사로 나누면서 그 외의 것들은 지금 역사하지 않는다고 주장한다.[6] 곧 육체의 병 치유, 능력 행함, 예언, 방언과 방언 통역 등의 은사는 사라졌다는 것이다.

그러나 이런 구별은 자의적인 것이며, 예언의 경우를 제외하고 성경 어디에서도 지지받지 못하는 것이다. 성경은 하나님의 능력이 초대 교회 시대에 제한된다고 말씀하시지 않고 있다. 예수님께서 "나를 믿는 자는 나의 하는 일을 저도 할 것이요 또한 이보다 큰 것도 하리니 이는 내가 아버지께로 감이니라"(요 14:12)고 말씀하셨다. 곧 예수님께서 부활, 승천하셔서 하나님 우편에 앉아 계시는 오늘날에 우리는 예수님의 지상 사역 시대보다 더 큰 일을 할 수 있다는 것이다. 그 이유는 우리가 위대하기 때문이 아니라 예수님께서 영광을 받으시고 온 우주의 권세를 가지고 계시기 때문이다(마 28:18, 고전 15:24~28).

5. 능력 행함

이어서 나오는 '능력 행함'도 앞서 '병 고치는 은사'와 밀접한 관계가 있다. 병 고치는 은사는 능력 행함의 한 부분이라고 할 수 있다. 그러나 '병 고치는 은사'를 따로 말했기 때문에 여기서 '능력 행함'이라 하는 것은 '병 고침'을 제외한 이적 행함을 뜻한다고 봐야 한다.

여기서 '능력 행함'은 원어에서 복수로 돼 있는데, 이것은 여러 종류의 능력 행함을 가리킨다. 예를 들면, 베드로가 아나니아와 삽비라에게 행한 이적들(행 5:1~11), 스데반이 행한 기사(奇事)와 표적(表蹟)들(행 6:8), 빌립이 사마리아에서 행한 표적들(행 8:6~8), 베드로가 욥바에서 죽은 도르가를 살린 일(행 9:36~43), 사도 바울이 박수 엘루마에게 행한 이적(행 13:8~11) 등 하나님께서 종들을 통해 행하신 모든 이적(異蹟)들이 모두 여기에 포함된다고 할 수 있다. 이런 이적들도 사도 시대로만 제한할 수 없고 오늘날에도 여전히 유효하다고 봐야 한다. 왜냐하면 하나님의 능력은 제한되지 않았으며 이적을 필요로 하는 우리의 상황도 개선되지 않았기 때문이다.

6. 예언함

다음에 나오는 '예언함'(프로페테이아)은 회중에게 말하는 것과 관련돼 있다. 이 은사는 교회의 현재 상태나 미래의 일에 대해 말하고 성도들을 권면하며 위로하는 것이다(고전 14:3). 미래에 대한 예언으로 선지자 아가보의 예언이 있다(행 11:28; 21:10, 11). 물론 바울도 사도로서 여러 번 예언했다(행 20:29, 38; 27:10, 22~26; 살후 2:3~12; 딤후 3:1~5 등). 그 외에 초대 교회에서 선지자들이 많이 활동하고 있었는데(엡 2:20; 3:5; 행 21:9; 롬 12:6; 고전 14:3, 4, 22~25, 29~33, 37) 대개 그들은 교회의 현재 상태에 대해 성도들을 하나님의 말씀으로 권면하고 훈계하며 위로하는 일을 했다.

예언의 은사가 언제까지 지속되느냐에 대해 논란이 있다. 그러나 우리는 성경이 완성됨과 동시에 성경과 같은 효력을 갖는 사도적 예언의 은사는 중단되었다고 봐야 한다. 왜냐하면 성경은 우리의 구원과 생활에 필요한 모든 내용들을 갖추고 있기 때문이다.

우리의 구원과 생활에 필요한 하나님의 계시는 신구약 성경 66권으로 완성되었으며, 또 다시 새로운 계시를 필요로 하지 않는다. 우리는 주어진 66권의 성경 말씀을 읽고 적용함으로써 구원과 생활에 필요한 지침을 모두 얻을 수 있으며, 이에서 지나 새로운 계시를 바라고 추구하는 것은 잘못이다(계 22:18, 19).[7]

7. 영들 분별함

이어서 사도 바울은 '영들 분별함'의 은사를 말한다. 우리는 영들을 모두 믿지 말고 그것이 올바른 영인지 아닌지를 항상 분별해야 한다. 왜냐하면 세상에 거짓 영들이 많이 역사하고 있기 때문이다(요일 4:1). 바울은 "범사에 헤아려 좋은 것을 취하고"(살전 5:21)라고 말한다. 우리에게 무슨 특별한 체험이 있을 때 그것을 모두 믿지 말고, 그것이 하나님에게서 온 것인지 아니면 사탄에게서 온 것인지 따져 보고 분별해야 한다는 것이다.

그러면 하나님의 영과 거짓 영을 어떻게 알 수 있을까? 이에 대해 사도요한은 다음과 같이 말한다. "하나님의 영은 이것으로 알지니 곧 예수 그리스도께서 육체로 오신 것을 시인하는 영마다 하나님께 속한 것이요 예수를 시인하지 아니하는 영마다 하나님께 속한 것이 아니니 이것이 곧 적그리스도의 영이니라"(요일 4:2~3). 이처럼 거짓 영은 예수 그리스도를 부인하는 것을 목표로 삼고 있다. 그래서 사람들로 구원에 이르지 못하고 멸망에 빠지도록 미혹한다.

8. 각종 방언 말함

마지막으로 두 은사는 '방언'(方言)에 관한 것이다. 그 첫 번째는 '각종 방언 말함'인데, 원어를 직역하면 '혀들의 종류들' 곧 '여러 종류의 혀들'이 된다. 여기서 '혀'는 그냥 가만히 있는 혀가 아니라 움직이는 혀 즉 말하는 혀를 뜻한다.[8] 따라서 이것은 '말', '언어' 또는 '방언'을 가리킨다. 그리고 '종류들'이란 여러 가지가 있음을 의미한다.

그러면 여기서 '방언'(글로싸)이 무엇을 뜻하는지 문제가 된다. 어떤 사람들은 사도행전 2장에서와 같은 방언 곧 '외국어'를 뜻한다고 말한다. 사도행전 2장에 보면, 오순절에 성령님께서 강림하시자 성도들이 성령님의 말하게 하심을 따라 '다른 방언'으로 말했다고 한다. 그러자 당시 다른 지역에서 예루살렘으로 왔던 많은 사람들이 각각 자신의 방언으로 말하는 것을 들었다고 한다(8절). 따라서 이것은 당시에 존재하던 '외국어'를 가리키는 것이 분명하다. 왜냐하면 그때 예루살렘에 와 있던 외국인들은 각기 '자기 나라 말'로 (제자들이) '말하는 것'을 들었기 때문이다. 예전에 제자들은 이런 언어들을 배운 적이 없었지만 성령님의 말하게 하심을 따라 말했으며, 이것은 초자연적인 이적이었다. 그런데 고린도전서 12장의 방언도 사도행전 2장의 방언과 마찬가지로 '외국어'로 이해하는 사람들이 많이 있다.[9]

물론 '방언'이라는 단어 자체는 얼마든지 '외국어'를 뜻할 수 있지만, 고린도전서 12장에서 말하는 '방언'이 '외국어'를 뜻한다는 견해에 동의할 수 없다. 왜냐하면 고린도전서 12~14장의 문맥이 이것을 불가능하게 만들기 때문이다. 14장 2절에 보면 "방언을 말하는 자는 사람에게 하지 아니하고 하나님께 하나니 이는 알아듣는 자가 없고 그 영으로 비밀을 말함이니라"고 한다. 이것은 기도 중에 하나님께 신비한 언어로 말하는 것을 뜻한다. 즉 여기서 방언은 세상 사람들이 알아들을 수 없는 말로 기도하는 것을 뜻하며, 따라서 다른 사람들은 전혀 이해할 수 없는 것이다.

9. 방언들 통역함

그 두 번째 언급은 '방언들 통역함'의 은사다. 이것은 '각종 방언 말함'의 은사와 짝을 이루는 것으로 두 은사는 서로 구별된다. 물론 한 사람이 두 은사를 소유할 수도 있지만, 고린도전서 12, 14장에서 볼 때 이 은사들은 대개 구별해 소유되는 것으로 보인다.

그리고 바울은 결론적으로 "이 모든 일은 같은 한 성령이 행하사 그 뜻대로 각 사람에게 나눠주시느니라"고 말한다(11절). 여기서도 '동일한 한 성령'이라는 사실이 강조된다. 은사는 다양하지만 동일한 한 성령이 나눠주시는 선물이라는 것이다.

몸과 지체 비유(12:12~26)

이런 다양성과 통일성의 원리를 사도 바울은 몸과 지체의 비유를 들어 설명한다. "몸은 하나인데 많은 지체가 있고 몸의 지체가 많으나 한 몸임과 같이 그리스도도 그러하니라"(12절). 몸은 많은 부분들(지체)로 이뤄져 있다. 하지만 그 지체들은 각각 제멋대로 움직이는 게 아니라 한 몸을 이뤄 유기적으로 협동하며 움직인다. 즉 다양성과 통일성의 원리를 보여준다. 이와 마찬가지로 '그리스도'도 그러하다고 한다. 그런데 그리스도라는 말이 조금 어색하다. 우리의 생각으로 여기에 '그리스도의 몸' 또는 '교회'가 와야 한다는 생각이 든다.

13절 이하에서 말하는 내용도 '교회'에 관한 것이다. 고로 여기서 '그리스도'라 한 것은 한 개인으로서의 '그리스도'가 아니라 '그리스도의 몸'에 대해 말하고 있음이 분명하다. 그럼에도 불구하고 여기서 직접적으로 '그리스도의 몸'이라고 쓰지 않은 것은 지금 바울이 그리스도의 '몸'과 '지체'에 대해 설명하고 있기 때문이라고 생각된다. '몸'과 '지체'에 대해 비유를 들어 설명하려 하는데 '그리스도의 몸'도 이러하다고 하면 무게 중심이 한 쪽으로 치우쳐 좀 어색하게 되는 것이다. 따라서 '그리스도'란 용어가 채택된 것으로 생각된다.

13절은 12절의 주장에 대한 이유를 설명한다. "우리가 유대인이나 헬라인이나 종이나 자유자나 다 한 성령으로 세례를 받아 한 몸이 되었고 또 다 한 성령을 마시게 하셨느니라." 여기서 핵심은 '한 성령'과 '한 몸'이다. 즉 우리는 각각 다르지만 '한 몸'이 된 이유(근거)는 우리 모두 '한 성령'을 받았기 때문이다. 여기서 혹자는 '성령 세례'나 '성령 마심'에 대해 특별한 의미를 두고 있지만, '성령으로 세례 받았다'는 것이나 '성령을 마셨다'는 것은 모두 '성령을 받았다'는 것에 대한 또 다른 표현에 불과하다. 이것은 초대 교회 성도들이 성령을 받을 때 풍성하게 받았음을 나타내는 여러 표현들에 속한다.[10]

헤르만 리덜보스나 리처드 게핀 같은 학자들은 우리가 '한 성령'을 받는 것을 통해 '한 몸'이 되는 것이 아니라 '한 몸'이 된 결과로 받는 선물이 '성령'이라고 주장한다.[11] 이것은 본문을 완전히 뒤집는 신학적 구도를 갖고 본문을 해석하는 일이다. 그러나 본문이 말하는 바는 우리 모두 "한 성령으로, 한 성령을 통해, 한 성령으로 말미암아" 한 몸이 되었다는 것이다. 즉 우리에게 세례를 준 동인(動因), 행위자, 주체는 '한 성령'이시기 때문에 우리는 각각 달라도 '한 몸'이라는 것이다.

14~27절은 '몸'과 '지체'의 관계를 설명한다. 먼저 14~16절은 한 몸에 지체가 여럿 있음을 말하며 그 지체들이 모두 한 몸에 붙어 있음을 말한다. 17~21절은 지체의 '다양성'에 대해 말한다. 모든 지체가 같은 것이면 몸이

제 기능을 발휘할 수 없음을 예를 들어 설명한다(17절). 이처럼 하나님께서 필요에 따라 원하시는 뜻대로 각각의 지체를 몸에 두셨다(18절). 따라서 각 지체는 다른 지체에 대해 '쓸 데 없다'고 말하지 못한다(21절). 여기서 '쓸 데 없다'는 말은 원어로 '내가 너를 필요로 하지 않는다'는 뜻이다. 이 진리는 교회 생활에 그대로 적용된다. 교회에서 한 성도가 다른 성도를 향해 '너는 우리 교회에 필요 없다'고 말하면 안 된다. 각 성도는 각각 자신의 받은 바 은사를 따라 쓰이는 데가 있으니, 한 지체가 다른 지체를 향해 필요 없다고 말해선 안 된다.

22~25절은 한걸음 나아가 하나님께서 약한 지체를 더욱 돌보시고 존귀를 더하신다고 말한다. 24절 하반절의 개역판 번역은 의역이다. "오직 하나님이 몸을 고르게 하여 부족한 지체에게 존귀를 더하사"를 직역하면 "하나님이 부족한 지체에게 존귀를 더하사 몸을 섞으셨다"는 것이 된다. 여기서 '섞다'(쉰케란뉘미)라는 말은 원래 화가가 물감을 혼합하는 것을 말하는데, 조화로운 작품을 만드는 것이나 인간의 몸을 형성하는 여러 요소들을 조합하는 것을 의미한다.[12] 여기선 제일 마지막 의미다.

이처럼 하나님께서 여러 지체들을 두시고 부족한 지체에게 존귀를 더하신 목적은 "몸 가운데서 분쟁이 없고 오직 여러 지체가 서로 같이 하여 돌아보게 하셨다"고 한다(25절). 서로를 위해 '돌아보는 것' 곧 서로를 위해 '염려하는 것'이 하나님의 뜻이다. 이와 마찬가지로 교회 안의 성도들은 서로를 위해 염려해야 한다. 이것이 지체된 자로서 마땅히 취해야 할 태도다. 서로를 위해 돌아보는 것의 구체적인 표현으로서 사도 바울은 "만일 한 지체가 고통을 받으면 모든 지체도 함께 고통을 받고 한 지체가 영광을 얻으면 모든 지체도 함께 즐거워한다"고 말한다(26절).

교회 안의 여러 은사들(12:27~31)

바울은 이것을 교회에 적용한다. "너희는 그리스도의 몸이요 지체의 각 부분이라"(27절). 고린도교회는 전체적으로 '그리스도의 몸'이요, 부분적으로나 개별적으로 '지체'라는 의미다. 그리고 28~30절은 하나님께서 교회에 주신 다양한 직분들과 은사들에 대해 말한다. 우선 하나님께서 교회에 세우신 직분으로서 사도(使徒)와 선지자(先知者)와 교사(教師)에 대해 말한다(28절 상). '사도'(아포스톨레스)는 그리스도에 의해 파송 받아 복음을 전하는 자를 말한다. 넓은 의미에서 모든 성도들이 사도라고 할 수 있지만, 여기서 좁은 의미의 사도 곧 열두 제자와 바울을 가리키는 것으로 생각된다. '선지자'(프로페테스)는 초대 교회에서 활동하던 자들로서 하나님의 계시를 교회에 전하는 특별한 은사를 받은 자들을 말한다. 사도들과 선지자들은 신약 교회의 기초를 놓은 자들이다(엡 2:20; 3:5). 다음으로 '교사'(디다스칼로스)는 주어진 하나님의 계시 곧 성경을 가르치는 자를 말한다(행 13:1).

다음으로 바울은 '능력'과 '병 고치는 은사'와 '서로 돕는 것'과 '다스리는 것' 그리고 '각종 방언하는 것'을 열거한다(28절 하). 이것을 '은사들'이라고 볼 수 있다. 물론 앞의 세 개도 은사와 관계된다고 볼 수 있지만, 그것은 특정 인물에 밀착돼 나타나는 '직분'이라 할 수 있다. 그런데 여기에 언급된 세 개는 교회에 나타나는 은사들이지만, 특별히 직분이라고 할 수 없는 것들이다. 그래서 어떤 은사를 가진 '인물'로 언급하지 않고 '은사' 그 자체가 언급되고 있다. '능력'과 '병 고치는 은사'는 앞의 9절과 10절에서 나온 것이며, '서로 돕는 것'과 '다스리는 것'은 로마서 12장 8절에 나오는 대로 '은사'에 속한다. 그리고 끝으로 '각종 방언들'을 언급한다. 사실, 사도 바울이 고린도교회에 특별히 말하고자 하는 것은 '방언'에 대해서다. 하나님께서 교회에 주신 여러 은사들 중에 하나로서 마지막에 언급하고 있다.

그런 후 바울은 질문을 던진다. "다 사도겠느냐? 다 선지자겠느냐? 다

교사겠느냐? … 다 방언을 말하는 자겠느냐? 다 통역하는 자겠느냐(29, 30절)?" 이로써 바울은 교회 안에 동일한 은사를 가진 자들만 있어선 안 되며 다양한 은사들을 가진 자들이 있어야 함을 역설한다. 물론 이 말의 초점은 방언만을 고집하는 고린도교회의 일부 성도들을 향하고 있음은 14장에서 분명히 드러난다.

그래서 사도 바울은 "너희는 더욱 큰 은사를 사모하라 내가 또한 제일 좋은 길을 너희에게 보이리라"고 말한다(31절). 여기서 '더욱 큰 은사'가 무엇이며 '제일 좋은 길'이 무엇인가? 원문에 보면 여기서의 '은사'는 복수로 돼 있다. 따라서 '더욱 큰 은사들'이 된다. 그렇다면 이것은 흔히 생각하는 것처럼 '사랑'을 가리키는 것이 될 수 없다. 그러면 무엇인가? 방언보다 더 큰 은사들이란 결국 14장에서 나오는 바와 같은 '신령한 것들'을 가리킨다고 봐야 한다. 예를 들어 '예언'과 같은 은사들이다. 그리고 '제일 좋은 길'은 13장에서 말하는 '사랑'을 가리킴이 분명하다.

그러면 사랑도 은사냐는 질문이 제기될 수 있다. 이에 대해 필자는 아니라고 생각한다. 13장 전체의 내용을 볼 때 사랑은 은사를 구함에서의 원리나 동기가 된다. 그뿐 아니라 사랑은 특정 사람들만 행해야 하는 '은사'가 아니라 모든 성도들이 마땅히 행해야 하는 '의무'며 '윤리'다(참조 마 5:44; 22:39 등). 따라서 사랑은 어떤 특정한 성도들만 받는 '은사'라기보다 모든 성도들이 따라야 할 '규범'이요 '의무'라고 할 수 있다.

사랑의 중요성(13:1~3)

이제 바울은 사랑에 대해 길게 설명한다. 소위 '사랑장'으로 알려져 있는 고린도전서 13장은 바울이 은사에 대해 설명하는 중에 나온다. 그 이유는 어떤 은사를 사용하더라도 사랑의 동기에서 행하지 않으면 아무 유익이 없음을 강조하기 위한 것으로 생각된다. 곧 모든 것을 교회에 덕(德)을 세우기 위해 하라는 원리(고전 14:26)에 상응하는 것으로 사랑의 원리는 대단히 중요하다.

먼저 1~3절에서 '사랑의 중요성'에 대해 말한다. 곧 사랑이 없으면 무슨 일을 할지라도 아무 것도 아니라고 말한다. 사람의 방언(말)과 천사의 말을 하고, 예언의 능력과 아무리 큰 믿음이 있을지라도 사랑이 없으면 아무 것도 아니다. 심지어 자신에게 있는 모든 것으로 구제하고 또 자기 몸을 불사르게 내어줄지라도 사랑이 없으면 아무 유익이 없다고 말한다. 이것은 우리가 무슨 일을 하든지 사랑의 동기에서 하지 않으면 그것은 소용이 없고 무익함을 의미한다.

사랑의 속성(13:4~7)

4~7절은 사랑의 속성에 대해 말한다. 먼저 "사랑은 오래 참고 사랑은 온유하며 투기하는 자가 되지 아니하며 사랑은 자랑하지 아니하며 교만하지 아니하며"라고 말한다(4절). 사랑은 '오래 참는다'는 것에서 시작하는 이유는, 사랑이 교회 안의 상호 관계에서 중요한 것이며 출발점이 되기 때문이다. 특히 은사를 받았다고 주장하는 사람들로 인해 문제가 야기되고 있는 상황을 생각해 볼 때, 오래 참는 것은 사랑의 출발이라고 할 수 있다.

그리고 여기서 '온유하다'(크레스튜오마이)는 것은 원어로 '친절하다'는 의미다. 이것은 다른 사람과의 관계에서 부드럽고 친절하게 대하는 것을 말한다. '투기하는 자가 되지 아니하다'는 것은 다른 사람이 좋은 은사를 가졌다고 해서 질투하거나 시기하지 않는다는 의미다. '자랑하지(페르페류오마이) 아니하다'는 것은 자신을 드러내고 뽐내지 않는다는 뜻이다. 곧 어떤 은사를 받았다고 해서 그것을 자랑하거나 뽐내지 않는다는 뜻이다. '교만하지(퓌시오오) 아니하다'는 것은 부풀리지 않는다는 뜻이다. 즉 무슨 은사를 받았다고 자신을 다른 사람들보다 높여 마음을 부풀리지 않는다는 의미다.

이어 5절에서 "무례히 행치 아니하며 자기의 유익을 구치 아니하며 성내지 아니하며 악한 것을 생각지 아니하며"라고 말한다. '무례히 행하다'(아스-케모네오)는 것은 사회 생활에서 합당한 예절에 따라 행하지 않는 것을 말한다. '자기의 유익을 구치 아니하다'는 것은 사랑의 본질을 잘 나타내는 일이다. 사랑은 무엇보다 자신의 것을 구하지 아니하고 다른 사람의 것을 구한다는 의미다. 즉 이타적(利他的)인 것이 사랑의 본질이다. '성내지 아니하다'는 것은 날카롭게 화내지 않음을 의미한다. '악한 것을 생각지 아니하다'는 것은 다른 사람에게 악을 끼치거나 복수하는 것을 생각지 않음을 뜻한다.

6~7절에서 "불의를 기뻐하지 아니하며 진리와 함께 기뻐하고 모든 것을 참으며 모든 것을 믿으며 모든 것을 바라며 모든 것을 견디느니라"고 말한다. '모든 것을 참다'는 것은 사랑하는 마음이 있으면 모든 일을 참는다는 의미다. '모든 것을 믿다'는 것도 어떤 사람을 사랑한다면 모든 일에서, 비록 표면적으로 의심스러운 일이나 실망스러운 일이 있는 것 같이 보일지라도 의심하지 않고 끝까지 신뢰한다는 뜻이다. '모든 것을 바라다'는 것도 역경과 환난 중에서도 소망을 잃지 않음을 말한다. 끝으로 '모든 것을 견디다'는 모든 어려움과 역경을 이겨낸다는 뜻이다. 따라서 반복되는 목적어 '모든 것'(판타)은 수사학적 표현으로서 사실은 '모든 일에서, 항상'과 같은 의미로 이해할 수 있다.[13]

사랑의 지속성(13:8~13)

사도 바울은 '사랑의 지속성, 최고성'에 대해 말한다(8~13절). 우선 8절에서 '예언'이나 '방언', '지식'에 비해 '사랑'이 영속성을 갖는다고 말한다. "사랑은 언제까지든지 떨어지지 아니하나 예언도 폐하고 방언도 그치고 지식도 폐하리라." '떨어지지 아니하다'는 것은 없어지지 않고 계속 머문다는 뜻이고, '폐하다'는 것은 효력이 없어 필요치 않게 된다는 뜻이다. 곧 은사들은 폐할 때가 있지만 사랑은 영원히 없어지지 않는다는 의미다.

9~10절에서 '부분적인 것'과 '온전한 것'의 대비를 갖고 설명한다. "우리가 부분적으로 알고 부분적으로 예언하니 온전한 것이 올 때에는 부분적으로 하던 것이 폐하리라." 여기서 '부분적'이란 말은 '온전한 것'의 대비로서 이 세대에 속한 인간의 지식과 예언은 온전하지 못함을 말한다. '온전한 것'이 온다는 것은 예수 그리스도의 재림으로 말미암아 새 하늘과 새 땅이 이뤄질 때 모든 것이 온전해진다는 뜻이다(참조 계 21:3, 4). 그때 이 세대에서 부분적으로 알던 것은 소용이 없게 된다. 태양이 떠오르면 전깃불은 소용없게 되는 것과 마찬가지다.

이것을 사도 바울은 자신의 경험에 비춰 설명한다. "내가 어렸을 때에는 말하는 것이 어린 아이와 같고 깨닫는 것이 어린 아이와 같고 생각하는 것이 어린 아이와 같다가 장성한 사람이 되어서는 어린 아이의 일을 버렸노라"(11절). 여기서 '어린 아이'(네피오스)는 유아(infant)를 말한다. 그때는 말하는 것이나 생각하는 것이 어렸다. 하지만 '장성한 사람'(아네르)이 되어선 어린 아이의 일을 버렸다. 이와 마찬가지로 세상 끝 날에 '온전한 것'이 올 때 이 세대에 속한 부분적인 지식이나 은사는 폐하게 된다.

이에 대해 바울은 '거울'을 예로 들어 설명한다. "우리가 이제는 거울로 보는 것같이 희미하나 그때에는 얼굴과 얼굴을 대하여 볼 것이요 이제는 내가 부분적으로 아나 그때에는 주께서 나를 아신 것같이 내가 온전히 알리라"(12절). 당시의 '거울'은 구리나 청동 같은 금속으로 만들었기 때문에 희미했다. 그래서 사물을 정확하게 볼 수 없었다. 이와 같이 지금 우리가 알고 있는 것도 부분적이고 불완전하다. 우리가 하나님에 대해 전부 알 수 없고 성경 말씀도 모두 이해하지 못한다. 그렇지만 주님께서 다시 오실 때 온전히 알게 될 것이다. 마치 얼굴과 얼굴을 대하여 보는 것 같이 말이다.

'얼굴과 얼굴을 대하여' 본다는 것은 분명히 온전히 알게 된다는 뜻이다 (출 33:11; 신 34:10, 비교 창 32:30; 요일 3:2). "주께서 나를 아신 것 같이"는 원문을 그대로 직역하면 "내가 알려진 것처럼"이다. 지금은 '주님께서 나를 아시는 것'과 '내가 주님을 아는 것' 사이에 괴리가 있지만 그때에 그 괴리가 없어질 것이다.

바울은 다음과 같이 결론을 내린다. "그런즉 믿음, 소망, 사랑, 이 세 가지는 항상 있을 것인데 그 중에 제일은 사랑이라"(13절). 여기서 '믿음'(피스티스)은 9절에서와 같은 은사적 믿음을 말하지 않고 일반적 의미의 믿음을 가리킨다. 곧 모든 성도들이 예수님에 대해 갖고 있는 믿음이다. 물론 예수님께서 다시 오실 때 지금 이 땅의 성도들이 갖고 있는 바와 같은 '지적 믿음'은 필요 없게 되겠지만(자연히 다 알게 되므로), 예수님께 대한 '신뢰'로서의 믿음은 계속될 것이다.[14]

이것은 '소망'(엘피스)에 대해서도 마찬가지다. '소망'은 미래에 대한 기대와 확신이기 때문에 이 세상에 있을 동안 강한 의미를 갖지만, 미래에도 이 요소는 완전히 없어지지 않을 것이다. 우리의 모든 생명과 은혜와 복이 하나님께 달려 있으므로 천국에서도, 새 하늘과 새 땅에서도 우리는 항상 하나님을 바라보고 그분을 기대하게 된다. 그래서 우리 하나님은 '소망의 하나님'이라고 불린다(롬 15:13).

'사랑'(아가페)의 경우에 더욱 그러하다. '사랑'은 기본적으로 다른 사람과의 관계를 말한다. 단순한 관계가 아니라 상대방을 위하고 열망하며 사모하는 것을 말한다(참조 4~7절). 천국에 가면 우리는 더욱 하나님을 사랑하게 된다. 이 세상에서 '하나님 사랑'을 가로막고 있던 우리의 죄와 세상의 유혹이 없어지므로 하나님을 온전히 사랑하게 된다. "네 마음을 다하고 목숨을 다하고 뜻을 다하여 주 너의 하나님을 사랑하라"(마 22:37)고 하신 계명이 천국에서 비로소 온전히 이뤄지게 된다. 이것은 '이웃 사랑'에 대해서도 마찬가지다. 이웃에 대한 시기와 질투, 미움과 증오, 갈등과 분노가 모두 사라지고 이웃을 진정으로 자신의 몸처럼 사랑하게 된다. 이런 점에서 믿음, 소망, 사랑 셋 가운데 제일은 '사랑'이라고 말할 수 있는 것이다.

맺는 말

사도 바울이 '은사' 문제를 다루는 중에 '사랑'에 대해 길게 말하고 있음을 다시 한 번 유념하자. '은사'는 성령님께서 주시는 선물이기 때문에 그 자체로서 좋은 것이고 환영해야 할 것이지만, 그런 좋은 것도 '사랑'의 동기와 목적에서 행해져야만 한다. 시기심과 질투심, 공명심과 이기심에서 행해진다면 은사도 교회에 해가 될 수 있으며 악이 될 수 있다. 따라서 교회 생활에서 가장 중요한 것은 '사랑'이다. 은사, 믿음, 소망도 좋지만 모든 것들보다 더 중요하고 뛰어난 것은 사랑이다. 곧 다른 사람을 위하고 교회에 덕을 세우는 것이다. 이를 위해 절제와 오래 참음이 필요하며 자기 희생이 요구된다. 따라서 이런 사랑이 우리 가운데 지배하도록 모두 기도하고 힘써야 한다.

09

"말"의 중요성과 질서에 관하여[1]

고린도전서 14장의 주해와 적용

바울은 12장에서 성령의 다양한 은사에 대해 언급하였다. 그리고 이어서 13장에서 모든 은사 위에 사랑이 지배해야 할 것을 강조하였다. 하지만 그는 여기서 그치지 않고 지금 우리가 살펴보려는 14장에서, 특히 예언과 방언에 관련하여, 공집회에서 "말"에 대한 인식(認識)의 문제가 얼마나 중요한지(1~25절), 그리고 질서를 지키는 것이 얼마나 중요한지 역설한다(26~40절). 후자와 관련하여 바울은 교회에서 여자들이 지켜야 할 질서 문제도 포함시킨다(34~35절).

공집회에서의 "말"에 대한 인식(認識)의 중요성: 방언보다 예언(1~25절)

1. 특히 예언하기를 구하라(1~5절)

사도는 "사랑을 추구하십시오"(1절)라는 말로 14장을 시작한다. 이것은 14장의 진술들을 13장에서 강조했던 "사랑"의 빛 아래서 이해할 것을 주문하는 내용이다. 은사에 대한 모든 논의는 사랑이라고 하는 보다 더 큰 개념 아래 진행되어야 한다.

14장에서 사도가 먼저 강조하고 싶은 것은 공집회에서 인식의 문제다.

즉 공집회에서는 알아들을 수 있는 말이 오고가야 한다는 것이다. 그러기에 그는 방언보다는 예언하기를 간절히 구하라고 주문한다(5절). 사도는 12:8~10, 28~30에서 많은 은사들을 언급하였다. 이제 그는 그 은사들 가운데 특히 방언과 예언을 뽑아서 둘을 비교하는 형식을 취한다. 왜 그렇게 하는 것일까? 바울은 사도의 위치에서 사도직이나 교사직의 은사가 지극히 제한적인 것임을 잘 알고 있다. 그러므로 성도들에게 일반적으로 적용할 수 있는 것은 나머지 다른 은사들인데, 특히 방언과 예언은 언어와 관련된 것으로 예언은 듣는 사람들의 인식론적 과정을 통해 공동체에 지속적 영향을 줄 수 있는 것이므로 방언보다 예언하기를 추구하라고 권하는 것이다. 하지만 우리가 오해하지 말아야 할 것은 바울이 방언을 무가치하다거나 거부해야 할 것으로 제시하는 것이 아니라는 사실이다. 오히려 바울은 "여러분 모두가 방언을 말하기를 원[한다]"고 말한다. 그의 뜻은 방언을 예언과 견주어 볼 때 방언보다는 예언이라는 것이다.

그럼 바울이 예언을 더 우위에 두는 이유는 무엇인가? 크게 두 가지를 제시하는데, 첫째, 방언하는 사람은 하나님께 영으로 비밀을 말하는 것으로 자신에게만 유익이 되나(2, 4절), 예언하는 사람은 사람들에게 말하는 것으로 그들을 세워주고 격려와 위로를 줌으로써 교회를 이롭게 하기 때문이다(3~5절).[2]

2. 인식의 중요성을 강조한 비유들(6~12절)

바울은 계속 인식의 중요성을 강조하고자 한다. 그는 비유를 들어 1~5절에서 제기한 이슈인, 왜 방언보다 예언을 더 추구해야 할 것인지 논증하고자 한다. 그는 6절에서 수사학적 질문과 함께 이 논제를 다시 제기한다. "이제 형제들이여, 만일 내가 여러분에게 가서 방언만 하고 계시나 지식이나 예언이나 가르침을 전하지 않는다면 여러분에게 무슨 유익이 있겠습니까?"[3] 듣는 사람들이 인식할 수 없는 말만 한다면 무슨 도움이 되겠느냐는 반문이다.

사도는 공집회에서 상대방이 알아들을 수 있는 말을 하고 그것을 인식하는 것이 얼마나 중요한지 강조하기 위해 악기들의 예를 든다(7~8절). 피리나 수금이 생명이 없는 악기지만 이것들이 그 자체의 소리를 뚜렷이 낼 때 듣는 사람은 그것이 피리 소리인지 수금 소리인지 식별할 수 있다. 하물며 생명을 가진 인간이 하나님께 예배드리는 공집회에서 얼마나 더 인식 가능한 언어를 구사해야 할 것인가! 공예배에서 이해할 수 있는 말을 하고 그것을 청취한다는 것은 참으로 중요하다. 사도는 또 나팔 소리의 예를 든다. 그는 나팔이 제 소리를 내지 않는다면 누가 전쟁을 준비하겠느냐고 질문한다. 나팔이 분명하게 나팔 소리를 내야 군인들이 임전태세를 갖출 수 있다. 그레코-로만 시대에 나팔은 전쟁터에서 사용되던 악기로 평화의 악기인 수금과 대조된다(8절).[4] 나팔의 예는 믿는 사람들이 영적 전쟁에 임하고 있다는 사실을 넌지시 암시해 준다. 영적 전쟁에 참전하고 있는 신자들에게 교회에서 말을 하는 사람들의 역할은 결정적으로 중요하다. 사도는 또 외국어의 예를 든다(10~12절). 어떤 사람이 말을 하는데 상대방에게 이해하지 못할 말을 한다면 그는 듣는 사람에게 외국어를 말하는 것과 같다. 따라서 양편 모두가 외국인처럼 된다. 이것은 서로가 서로에게 바보처럼(?) 된다는 말과 같다.

결론적으로 사도는, "이와 같이 여러분은 성령의 은사들을 간절히 원하는 사람들이니 교회를 위해 더욱 풍성하게 받기를 구하십시오"라고 당부한다. 이것은 교회에서 말하는 사람들이 청중들에게 알아들을 수 있는 말을 하기를 추구하라는 권면이다. 이에 대한 구체적인 진술이 다음 섹션에 나온다.

3. 인식의 중요성 - 신자 공동체에 대한 적용적 언급(13~19절)

바울은 말에 대한 인식이 교회 현장에서 신자들에게 얼마나 중요한지 실제적 예를 들어 설명한다. 그의 마음속에는 여전히 공집회에서 방언은 한계가 있다는 생각이 지배하고 있다. 그래서 이 부분에서 그는 방언과 예언을 비교하기보다는 방언의 역할이 얼마나 제한적인 것인지에 집중한다. 전체적으로 그는 공집회가 참가자 모두가 다 알아들을 수 있는 언어로 진행되어야 할 것을 강조한다. 기도와 찬미와 감사와 가르침(15~19절) - 이 예전들은 모두 언어로 수행된다 - 으로 구성되는 예배가 알아들을 수 없는 말로 진행된다면 누가 아무리 감사를 잘 했어도 다른 사람들이 그에 "아멘"으로 화답할 수 없고, 교회에 아무런 유익이 되지 못한다.

따라서 사도는 방언하는 사람은 통역할 수 있기를 기도하라고 당부한다(13절). 듣는 사람이 그 뜻을 아는 것이 중요하기 때문이다. 사도는 한 예로 자신이 통역의 은사 없이 방언으로 기도한다면, 자신의 영은 기도하지만 이성은 이해하지 못하는 것이라고 지적한다(14절). 여기서 "영"(토 프뉴마)은 인간 존재의 가장 깊숙한 부분을 가리킨다.[5] 이 부분을 통해 인간은 그 안에 내주하시는 성령으로 말미암아 하나님과 교통한다. "이성"(호 누스)[6]은 사물을 분별하고 이해하는 지성의 부분을 가리킨다.[7] 물론 이 부분은 "영"과 분리되지 않고 아주 밀착되어 있다. 그러기에 바울이 에베소서 4:23에서 "심령"(토 프뉴마 투 노오스)이라는 언어를 구사하는 것은 이해할 만하다. 이성은 어떤 사람이 뜻을 알 수 없는 방언기도를 하면 방언 통역의 은사를 받지 못한 사람들은 거기에 참여할 수 없다. 따라서 회중이 그가 감사 기도를 할 때 "아멘"으로 화답할 수 없는 것은 당연하다. "아멘"은 히브리어 אָמֵן을 헬라어로 음역한 것으로 본래의 뜻은 "진실"이라는 뜻이다. "아멘"은 구약에서 기도와 시편 낭독에서 찬동과 공감을 표하는 말로 사용되었다(신 27:15~26; 느 5:13). 1세기 유대인들 역시 회당에서 예배를 드릴 때 사회자의 기도 끝에 "아멘"으로 화답하였다.

바울은 이해하지 못할 방언이 아니라 이해 가능한 언어로 영과 이성으로 기도할 것을 선언한다(15a절). 이것은 고린도교회 교인들이 그렇게 해야 한다는 뜻이다. 사도에게 있어 공집회 때 통역할 수 없는 방언 기도는 영과 이성이 유리된, 혼란스런 기도다. 그는 찬미할 때도 영과 이성이 일치를 이룬 인식 가능한 찬미를 할 것을 선언한다(15b절). 물론 그는 자기가 방언을 과소평가하거나 무익하다고 주장하는 것이 아니라는 사실을 확인시켜 준다. 그는 자기가 다른 사람들보다 방언을 더 많이 할 수 있는 것에 대해 하나님께 감사를 드린다고 고백한다(18절). 하지만 그의 분명한 강조는 공집회에서 말하는 사람은 자신이 깨달은 것을 듣는 사람이 알아들을 수 있게 말을 해야 한다는 것이다. "그러나 나는 교회에서 사람들을 가르치기 위해 방언으로 1만 마디 하는 것보다 깨달은 이성으로 다섯 마디 말하기를 원합니다"(19절). 교회 공집회에서 화자(話者)나 청자(聽者) 모두 전하고 받는 말에 대한 정확한 인식은 그만큼 중요하다.

4. 인식의 중요성 – 불신자들을 위한 적용적 언급(20~25절)

이제 사도는 공집회에서 인식 가능한 말을 하는 것이 중요함을 불신자들의 이해와 관련하여 언급한다. 그는 방언과 예언에 대해 불신자들이 어떤 반응을 할 것인가를 염두에 두고 교회에 모인 사람들은 남이 알아들 수 있는 말을 할 필요가 있다는 것을 강조한다. 그는 서두에서 수사학적 표현으로 악한 일에는 어린 아이가 되어도, 생각하는 데는 어른이 되라고 권면한다(20절). 공집회에서 방언으로 말할 경우 방언 통역의 은사가 없는 사람이나 특히 믿지 않는 사람들이 들을 때 어떻게 반응할 것인지 생각 좀 해보라는 것이다. 바울의 말에는 고린도교회 교인들이 악에는 성숙한 것 같은데, 정확하게 생각하는 일에는 유치한 어린 아이 같다는 도전이 깔려있다. 그들은 예수 그리스도를 믿는다고 하면서도 각종 죄에 빠져 있었고 방언을 하는 것에 대해 지나친 자랑감에 도취돼 있었다. 그들은 방언이 공집회에 별 유익이 없다는 것을 파악하지 못하고 있었다. 바울 사도는 회중 앞에서 방언을 하는 것이 얼마나 무익한 일인지 구약인용(사 28:11~12)을 통해 논증한다(21절). 공집회시의 방언의 무익성에 대해서는 구약 율법에서도 이미 언급한 바라는 것이다.

사도는 공집회시의 방언과 예언의 기능적 차이와 청중의 반응과 관련한 양자간의 차이를 비교하면서 예언의 우위를 주장한다. 방언은 불신자들에게는 표적이 되나 당사자 외에 다른 신자들에게는 통역되지 않는 한 별 유익이 없다(22a절). 표적은 하나님의 살아계심과 그의 신령한 능력과 영적 임재를 나타내는 증표를 가리킨다. 반면 예언은 불신자들에게는 별 의미가 없는 것이지만 신자들에게는 유익한 것이다(22b절). 또 교회가 공적으로 모인 자리에서 모두 방언을 할 경우 은사가 없는 사람들이나 불신자들은 그들 모두를 향해 미쳤다고 할 것이다(23절). 그러나 그들이 예언하는 소리를 들으면 교회에 모인 사람들이 그들의 죄를 지적하고 질책하는 소리를 듣고 마음에 감추어 두었던 죄악들을 드러내고 회개하게 될 것이다(24~25a절). 그 결과 그들은 하나님을 경배하며 "참으로 하나님께서는 여러분 가운데 계십니다"(25b절)라고 인정하기에 이를 것이다.

시종일관 바울 사도가 방언과 예언을 비교하면서 마음에 품고 있는 생각은 공집회에서 인식 가능한 말을 한다는 것이 참으로 중요하다는 것이다.

공집회에서의 질서의 중요성(26~40절)

1. 방언과 예언의 사용 규칙(26~33a절)

사도는 두 번째 문제인 공집회의 질서 문제를 거론한다. 그는 공집회에 모일 때 거기에는 찬송, 가르침, 방언, 계시, 그리고 통역도 있는데, 이 모든 것을 교회의 유익을 위해 사용해야 된다고 주장한다(26절). 이것은 다른 말로 각종 은사들의 조화로운 사용을 통해 하나님께 질서 있는 예배를 드려야 한다는 뜻이다(참조 33절).

여기서도 방언과 예언은 사도의 중심 이슈다. 그는 먼저 방언에 대해 언급하면서 만일 방언할 사람이 있으면 두세 사람 정도가 차례로 하되 그것을 통역하는 사람이 있어야 한다고 말한다(27절). 아마도 사도는 은사들을 허영과 자랑으로 삼고 무질서와 혼란을 야기했던 고린도교회 교인들을 책망하고자 했던 것 같다. 사도가 공집회에 방언할 사람들을 두세 사람 정도로 상정한 것은 공적 모임에서 여러 은사들을 사용할 때 그만큼 절제된 동작이 필요하다는 것을 암시하기 위한 것으로 보인다. 사도는 또 방언이 아무리 신령한 은사라 해도 이미 앞에서 강조해 온 바와 같이 통역자가 없을 때는 청중이 이해할 수 없으므로 아무 말도 하지 말라고 명령한다(28절). 대신 자신과 하나님께만 말하라고 당부한다. 이것은 가급적이면 소리 내지 말고 방언을 하라는 뜻이다. 여기서도 대원칙은 공예배시에 어떤 경우든지 모든 사람이 알아들을 수 있는 말을 해야 한다는 것이다.

다음으로 사도는 예언에 대해 언급한다. 1세기 당시 초대교회에는 구약 선지자들의 전통 가운데 여전히 하나님에게서 직접 계시를 받아 예언의 말씀을 전하는 사람들이 있었다.[8] 사도는 예언의 경우에도 두세 사람 정도가 말을 하는 것이 좋다고 말한다. 그는 다른 예언할 사람이 있더라도 그들은 예언하는 사람들의 말을 분별하는 일을 하라고 당부한다(29절). 분별 기능은 초대교회에서 매우 중요한 부분이었다. 신약 성경 기자들은 영적 분별력을 갖고 서로 다른 사람의 글에 대해 보이지 않게 인증자 또는 감독자의 역할을 하였으며, 성도들 역시 교회 안에 일어나는 일들에 대해 상호 동일한 기능을 하였다. 사도는 "예언하는 사람들의 영은 예언하는 사람들에 의해 통제를 받[는다]"(32절)고 진술한다. 또 사도는 어떤 사람이 예언을 하는 가운데 앉아서 차서를 기다리는 다른 어떤 사람에게 계시가 내리면, 먼저 하던 사람은 말을 멈추고 잠잠하라고 명한다.

사도는 교회에서 은사 사용이 경쟁이 아닌 질서에 의해 실행되어야 할 것을 가르친다. 양보는 질서 성취의 관건이다. 사도가 양보를 통한 질서를 강조하는 것은 그것이 하나님의 성품에 합한 것이기 때문이다. 사도는 "하나님은 무질서의 하나님이 아니라 평화의 하나님이십니다"(33절)라고 선언한다. 성령께서 화평의 매는 줄로 하나가 되게 하신 교회[9]가 평화의 하나님께 질서를 지켜 예배를 드리는 것은 양자 모두에게 가장 적절한 일이다.

2. 여자들이 지켜야 할 질서(33b~35절)

앞에서 방언과 예언에 관련하여 교회의 질서를 강조한 바울은, 당시 고린도교회에서 여자들이 질서를 지키는 것 또한 언급해 둘 만한 내용이라고 판단하였다. 사도는 "성도의 모든 교회에서 그렇게 하고 있듯이 여자들은 교회에서 잠잠하십시오"(33b~34a)라고 말한다. 여기서 전반부의 말이 중요한데, 사도는 당시 교회들의 문화적 관습을 심각히 고려하고 있다. 시대마다 문화적 정서가 있는데 세상에 존재하는 교회의 실천은 이것을 지혜롭게 고려할 필요가 있다. 물론 문화가 얼마든지 잘못될 수 있다. 그러나 인간의 문화는 삶의 경험과 역정 속에서 체득된 것이다. 그러므로 교회는 흔쾌히 수용하기 힘든 문화라 할지라도 그것이 성경진리에 정면 대항하는 것이 아닐 때 당대의 문화를 염두에 두고 실천적 국면들을 성경진리에 비추어 천착(穿鑿)해 나갈 필요가 있다.

외견상 바울은 스스로 모순에 빠져있는 것처럼 보인다. 왜냐하면 고린도전서 11장 5절에서는 여자가 예언하는 것을 인정하고 있기 때문이다. 그리고 "잠잠하라"는 말도 너무 심한 말로 들린다. 사도는 아마도 엄격하고 절대적인 의미에서 여성이 예언하는 것을 금하는 것이 아니라 문화적 측면을 고려하여 그렇게 권면하는 것으로 보인다. "여자들에게 말하는 것이 허락돼 있지 않으니"라고 하는 말은 일반적으로 많은 교회들이 매우 엄격한 방식으로 그러한 실천을 따랐던 것으로 보인다. 이러한 배경 가운데 사도는 교회에서의 여성의 주도적 활동은 교회 전체의 네트워크(network)를 생각할 때 여러 가지 부작용을 낳을 가능성이 높다고 판단했던 것으로 보인다. 고린도교회의 경우 여러 정황으로 보아 여성 은사자들이 과도한 행동을 했던 것이 분명하다. "교회에서"라고 하는 말은 사도가 여성의 권위적 교회 리더십을 염두에 둔 것일 가능성이 높다. 또한 사도가 여성의 교회 리더십을 가능하면 삼가는 것이 좋다고 주장하는 것은 그것이 율법에도 부합하다는 판단 때문이다. "율법에서도 말하는 것과 같이 여자들은 복종하십시오"(34b절). 그가 정확히 구약 어느 본문을 염두에 두고 있는지는 알 수 없다. 그러나 11장에서 창조의 원리를 따라 여성의 처신을 가르쳤던 것처럼 역시 창세기 어느 부분을 마음에 두고 있을 가능성이 높다. 아마도 그는 창세기 3장 16절을 생각하고 있는 것 같다. "너는 남편을 지배하려 하나 그가 너를 다스릴 것이다." 아담과 하와의 타락 이후 남자와 여자 간에 미묘한 긴장이 있다고 하는 것이 성경의 인식이다.

하지만 바울은 단순히 타락 당시의 남자와 여자의 범과의 차이 때문이 아니라, 남녀간의 질서에서 창조의 원리상 남자의 주도적 권위를 인정하는 것이 성경적이라는 판단을 하는 것으로 보인다. 바울이나 베드로가 부부 문제와 관련하여 여자에게 누누이 남자의 역할상의 권위를 존중하라고 하는 것은 결코 우연이 아닐 것이다(골 3:18; 엡 5:22; 딤전 2:11~14; 벧전 3:1). 바울의 주장은 결코 성차별 의식에서 나온 것이 아니라 창조의 원리에 입각한 것이다. 그는 추호도 여성을 무시하거나 지배의 대상으로 보지 않는다(참조 갈 3:28; 골 3:19; 엡 5:25, 28~29, 33).

또 바울은 여자들에게 "만일 무엇을 알기를 원한다면 집에서 남편에게 물어보십시오. 여자가 교회에서 말하는 것은 부끄러운 일이기 때문입니다" (35절)라고 말한다. 사도는 여자들이 교회에서 방언이나 예언 같은 말들을 잘 이해할 수 없을 때 나서서 질문하는 과정에서 그들이 수치를 당하게 될 것을 우려하고 있다. 여기서 우리는 두 가지를 상상할 수 있는데, 초기 교회에서는 공식 예배 때는 아니더라도 유대 랍비들의 관습을 따라 많은 대화와 토론이 있었으며,[10] 이때 여자들이 지나치게 나설 경우 - 고린도교회에는 그런 현상이 있었던 것으로 보인다 - 문화적 풍토상 창피를 당하는 일이 종종 있었던 것으로 보인다. 많은 경우에 여성이 교회에서 삼가는 것은 자기의 신앙적 덕성과 아름다움을 표현하는 한 방편이다. 여성이 교회에서 교리적 문제나 실천적 문제로 논란에 휩쓸릴 경우 남자보다 그 수치가 가중될 때가 많다.

3. 결론(36~40절)[11] : 공세(攻勢)와 요약

바울은 이제 방언과 예언을 중심 주제로 한, 교회 안에서의 언어에 대한 이해와 교회의 질서의 중요성에 대한 자신의 긴 논의를 종결 짓는다. 그는 신령주의(spiritualism)에 열광하는 고린도교회[12] 교인들에게 하나님의 말씀 곧 복음이 그들에게서 나온 것이며 그들에게만 임한 것이냐고 공세를 편다(36절). 이 항변 속에서 그들의 신령주의적 추구가 얼마나 지나쳤는지를 감지할 수 있다. 그들은 지나친 흥분상태에 있었으며 많은 은사들의 자랑과 자만심에 빠져 있었고, 심지어 예배에서까지 혼잡과 무질서를 초래하고 있었다. 이에 바울은 절제와 냉정을 주문하는 것이다.

사도는 스스로를 예언자나 신령한 사람으로 생각하는 사람들에게 자기의 당부가 주의 명령인 사실을 주지시킨다(37절). 그는 자기의 말을 주의 명령으로 인정하지 않는 사람은 그 자신도 인정받지 못할 것이라고 경고한다(38절). 사도는 앞에서 진술한 것들을 이렇게 결론 짓는다. "그러므로 내 형제들이여, 예언을 간절히 구하며 방언으로 말하는 것을 막지 마십시오. 모든 일을 적절하게 하고 또 질서 있게 하십시오"(39~40절). 사도가 방언보다 예언을 추구할 것을 권면한 것은 방언을 무시하거나 무가치한 것으로 돌리려는 뜻이 아니다. 얼마나 자주 사도는 방언에 대해 긍정적인 발언을 하였던가?[13] 그의 의도는, 교회 안에서 방언이든 예언이든 "말"은 참으로 중요하고, 이것을 듣는 사람들이 그 뜻을 이해하고 인식하는 것은 더욱 더 중요하며, 실천적인 차원에서 교회에서 "말"을 전하고 들을 때 질서를 지키는 것이 아주 중요하다는 사실을 강조하고자 한 것이다.

현대 교회에서도 방언은 여전히 가능하다. 초대교회의 성령이나 오늘날 성도들 안에서 내주하시는 성령이 동일한 존재이신 한 지금도 참된 방언의 체험은 가능하다. 단 성령께서 역사하시는 방식이 사도시대와 조금 다르다고 하는 사실을 인식할 필요가 있다. 당시에는 피부에 와 닿는 신령한 은사들의 체험을 통해 기독교 신앙에 대한 큰 확신과 영적 에너지의 축적을 통한 교회의 부흥과 승리의 전진을 맛볼 수 있게 하셨다. 그러나 지금은 사도들의 가르침을 통해 주어진 복음을 믿는 믿음과 그 믿음의 심화와 삶 속에서의 하나님의 의의 실현을 통해 자신의 신분을 지각하고 세상에 사는 동안 교회론적 하나님 나라의 실현을 위해 살도록 역사하신다.

또한 현대교회에서도 "말"의 정확한 인식은 여전히 중요하다. 설교든, 성경공부든, 기도든, 찬송이든… 말하는 자는 듣는 사람들이 알아들을 수 있도록 최대한 논리적이고 정확하고 인식 가능한 말을 해야 할 것이다. 물론 너무 어려운 말은 피해야 할 것이다.

또 너무 혼란스럽고 화자 자신이 잘 모르는 말은 삼가는 것이 좋을 것이다. 복음 곧 진리의 말씀은 언어를 통해 주어진 것이기 때문에 청자가 그것을 수납하려면 반드시 인식론적 과정을 거치게 되어 있다. 그러므로 교회에서 화자는 항상 청자가 이해하기 쉬운 언어를 구사할 필요가 있다.

또 다른 측면에서 현대 교회 지도자들은 교회에서 성도들이 다양한 은사를 적절히 사용할 수 있도록 리더십을 발휘해야 한다. 은사들의 적절한 활용은 교회로 활력 있게 하며 세상을 향해 영적 에너지를 발산할 수 있게 만든다.

단 은사의 사용은 질서를 따라 실행되도록 해야 한다. 혹시라도 성도들이 은사들로 경쟁적이 되게 하고 충돌하게 해서는 안 된다. 은사들 사이에 갈등의 소지가 있을 때는 서로 양보의 덕을 나타낼 수 있게 해야 할 것이다.

10

미래의 부활과
오늘의 삶

고린도전서 15장의 주해와 적용

　우리는 복음을 삶에 '적용'한다고 하지만 실상은 이와 반대다. 우리는 이미 나름의 정황 속에 살면서 거기서 생겨나는 나름의 입장에서 복음을 받는다. 우리가 추상의 세계에 사는 것이 아니라면, 복음은 항상 우리가 서 있는 구체적 일상에 말을 걸게 마련이다. 그래서 우리는 서 있는 곳에서 계속 복음의 뜻을 묻는다. 문제는 우리의 입장이다. 복음은 상수지만, 우리의 다양한 정황은 예측할 수 없는 변수가 되기에, 우리가 듣는 복음의 음색은 요즘 유행하는 표현처럼 그때그때 달라진다. 결국 복음을 말하는 것은 그 복음을 듣는 우리의 삶을 말하는 것이다. 때로 추상적 언어로 복음을 말하지만 이는 엉클어진 삶의 실타래를 풀려는 노력일 뿐 복음이 내린 삶의 뿌리를 자르려는 것은 아니다.

　부활 논의에서도 바울의 관심은 부활 교리 자체가 아니다. 더 중요한 것은 이 교리가 성도들의 삶과 얽히는 과정이다. 현재 고린도 성도들의 뒤엉킨 삶에는 부활에 대한 비틀린 생각이 함께 얽혀 있다. 곧 '몸의 부활'을 부인하는 사람들이 있었다. 잘못된 생각이 삶을 꼬기도 하고, 잘못된 삶이 생각을 비틀기도 한다. 그래서 바울은 엉킨 부활 교리의 실타래를 푼다. 멋진 부활 신학을 세우려는 것이 아니라 그와 함께 꼬여 버린 삶의 가닥을 정리하기 위해서다. 따라서 바울의 이야기는 더욱 흥미진진하다. 복음의 논리로 뒤엉킨 삶을 풀어내려는 그의 사도적 '수고'는 오늘 우리의 얽힌 삶을 위한 '수고'이기도 하다.

미래의 부활에 대한 바울의 논증은 그리스도의 부활을 핵심적 근거로 삼는다(3~11절). 그리스도의 부활이 없으면 현재 우리의 수고는 헛되다(12~19절). 그의 부활은 미래의 부활을 필연적인 것으로 만들며(20~32절), 미래 부활의 양상도 결정짓는다(35~55절). 이런 교리적 논증은 33~34절과 56절에서 부활이 있을 것이므로 소망을 가지라는 것, 곧 죄를 멈추고 성실하게 오늘의 삶을 살아가라는 권면으로 귀결된다. 바울의 주장은 이런 헛되지 않은 믿음만이 성도들을 구원할 것이라고 한다(1~2절).

원론적 진술: 헛되지 않은 믿음(1~2절)

우선 바울은 성도들에게 복음을 다시금 상기시킨다. 바울이 성도들에게 전했고 그들이 받아 들여 지금 그 안에 선 복음, 곧 그들이 믿어 구원받을 바로 그 복음이다. 따라서 이런 뻔한 것을 새삼 지적하는 바는 빗나가는 성도들을 꾸중하는 논법이다. 뒤따르는 조건문도 마찬가지다. 그들의 구원은 대충 주어지지 않는다. 그들은 전해진 말씀을 '굳게 붙잡을 때', 곧 복음을 '헛되게 믿지 않았을 때'에만 구원을 얻는다(1~2절). 물론 '헛된 믿음'은 부활을 부인하는 현재 상황을 염두에 둔 표현이다. 부활을 굳게 믿는 것이 제대로 된 믿음이며, 그 믿음만이 성도들을 구원하는 것이다.

바울이 전한 복음: 그리스도의 죽음과 부활(3~11절)

바울은 부활 문제 해결의 첫 단계로 그리스도의 부활을 확증한다. 복음은 그리스도의 죽음과 부활로 요약된다. 그분께서 '우리의 죄를 위해' 죽었고, 죽은 지 '삼일 만에' 살아나셨다. 이는 모두 '성경대로' 이뤄진 일들로서 복음의 핵심적 요소가 된다. 여기서 그리스도의 죽음은 단순 과거로, 그리고 부활은 완료 시제로 묘사되는 데서 부활의 현재성이 분명히 드러난다 (12, 13~14, 16절 등). 그리스도의 부활은 다양한 부활 현현에서 확인된다.

부활하신 예수님께서 먼저 게바에게(비교 눅 24:34), 다음으로 열두 사도에게¹ 나타나셨다(5절). 그 후 500여 형제들에게 일시에 보이셨는데, 그들은 바울이 이 글을 쓸 무렵 많이 '잠들기도'² 했지만 아직 태반이 살아 있었다 (6절). 그런 후에 야고보와 다시 모든 사도들에게 나타나셨다(7절). 이 부활 현현의 마지막은 바울 자신이다. 부활 후에 시간이 꽤 지났고, 또 승천하신 주님을 본 것이므로 바울의 다메섹 체험은 다소 다르지만 그도 부활 현현의 연속으로 간주한다. 바울은 '예수 우리 주를 보았고' 그래서 사도가 되었다(9:1). 고린도 성도들은 산 증인에게서 부활 복음을 들은 것이다.

물론 문제가 그리 단순하진 않다. 9~10절은 이에 대한 일종의 사족이다. 바울은 자신이 사도들 중에 가장 미미한 존재라고 말한다. 사실 그는 '유산된 자'(엑트로마)와 같다.³ 유산 혹은 사산되어 사람 구실을 못하는 아기처럼, 그는 사도로 일하거나 사도로 불릴 자격이 없다. 하나님의 교회를 핍박했던 것이다(9절).⁴ 하지만 하나님의 은혜로 그는 사도로 부르심을 받았고, 하나님의 은혜가 '헛되지' 않아 그는 다른 사도들보다 더 많은 수고를 할 수 있었다. 물론 이것이 유산된 자 같은 바울 자신의 업적일 리 없다. 수고의 원천은 "내가 아니라 나와 함께 하신 하나님의 은혜"일 뿐이다(10절).⁵

바울은 잠깐 자기를 변호한 후에 원래의 논점으로 돌아간다. 바울도 그리스도 부활의 산 증인이므로 그의 복음 역시 다른 사도들의 복음과 같다. "내나 저희나 이같이 전파하였다"(11절). 이는 바울이 처음부터 강조한 바다. 그가 성도들에게 '전한' 복음은 그가 '먼저 받은' 것이었다(3절). 곧 부활에 관한 다른 복음이란 있을 수 없다. 그리스도의 부활은 명백한 역사적 사실로서, 모두가 전파하는 복음의 핵심이다. 바울이건 다른 사도들이건 모두 죽어서 부활하신 그리스도를 선포한다. 그리고 성도들은 '이렇게 믿었다'(11절). 그들은 복음을 굳게 붙잡고 '헛되이 믿지 않았다'(2절). 적어도 최근까지는 말이다.

부활이 빠진 헛된 믿음(12~19절)

일단 바울은 그리스도의 부활을 역사적이고 복음적인 사실로 확증한 후, 이에 근거해 미래 부활의 당위성을 논한다. 논증은 여섯 개의 '만일'로 구성된다. 12절의 첫 번째 '만일'은 뒤따르는 논증들을 위한 표제다. 그리스도께서 다시 사셨다고 선포되는 마당에, 어떻게 어떤 사람들이 부활을 부인하는가(12절)? 물론 그들도 그리스도의 부활을 인정할 것이다. 하지만 죽은 자의 부활이 원천적으로 불가능하다면 그 부활의 한 특수한 경우인 그리스도의 부활도 있을 수 없다(13절). 그리스도의 부활이 거짓이라면, 모든 것이 무의미해진다. 그리스도의 부활을 전한 사도들의 전파도 '헛될' 것이고 그 부활을 믿은 성도들의 믿음도 '헛될' 것이다(14절). 또 사도들은 하나님에 관한 거짓 증인이 된다. 하나님의 실제 모습과 다르게[6] 그가 그리스도를 일으키셨다고 선포했기 때문이다. 하지만 하나님께서 그리스도를 일으키시지 않은 것이다. 정말 죽은 자의 부활이 없다면 말이다.

16~18절의 세 '만일'은 앞서 13~15절의 논리를 그대로 반복한다. 죽은 자의 부활이 없다면 그리스도의 부활도 없다(16절). 그리스도께서 다시 살지 않았다면 성도들의 믿음은 '허망한 엉터리'에 불과하다.[7] 물론 그분의 부활을 전제하는 죄로부터 해방도 한낱 환상일 뿐이며(비교 롬 4:25)[8] 따라서 성도들은 여전히 죄 가운데 있을 것이다(17절). 그뿐 아니라 '그리스도 안에서 잠자는 자들' 곧 부활의 소망을 안고 죽은 자들도 실상 망한 것이다. 부활이 없으니 그들의 유일한 삶이 끝나버린 것이다(18절). '부활 없음'의 파장은 미래에만 국한되지 않는다. 부활의 소망으로 지금 고난의 길을 가는 성도들(32절; 롬 8:17; 빌 3:10~11, 21)의 삶 자체를 더없이 불쌍한 것으로 만들 것이기 때문이다(19절). 잘못된 부활 교리가 퍼뜨리는 실제적인 목회의 해

악이 바로 여기에 있다.

그리스도의 부활과 우리의 부활(20~32절)

하지만 이 끔찍한 시나리오는 그리스도 부활이라는 현실을 무시한 허구에 불과하다. '그러나 지금'(비교 롬 3:21) 그리스도께서 죽은 자 가운데서 일어나 살아 계신다. 그렇다면 부활은 존재한다. 곧 그리스도께서 자는 자들의 첫 열매가 되시고, 죽은 자들은 망한 것이 아니라 '첫 열매'인 그리스도를 따라 함께 일어날 것이다(20절).

그렇다면 어떻게 그리스도께서 미래 부활의 첫 열매가 되는가? 20~28절은 이 질문에 답한다. 로마서 5장 12~21절처럼, 바울은 20~21절에서도 아담-그리스도 유형론에 근거해 현재의 죽음과 미래의 부활을 설명한다. 사망이 사람을 통해 오기에, 죽은 자의 부활도 사람을 통해 이뤄진다. 아담을 통해 모든 사람들이 죽는 것과 같이, 그리스도를 통해 모든 사람들이 살아날 것이다. 이는 현재의 사실에서 미래에 관한 원리를 발견하는 논증이다. 현재의 실재인 죽음은 아담 곧 '사람'을 통해 온다.[9] 곧 모든 사람들은 '아담을 통해' 죽는다(현재형). 죽음이 사람을 통해 온다면 죽은 자의 부활도 사람을 통해 와야 한다. 일종의 결자해지(結者解之) 논법이다. 그런데 그리스도가 사람으로서 부활을 경험하셨다. 그렇다면 이것은 미래 부활이 '그리스도를 통해'[10] 이뤄진다는 것을 의미한다. 아담이 죽음의 열쇠듯, 그리스도는 미래에 부활의 열쇠다. 그런 의미에서 그분은 모든 사람들의 부활을 위한 '첫 열매'다.

하지만 부활에 일종의 순서가 있다. 바울은 두 단계를 말한다. 부활의 첫 열매인 그리스도, 그 다음에 그분의 재림 때에 '그에게 속한 자들' 곧 성도들의 부활이다(23절). '그 후에는 나중이니'라는 표현은 다소 애매하지만, 시간적 경과보다 논리적 순서를 가리키는 것 같다. 곧 그리스도의 재림 때

성도들이 부활하면 '그러면 마지막이 온 것이다.' 그리스도께서 모든 지배자들과 권력들과 능력들을 정복하신 후 나라를 하나님 아버지께 드릴 때다(24절). 곧 그리스도는 모든 원수를 발 아래 밟으신 후 왕권을 아버지께 드린다. 그때까지 직접 왕으로 통치하셔야 한다(25절). 물론 그리스도께 정복되고 멸망돼야 할 마지막 원수는 죽음이다(26절). 그리스도께서 성도들을 살리시는 것은 마지막 원수인 죽음을 정복한다는 의미다. 따라서 부활은 모든 것의 마지막이 될 것이다.

이것이 "모든 것을 그의 발 아래 복종시키셨다"는 말씀의 뜻이다(시 8:6). 물론 바울은 이 시편을 메시아(그리스도)가 모든 원수를 정복할 때에 관한 예언으로 읽는다. '모든 것'이라고 했을 때, 모든 것을 그리스도께 복종케 하시는 하나님은 그 안에 포함되지 않는다(27절). 모든 것이 아들에게 정복되면 아들도 만물을 자신에게 복종케 하신 하나님께 복종하게 될 것이고, 비로소 모든 것이 하나님의 주권 안에 통일된다(28절). 요는 그리스도께서 모든 것 곧 마지막 원수인 죽음까지도 정복하신다는 것이다. 그런 이유로 그리스도는 미래 우리 부활의 첫 열매가 되신다.

29~32절의 논증은 보다 실제적이다. '만일 그렇지 않다면' 곧 만일 그리스도께서 우리 부활의 첫 열매가 아니어서 죽은 자들이 아예 다시 살지 못한다면, 어떤 사람들이 죽은 자들을 위해 세례 받는 것이 무슨 의미가 있으며,[11] 우리도 시시각각 위험을 무릅쓰는 것이 무슨 의미가 있는가? 바울이 그리스도 예수 안에서 고린도 성도들에 대해 가진 자랑을 걸고 맹세하는 것처럼, 그가 매일매일 죽음을 직면하며 살지 않는가? 그런데 목숨을 건 투쟁이 '사람을 따르는' 것이었다면, 그게 무슨 소용이 있는가? 3장 3절과 같이 '사람을 따라서'는 성령님과 무관한 순전히 인간적 차원의 행동을 가리킨다. 부활이 없는데도 죽음 같은 삶을 살아간다면, 이것처럼 어리석은 일이 또 있을까? 죽은 자가 다시 살지 못한다면 '먹고 마시자, 내일이면 어차피 죽어 없어질 테니까' 하며 절망적 방탕에 빠지거나 '(진탕)먹고 마시며' 오늘이라도 맘껏 즐기려 들지 않겠는가?(32b절; 사 22:13; 56:12; 눅 12:19~20).[12]

결론적 권면(33~34절)

하지만 이런 망상에 속아선 안 된다. "악한 부류가 선한 행실을 파괴하는 법"이다.[13] 이것은 부활의 소망으로 사는 사람들의 선한 삶을 무너뜨린다. 그러니 "정신 똑바로 차리고('깨어 의를 행하고'는 어색한 표현이다) 더 이상 죄를 짓지 말라"(34a절). 부활을 준비하지 않는 사람은 부활의 첫 열매로 그리스도를 살리신 하나님을 모르는 것이다. 짧지만 33~34절은 왜 바울이 부활 문제를 심각하게 다루고 있는지 직접적으로 설명을 제공해 준다. 잘못된 부활 교리도 문제지만, 더욱 치명적인 것은 이로 인한 파괴적인 행태다. 왜냐하면 그가 이미 말한 것처럼, 이런 행동이야말로 그들의 미래에 더없이 치명적인 타격을 입히는 것이기 때문이다(6:9~10).

몸의 부활에 대한 본질(35~57절)

여기서 바울의 논증은 일단락된다. 하지만 부활을 부인하는 자들에겐 여전히 석연찮은 구석이 있다. 바울의 말처럼 죽은 자가 살아나는 것이라면, 도대체 어떤 식으로 살아날 수 있는 것인가? 이미 죽어 썩은 자들이 살아난다는데, 그러면 그들은 어떤 몸으로 살아나는가(35절)? 36~57절은 바로 이 질문을 다루고 있다.

바울은 농사의 비유를 든다. 땅에 심은 씨앗이 다시 살아나려면 땅에서 '죽어야' 한다(36절). 밀이나 다른 곡식처럼, 지금 심는 것은 미래의 몸이 아니라 '벗은 알갱이' 뿐이다(37절). 그러나 하나님께서 작정하신 대로 이들 씨앗에게 각각 어울리는 '몸'을 주신다(38절). 이를 설명하기 위해 바울은 여러 가지 예를 든다. 사람, 짐승, 새, 물고기 같은 생명체들은 모두 '육체'를 가졌지만, 그들의 육체는 서로 다르다(40절). 또한 하늘에 속한 '몸' 곧 천체들은 땅에 속한 '몸'들과 다르며, 그들 천체의 '영광'은 땅에 속한 몸들의

'영광'과 다르다. 요는 어떤 대상이든 그 존재에 맞는 나름의 '육체', '몸', '영광'을 갖게 마련이라는 것이다.

부활의 몸도 마찬가지다. 죽게 될 현재의 몸은 부활할 미래의 몸과 다르다. 지금 우리가 심는 '몸'의 특징은 '썩음'과 '불명예'와 '연약함'이지만, 미래 부활하는 몸의 특징은 '썩지 않음'과 '영광'과 '능력'이 된다(42~43절). 곧 우리는 자연적인 '혼적 몸'(소마 프쉬키코스)을 심고서 '영적 몸'(소마 프뉴마티코스)으로 살아난다(44절). 현재의 '혼적 몸'이 있다면 미래의 '영적 몸'도 당연히 존재한다(45절). 성경이 이를 확증하고 있다. 곧 "첫 사람 아담은 산 혼(프쉬켄 조산)이 된 것같이 마지막 아담은 살려주는 영(프뉴마 조오포이운)이 되었다"고 했기 때문이다.[14]

여기서 다시금 미래의 부활이 그리스도를 통한 것임이 드러난다. 물론 혼적인 것이 먼저며, 그 다음에 신령한 것이 온다(46절). 첫 사람은 땅에서 나서 땅에 속한다. 두 번째 사람은 하늘에서 온 하늘에 속한 자다(47절). 당연히 '땅에 속한 자들'인 현재의 우리는 땅에 속한 아담의 속성을 공유하고, '하늘에 속한 자들' 곧 미래의 우리 몸은 하늘에 속한 아담의 속성을 공유한다(48절). 아담 - 그리스도 유형론은 21~22절과 같지만, 여기서 유형론이 부활의 사실 자체를 넘어 부활의 구체적 양상을 설명하는 근거로 등장한다.

50~57절에서 바울은 이 문제를 보다 실존적인 관점에서 접근한다. 현재의 몸과 부활의 몸이 다르기에 현재의 '혈과 육'은 미래의 하나님 나라를 상속할 능력이 없고, 현재의 '썩어질' 몸은 '썩지 않을' 몸을 상속하지 못한다(50절). 그러나 놀라운 '비밀'이 선포된다. 곧 우리 모두 언제나 잠만 잘 것이 아니고 변화할 것이다. 마지막 나팔이 울릴 그리스도의 재림 때 죽은 자들이 '눈 깜빡할 순간에' 일어나고, 우리도 썩지 않는 몸으로 변화할 것이다(51~52절). 하나님의 나라를 상속하려면 '현재의 썩을 것'이 미래의 썩지 않을 것을 입어야 하고, 현재의 '죽을 것'이 장래의 죽지 않을 것을 입어야 하기 때문이다(53절).

그러면 기록된 말씀은 성취될 것이다. "죽음이 승리 속에 삼켜졌다(54절). 죽음아 너의 승리가 이제 어디 있느냐? 죽음아 너의 날카로운 칼날이 어디 있느냐(55절)?" 부활은 곧 죽음의 무장 해제, 아니 죽음의 최종적 패배를 의미한다. 한때 죽음은 죄를 자신의 공격 무기로 삼아 우리를 지배했다. 그리고 죄는 율법의 힘을 등에 업고 우리를 죽음에 이르게 했다(56절). 하지만 그리스도는 우리에게 죽음에 대한 승리를 주신다(57절). 그분은 부활하셨고, 따라서 우리는 더 이상 죄의 권세 아래 있지 않다(17절; 롬 6:8~14). 그뿐 아니라 우리는 장래에 그리스도를 통한 부활을 경험하게 된다.

전반부의 논증이 33~34절의 권면으로 이어진 것처럼, 마지막 58절에서도 바울의 논증은 보다 실천적인 권면으로 이어진다. 이렇듯 부활이 확실하므로, 성도들은 어리석은 가르침에 속아 흔들리지 않아야 한다(33절). 오히려 견고하게 서서 부활의 소망을 굳게 붙잡고 항상 주님의 일에 열심을 내는 것이 마땅하다. 왜냐하면 그들의 수고가 주 곧 예수 그리스도 안에서 '헛되지' 않음을 알기 때문이다. 부활을 바라보며 수고하는 삶이 부활을 제대로 믿는 것과 다르지 않다면, 이 마지막 표현은 '헛되이 믿거나'(15:2) 혹은 '너희의 믿음도 헛된' 상황(14, 17절)과 반대되는 결과를 묘사한다. 곧 '소망의 인내'를 가지고 '믿음의 역사'와 '사랑의 수고'를 계속하라는 격려요 질책이다. 이것이 진정한 의미의 부활 신앙이요, 그리스도의 복음을 '헛되이' 믿지 않는 태도다. 결국 우리의 구원은 이런 실천적 부활 신앙을 요구하고 있다.

부활 신앙의 실천적 의미

1. 33~34절과 마지막 58절에서 보듯이, 부활을 논의하는 바울의 실제 관심은 목회적이다. 곧 잘못된 부활 교리 자체가 아니라 이로 인한 건전한 삶의 파괴가 그의 주된 관심사다. 바울의 목회적 태도는 고린도전서가 시

종일관 실제 삶의 문제를 다루고 있다는 점에서 잘 드러난다. 우상 제물에 대한 논의에서도 볼 수 있듯이, 바울은 한 분 하나님과 우상의 허구성에 대한 교리적 지식조차 믿음의 필수 요소라고 말하지 않는다. 더 중요한 것은 이런 지식 없는 사람들을 실족하지 않게 하는 사랑이다(8:1). 마찬가지로 부활에 대한 잘못된 교리가 그 자체로 우리를 구원에서 배제하지 않는다(비교 살전 4:13~18). 하지만 부활에 대한 우리의 생각은 오늘 우리의 삶에 영향을 미친다. 현재는 미래를 위한 파종이기에, 오늘 우리가 '심는' 방식은 미래의 '추수할' 내용을 결정한다. 바울이 부활 교리에 대해 촉각을 곤두세우는 것이 바로 이 때문이다. 부활이 없다는 가르침에 속아 현재의 삶을 그르친다면 곧 미래의 소망을 내팽개치는 결과가 되기 때문이다.

바울에게는 정확한 교리보다 철저한 순종이 더욱 소중했다. 생각은 다소 빗나갈 수 있지만, 정확한 생각보다 더 중요한 것은 오늘 우리가 순종의 삶에서 벗어나지 않는 것이다. 이는 교리적 문제들에 민감하면서 실천적 차원에 대해 큰 관심이 없는 우리의 신학적 풍토를 다시 돌아보게 한다. 정작 우리의 미래를 결정하는 삶은 적당히 얼버무리고, 우리를 교만하게 할 수 있는 교리에 예민하다면 우리는 이를 어떻게 봐야 할까? 성실한 신학적 노력에 교리의 칼날을 겨누면서도 표절이나 거짓말 같은 악한 행위는 눈감아 주는 현실을 무엇이라고 해야 할까? 우리가 말하는 교리가 혹 사랑을 모르는 사람들의 이데올로기로 전락한 것은 아닐까?

2. 바울은 오늘 우리가 심는 몸은 '욕된' 것이며 '약한' 것이라고 했다. 다른 곳에서 이는 '고난'이라고 부른다. 물론 영광되고 강한 몸을 얻으려는 소망의 발로다. 곧 내일 그리스도의 부활에 참여하기 위해 오늘 그분의 고난에 동참하는 삶이다(빌 3:10~11). 4장에서 바울은 자신의 이런 삶과 마치 부활을 거쳐 천국에서 다스리는 자처럼 행세하는 일부 성도들의 영적 오만을 대조하고 있다(4:8~13). 바울의 삶은 천하고 약하며, 세상의 구경거리요 만물의 쓰레기 같은 것이었다. 미래가 없다면 가장 불쌍하다고 말할 수밖

에 없는 인생이었다.

그런데 바울은 이런 비천함 속에서 미래를 여는 열쇠를 보았다. 곧 현재의 고통이 미래를 위한 통로가 된다(롬 5:3~4; 고후 4:17). 역설적이게도 이 비천함은 십자가의 모양으로 나타나는 성령님의 능력이고, 하나님의 나라는 이런 능력으로 들어간다(4:20; 6:9). 그러면 우리는 하나님의 나라에 들어갈 수 있을까? 우리는 뿌린 대로 거두며(갈 6:7~9), 하나님께서 우리의 행위를 따라 갚으신다(롬 2:6~11; 벧전 1:17). 그렇다면 우리의 미래는 안전한가? 십자가의 모양으로 역사하시는 성령님의 능력은 드러내지 못하고 세상과 별반 다를 바 없는 방식으로 '먹고 마시며' 살다가 하나님의 나라에 합당치 못한 자들로 드러나지 않을까? '믿음'과 '은혜'를 우리의 마음대로 곡해해 그것이 마치 무슨 면죄부나 되는 것처럼 '스스로 속이고 있는' 것은 아닐까(갈 6:7; 고전 6:9; 엡 5:5~6)? 어쩌면 우리의 부활은 입술로는 고백되지만 실제로는 부인되는 이중성의 희생양으로 남아있는 것은 아닐까?

3. 부활절 하루를 제외하면 우리에겐 잊혀진 교리지만, 정작 부활은 바울 복음의 핵심에 놓인다. 그의 복음은 하나님의 아들에 관한 것이었고, 예수님께서 하나님의 아들로 인정받은 계기가 바로 부활이었다(롬 1:4). 부활은 성령님 능력의 표현이었던 바, 바울은 그 능력이 바로 복음을 복음 되게 하는 것으로 보았다(롬 1:16~17). 아브라함에게나 우리에게나 의롭게 하는 믿음은 부활의 능력에 대한 믿음이다(롬 4:17, 24). 성령님의 역사는 부활에서 드러나고 지금 믿는 자들 중에 역사하는 창조주 하나님의 능력을 가리킨다. 성령님의 능력이 우리를 죄에서 해방하고(롬 4:25; 고전 15:17), 하나님의 뜻을 따라 살아가도록 변화시킨다(롬 8:1~4).

그래서 바울은 성도들이 이 능력을 깨달을 수 있도록 기도한다(엡 1:19~22). 십자가는 항상 인기 있지만 부활은 부활절 아니면 무시되는 우리의 현실은 분명히 병들어 있다. 부활을 말하지 않고 십자가로만 돌아가는 신앙이라면, 이는 신앙이 아니라 심리적 아편에 가까울 것이다. 부활은 역사적 사실이기도 하지만, 또한 우리 속에 역사하는 하나님의 능력이기도 하다. 이에 대한 무지가 힘없이 세상의 포로가 돼 버린 오늘날 교회의 처지와 무관할까? 어쩌면 우리가 내세우는 복음은 아무 힘도 쓰지 못하는 '종이 호랑이'에 불과하지 않을까? 그렇다면 우리의 복음이 뭐가 그리 '복된' 것일까?

목회자의
진정한 리더십

고린도전서 16장의 주해와 적용

고린도전서의 마지막장인 16장은 크게 두 부분으로 나누어진다. 첫째 부분은 헌금 모금과 바울과 그의 동역자들의 여행에 관한 언급을 하고 있는 1~12절이다. 둘째 부분은 바울의 고린도교회에 대한 마지막 권면과, 고린도교회에서 편지를 갖고 온 스데바나 일행에 관한 언급, 아시아와 아굴라와 브리스가 교회로부터 문안과 결론적인 당부와 인사를 포함하고 있는 13~24절이다. 첫째 부분은, (1) 예루살렘 성도를 위한 헌금에 대한 교훈 (1~4절), (2) 바울 자신의 여행일정(5~9절), (3) 디모데에 관한 언급(10~11절), (4) 아볼로에 대한 언급(12절) 등 네 항목으로 나눌 수 있다. 둘째 부분은, (1) 윤리적인 권면(13~14절), (2) 스데바나, 브드나도, 아가이고에 관한 칭찬 (15~18절), (3) 아시아의 교회들과 아굴라와 브리스가의 가정교회로부터의 문안(19~20절), (4) 바울 자신의 경고를 동반한 친필 문안 및 축도(21~24절) 등 네 항목으로 나눌 수 있다.

예루살렘 교회를 위한 헌금 모금과 바울, 디모데, 아볼로의 여행

1. 예루살렘 교회를 위한 헌금(1~4절)

바울이 1절에서 헌금 문제를 말하면서, 종종 고린도교회가 제기한 질문과 관련하여 사용하는 문구인 "대하여"(페리 데, 7:1,25; 8:1; 12:1)를 사용하고 있는 점을 볼 때, 고린도교회가 바울에게 보낸 편지 가운데 헌금에 관한 질문을 언급한 것 같다. 아마도 고린도교회 성도들이, 갈라디아교회 등 바울이 세운 여러 이방교회들이 예루살렘교회를 위한 헌금을 모금하고 있다는 소식을 듣고 바울에게 그 취지와 방법에 관한 질문을 한 것 같다. 바울은 고린도교회의 질문과 관련하여 그가 갈라디아교회들에 명한 것 같이 그렇게 할 것을 당부한다. 여기서 바울은 헌금 모금이 고린도교회에만 특별히 부탁한 것이 아니라 갈라디아교회들을 포함하여 여러 교회들에도 동일하게 부탁한 것이었음을 밝힌다. 2절에서 바울은 갈라디아 교회들에 명한 헌금 모금 방법을 간략하게 설명하고 있는데, 곧 매주일 첫날, 성도들이 예배드리기 위해 모이는 그 주일마다 성도들이 한 주간에 있었던 자신의 소득에 따라 미리 얼마를 가정에 저축해 두라는 것이다(Bruce, 1971, 158). 그래서 바울이 고린도교회에 갈 때 그때 가서 헌금을 하지 않도록 하라는 것이다.

바울이 왜 고린도교회를 포함하여 자신이 개척한 여러 이방교회들에게 예루살렘교회를 돕는 헌금을 하도록 부탁하였을까? 로마서 15장 26~27절에 보면, 바울이 제 3차 선교여행을 마치고 그동안 마게도냐와 아가야지방의 이방교회 성도들이 예루살렘 교회 성도 중 가난한 자들을 위하여 헌금한 것을 가지고 예루살렘에 가면서 언급한다. "저희가 기뻐서 하였거니와 또한 저희는 그들에게 빚진 자니 만일 이방인들이 그들의 신령한 것을 나눠가졌으면 육신의 것으로 그들을 섬기는 것이 마땅하니라"(롬 15:27). 이 언급을 볼 때, 바울은 그동안 자신이 개척한 여러 이방교회 성도들에게, 그들이 예루살렘의 유대인 성도들에게서 영적인 복음의 빚을 지고 있으니, 이제 물질로써 그 빚을 갚아야 한다고 가르치면서, 예루살렘교회 성도들을 위한 헌금 모금을 강조해 온 것 같다. 구원의 복음이 유대인인 예수님에게서 시작하였고, 사도행전 1장 8절의 말씀처럼, 예루살렘의 유대인 교회에서 복음 전파운동이 시작되어 이방인들에게까지 미치게 되었으니 이방인들이 받은 그 복음의 빚을 물질로써라도 섬기는 것은 당연하다는 것이다.

그러나 바울의 입장에서 볼 때 이방인들이 예루살렘의 유대인들을 물질로 돕는 것은 복음의 빚을 갚는 이상의 의미가 있다. 그것은 바로 바울이 전파한 이신칭의(以信稱義) 복음의 구체적인 실현이었다. 본래 바울이 전파한 이신칭의 복음은 유대인뿐만 아니라 이방인들도 구원하시겠다는 하나님의 언약적 신실성에 근거하고 있었다. 하나님은 언약에 신실하시기 때문에, 유대인들의 불순종에도 불구하고 예수 그리스도를 통해 그들을 구원하기로 하셨으며, 또한 죄인인 이방인들을 구원하기로 하셨다. 그래서 바울은 로마서 1장 16절에서 자신이 전파하는 복음은 "믿는 모든 자들을 구원하는 하나님의 능력이며, 이 복음은 첫째는 유대인들을 위한 것이며, 또한 이방인들을 위한 것임"을 선언하였다.

이처럼 예수 그리스도를 통하여 나타난 하나님의 언약적 의, 곧 이신칭의의 복음은, 유대인과 이방인이 그리스도 안에서 서로 하나가 되는 것과, 유대인과 이방인들이 그리스도 안에서 인종적 장벽을 철폐하고 새로운 창조를 형성하는 것을 내포한다. 그러므로 이방인 성도들이 유대인 성도들을 돕는 헌금은 바울의 이신칭의의 복음의 구체적인 실현이며, 이방인들이 유대인들과 함께 하나님의 백성으로 받아들여지는 종말론적인 예언(사 2:2~3; 60:10~16)의 성취였다(Hays, 97, 284).

바울이 고린도교회 성도들에게 자신이 도착하기 전에 주일날마다 조금씩 헌금을 저축해 둘 것을 당부한 것은 두 가지를 시사해 준다. 첫째, 헌금은 교회의 조직이나 강요에 의한 것이 아닌, 자발적으로 이루어져야 한다는 것이다. 둘째, 헌금과 관련하여 마치 그 헌금이 바울 자신을 위하는 것과 같은 오해를 받지 않아야 한다는 것이다. 이 점은 16장 3~4절에서 그들의 헌금을 "너희의 은혜"라고 말하는 점과, 바울이 직접 그들의 헌금을 가지고 예루살렘으로 가기보다 오히려 그들의 대표자가 직접 가지고 갈 것이며, 필요하다면 바울은 단지 그들과 함께 동행할 것임을 밝히는 점에서 드러난다. 이방인들의 헌금은 유대인인 바울의 손에서가 아닌 이방인들의 손에 의해 직접 유대인들에게 전달되어야 헌금의 진정한 의미가 살아날 수 있다는 것이다(Hays, 1997, 285).

헌금 문제에 관한 바울의 이와 같은 지침을 고린도 교인들이 즉각적으로 수용하지는 않은 것 같다. 고린도교회에 보낸 바울의 마지막 편지라고 할 수 있는 고린도후서 8, 9장에서 바울이 헌금 문제를 길게 쓰면서, 고린도 교인들이 마게도냐의 성도들처럼 헌금을 정성껏 준비하도록 다시 권면하고 있기 때문이다. 그러나 바울이 고린도에서 쓴 로마서 15장에서 마게도냐뿐만 아니라 아가야 사람들의 헌금도 함께 말하고 있는 점을 볼 때, 고린도교회 교인들이 결국에 가서는 마게도냐의 교인들처럼 예루살렘 교인들을 위한 헌금에 적극적으로 동참한 것 같다.

2. 바울의 여행 일정(5~9절)

5~9절에서 바울은 고린도 교인들에게 자신의 향후 선교여행 일정을 밝히고 있다. 5~6절에서 바울은 앞으로 마게도냐를 거쳐 고린도에 가면 그곳에서 겨울을 보내는 등 상당한 기간동안 머물 것과, 그런 다음 고린도 교인들의 도움을 받아 다른 선교지로 갈 것을 알려준다. 우리는 5절에 언급된 "마게도냐를 지난다"는 말을 바울이 고린도에 가는 길에 마게도냐에서는 전혀 머물지 않겠다는 의미로 받아들일 필요는 없다. "지난다"는 말이 길게 머물지 않겠다는 뜻이지 잠시 동안의 체류를 배제하지는 않는다. 아마도 바울은 고린도에 가는 길에 마게도냐에 세운 빌립보, 데살로니가, 베뢰아에 세운 교회들을 일시에 방문하게 될 것이다(Garland, 2003, 757).

그러나 고린도교회에 대한 방문은 여기서 언급한 대로 순조롭게 진행된 것은 아니었다. 적지 않은 우여곡절을 거쳤는데 고린도교회는 바울이 보낸 고린도전서 편지를 기쁨으로 받아들이지 않았다. 그래서 바울은 고린도교회 교인들이 고린도전서의 내용을 기쁨으로 수용하지 않았다는 소식을 듣고 계획하지 않았던 짧은 방문을 하였다. 그러나 바울은 성과 없이 돌아와서 고통스러운 눈물의 편지를 보냈고(이 편지는 유실된 것으로 알려졌음), 그 후 고린도교회가 바울이 보낸 편지를 수용하였다는 소식을 듣고는, 고린도후

서로 알려진 위로의 편지를 다시 보냈다. 그런 다음 비로소 바울은 고린도에서 상당기간 체류하면서 제 3차 선교여행을 종결하고 로마서를 썼다.

바울이 지금 고린도교회를 방문하지 않고 차후로 미룰 수밖에 없는 이유는, 8~9절에 언급되어 있는 것처럼, 현재 머물고 있는 에베소지역에 할 일이 있어 오순절까지 에베소에 머물러야만 했기 때문이다. 에베소에서 바울의 선교사역은 적지 않은 반대에 부딪혔음에도 불구하고 지속적으로 열매를 거둔 것 같다. "광대하고 공효(功效)를 이루는 문이 열렸다"는 말은 바울의 전도에 대한 적지 않은 수용을 뜻하기 때문이다(참조 고후 2:12; 골 4:3; 행 14: 27)(Garland, 2003, 758). 하지만 복음전파는 항상 수용이라는 순기능만 가져오는 것은 아니다. 때로 저항이라는 역기능도 동반한다. 15장 32절에서 바울이 "내가 에베소에서 맹수로 더불어 싸웠다면"이라고 언급하고 있는 점, 16장 9절 하반절에서 "대적하는 자가 많음이라"고 말하고 있는 점에서 알 수 있다. 그리고 사도행전 19장 23절 이하에서 누가가 바울의 에베소 선교가 상당한 저항을 받았다고 기록하고 있는 점을 감안해 볼 때, 바울의 에베소 선교는 결코 순탄하지는 않은 것 같다. 그렇지만 고난과 핍박 가운데서 더 알찬 열매를 맺는다는 것이 십자가 복음의 특징이다. "십자가의 도가 멸망하는 자들에게는 미련한 것이요 구원을 얻는 우리에게는 하나님의 능력이다"(고전 1:18)라는 바울의 선언처럼, 십자가의 복음은 도전과 핍박과 저항을 받으면 받을수록 더 능력이 나타나기 때문이다.

3. 디모데에 관한 언급(10~11절)

바울은 고린도전서 편지를 쓰면서 이미 4장 17절에서 디모데에 관한 언급을 하였다. 아마도 바울은 고린도전서 편지를 쓰기 전에 디모데를, 에베소에서 배를 타고 직접 고린도로 가는 해로(海路)보다 드로아에 가서 빌립보로 건너가 데살로니가와 아덴을 거쳐 고린도로 가는 육로(陸路)를 통해 고린도로 보낸 것 같다. 4장 17절에서 바울이 디모데를 보내면서 디모데를 가리켜 "주 안에서 내 사랑하고 신실한 아들"로 부르는 점과, "저가 너희로

하여금 그리스도 예수 안에서 나의 행사 곧 내가 각처 각 교회에서 가르치는 것을 생각나게 하리라"고 말하는 점은 바울이 디모데를 자신의 대리자로 고린도교회에 보냈음을 보여준다. 그러나 편지를 마감하는 16장에서 다시 디모데에 관하여 말하면서, 디모데는 나와 같이 주의 일에 힘쓰는 자니, 너희는 조심하여 저를 멸시하지 말고 저로 하여금 두려움 없이 고린도에서 일한 다음 평안히 돌아올 수 있도록 협조할 것을 간곡하게 당부한다. 이를 볼 때 바울이 디모데의 고린도 방문과 사역에 관하여 상당히 마음을 졸이고 있었음을 발견할 수 있다. 실제로 디모데의 고린도 방문은 고린도교회로부터 적지 않은 어려움에 직면했다(고후 10:10; 11:23; 12:6)(장종현·최갑종, 2001, 226).

디모데에 관한 바울의 염려와 부탁이 디모데의 소심한 성격에 연유한 것인지, 디모데의 나이가 아직 어리기 때문인지(딤전 4:12), 아니면 고린도교회가 디모데에 관하여 환대하는 마음을 갖고 있지 않기 때문인지(Fee, 1987, 821~22), 아니면 고린도교회가 호의를 갖고 있는 아볼로 대신 디모데를 보내기 때문인지(Hays, 1997, 287) 본문에는 구체적인 이유가 전혀 나타나 있지 않기 때문에 우리로서는 알 수가 없다(Barrett, 1968, 391). 물론 바울이 디모데에 관하여 마지막장에서까지 염려와 함께 거듭 고린도교회에 간절한 부탁을 하는 점을 볼 때, 바울이 고린도에서 디모데와 함께 첫 사역을 할 때 디모데가 그곳에서 적지 않은 어려움을 겪었을 가능성을 배제할 수 없다(R. Collins, 1998, 595). 그렇지만 바울이 디모데를 다시 언급하는 주된 이유는, 디모데 개인을 위함이라기보다, 10절 하반절에 언급되어 있는 것처럼, 디모데가 바울이 했던 것과 똑같이 주의 일에 힘쓰는 자이기 때문이다. 그렇기 때문에 고린도교회는 디모데의 권위를 받아들여야 한다.

4. 아볼로에 관한 언급(12절)

바울은 디모데에 관한 언급에 이어 아볼로에 관한 언급을 한다. 바울이 아볼로에 관하여 말하면서 아볼로에게 고린도교회에 갈 것을 권면하였으나, 지금은 그가 고린도에 갈 뜻이 일절 없다고 말하는 점은, 고린도교회가 바울에게 아볼로를 고린도교회에 보내줄 것을 부탁하였음을 생각나게 한다(Ker, 2000, 94). 아볼로는 본래 수사학에 능한 사람이었기 때문에 수사학에 익숙한 고린도교회 사람들이 그의 귀환을 바랐던 것 같다.

바울이 고린도전서 3장에서 고린도교회에 바울 지지파와 아볼로 지지파가 있었다고 말하는 점을 보아 바울과 아볼로 사이에 평소 갈등이 있었고, 그래서 바울이 아볼로가 고린도교회에 가는 것을 꺼려하였다고 추론할 필요는 없다. 바울이 12절에서 아볼로를 가리켜, "형제"라고 말하는 점은 바울과 아볼로 사이에 어떤 갈등과 긴장이 있었다는 추론을 배제하기 때문이다(Bruce, 1971, 160). 아볼로가 고린도교회에 지금 가려고 하지 않는 것은 바울의 영향 때문이 아니고 전적으로 아볼로 자신의 결정 때문이다. 본문에서 바울이 아볼로와 관련하여 "내가 많이 권하였으나"라고 말하는 점은 바울이 여러 번 간곡하게 아볼로에게 고린도에 갈 것을 권유하였음을 보여준다(Thiselton, 2000, 1333). 그렇지만 아볼로는 바울의 간곡한 권면을 받아들이지 않았다. 왜 아볼로가 고린도에 가기를 꺼려하였는가? 아볼로가 고린도교회 안에 자신과 관련하여 내분이 있다는 이야기를 듣고 자신이 그곳에 가면 내분이 더 심화될 것을 꺼려하였기 때문일까? 자신의 고린도 방문이 고린도교회의 화평은 물론 바울의 선교사역에도 전혀 도움이 되지 않는다고 보았기 때문일까? 본문은 이러한 질문에 대한 그 어떤 구체적인 답변을 주지 않고 있다.

결론적인 권면과 당부와 문안 인사(13~24절)

어떤 주석가(Eriksson, 1998, 284~289)는 13~24절을 전체 서신의 총 결론으로 볼 수 있을 만큼 가장 중요한 교훈과 논증을 내포한다고 보고 있다. 물론 우리가 이 부분의 중요성을 과소평가해서는 안 되겠지만, 그렇다고 해서 13~24절을 전 서신을 해석하는 핵심적인 부분으로 확대시킬 필요는 없다. 중요한 것은 13~24절이 전체 서신에서 어떤 비중을 차지하고 있느냐 하는 점보다 이 부분에서 바울이 무엇을 말하고 있느냐 하는 것이다(Garland, 2003, 764).

1. 윤리적인 권면(13~14절)

바울은 종종 서신의 마지막 부분에서 일종의 명령문 형태로 윤리적인 권면을 준다(고후 13:11). 첫째 명령은 "깨어라"이다. 똑같은 명령이 복음서나 서신의 종말론적인 교훈 가운데서 종종 나타나고 있기 때문에(막 13:34~35; 마 24:42~43; 마 25:13; 눅 12:37; 살전 5:6), 이 명령이 종말론적인 성격을 지니고 있다고 볼 수 있다. 바울은 이미 고린도전서에서 여러 차례에 걸쳐 종말론적인 심판의 도래와 고린도 교인들이 어떻게 생활해야 할 것인가에 대해 교훈을 준 적이 있다(고전 1:8; 3:13; 5:5; 7:26). 만일 우리가 이 명령이 종말론적인 성격을 지니고 있다고 볼 경우, 바울은 "깨어라"는 종말론적인 명령을 통하여 고린도 교인들이 주님의 재림을 기다려야 할 것과, 그리고 그들이 주님의 재림을 기다리는 동안 어떻게 합당한 행위를 해야 할 것인지를 깨우쳐주고 있다고 볼 수 있다(Hays, 1997, 288). 물론 "깨어라"는 명령을 예수님의 재림과 관련되는 종말론적인 권면으로 보지 않고, 일종의 윤리적인 권면, 곧 신자로 하여금 올바른 신앙생활을 못하도록 하는 모든 세상적인 유혹과 어두움의 세력에 빠지지 않도록 하라는 권면으로 볼 수도 있다(Fee, 1987, 827). 그렇지만 이 세상에 사는 신자의 삶 자체가 종말론적인 삶이라는 사실을 감안해 볼 때, "깨어라"는 명령이 종말론적인 의미를 지니고 있음을 부정하기는 어렵다.

두 번째 명령은 "믿음에 굳게 서라"이다. "믿음"이라는 단어 앞에 정관사가 있다는 것은 이 "믿음"이 믿는 행위를 가리키기보다 오히려 갈라디아서 1장 23절의 "우리를 핍박하던 자가 전에 잔해하던 그 믿음을 지금 전한다"의 "그 믿음"처럼, 믿음의 내용이나 대상을 지칭한다고 볼 수 있다. 그렇게 볼 경우 "믿음에 굳게 서라"는 명령은, 데살로니가후서 2장 15절의 "이러므로 형제들아 굳게 서서 말로나 우리 편지로 가르침을 받은 유전[전승]을 지키라"와 같이, 고린도 교인들이 바울이 고린도교회에 전해 준 복음의 전승들 위에 굳게 서라는 명령이라고 말할 수 있다(Garland, 2003, 766).

세 번째 명령은 "남자답고 강건하여라"이다. 여기 "남자답고 강건하여라"는 명령을 고린도교회 남성들이 남성의 리더십을 회복해야 한다는 의미로 해석할 필요는 없다. 고린도전서에서 바울이 고린도교회 여성도들 중 여성의 위치를 벗어나는 과도한 행위를 하는 자들을 향해 예배 중에는 머리에 수건을 쓸 것과(11장), 교회의 모임 중에서는 말하지 말고 잠잠해야 할 것(14장)을 명령하고 있는 것은 사실이다. 하지만 남성이 리더십을 상실하고 여성화되어가고 있다는 어떠한 암시나 언질을 주고 있지는 않다. 따라서 "남자답고 강건하여라"는 명령을, 고린도교회 남성들이 여성화하지 말고 남성의 리더십을 되찾으라는 명령보다, 오히려 남녀의 구분 없이 모든 교인들이 어린아이와 같은 행위를 하지 말고 어른다운 행위를 하라는 명령으로 보는 것이 바람직하다(Thiselton, 2000, 1336). 왜냐하면 고린도전서에서 "남자답고 강건하여라"는 말은 여성의 자질과 반대되는 말로 사용되기보다 오히려 어린아이의 자질과 반대되는 말로 사용되고 있기 때문이다(3:1; 13:10~11; 14:20 참조). 아마도 바울은 이 명령을 통해 고린도 교인들이 어떠한 시련과 세속적인 유혹을 만난다하더라도 결단코 거기에 굴하지 말고 오히려 그 모든 유혹과 시련을 담대하게 극복할 것을 강조한 것 같다.

네 번째 명령은 14절의 "너희 모든 일을 사랑으로 행하라"이다. 16장에서만 세 번이나 언급되고 있는 "사랑"(16:14, 22, 24)은 사실상 고린도전서 전체를 관통하는 핵심적인 단어 중 하나다(Hays, 1997, 289). 바울은 이미 고린도전서 13장에서 사랑이 진정한 성령 받음과 영성의 표현임을 자세하게 설명한 바 있다. 바울이 고린도전서 전체를 통해 진정한 성령 받음과 영성의 표현으로서 사랑을 강조하는 이유는, 고린도 교인들이 가장 영적이라고 주장하면서도, 실제로는 교회 안에 분파가 있을 만큼 사랑으로 하나가 되지 못하기 때문이다. 그들은 파벌로 서로 나누어져 있었고, 성도 서로 간에 세상법정에서 고소를 하였으며, 성만찬을 오용하였다. 그래서 바울은 모든 일을 사랑으로 행하라고 권면한다. 이 사랑은 단순히 헬라의 윤리적인 덕목에서 온 것이 아니라, 예수님의 십자가에서 나타난 하나님의 희생적 사랑에서 연유하고 있다. 그런데 이 사랑의 실천은 성령의 역사 없이는 불가능하다. 그러므로 "사랑으로 행하라"는 명령은, 갈라디아서 5장의 경우처럼, 성령으로 행하라는 명령과 동일하다고 볼 수 있다. 성령으로 행하는 것은 성령에 의해 사랑으로 행하는 것을 뜻하기 때문이다.

2. 스데바나, 브드나도, 아가이고에 관한 칭찬(15~18절)

스데바나, 브드나도, 아가이고는 고린도교회에서 보낸 편지를 가지고 바울에게 찾아온 사람들인 것 같다. 스데바나는 고린도교회를 책임지고 있는 핵심적인 지도자였고, 브드나도와 아가이고는 스데바나의 일행이었다. 바울이 고린도전서 1장 16절에서 스데바나의 집 식구를 가리켜 바울이 직접 세례를 베푼 자로 언급하는 점과, 16장 15절에서 스데바나의 집을 "아가야의 첫 열매"로 규정하는 점, 그리고 스데바나가 성도를 섬기는 일을 하고 있다는 사실을 언급하는 점 등은 스데바나가 고린도교회의 가장 중요한 인물임을 보여준다.

스데바나 일행은 고린도교회의 편지를 가지고 바울에게 왔을 뿐만 아니라, 바울이 그동안 고린도교회에 관하여 마음을 졸이면서 궁금해했던 여러 가지 소식들을 전해주어 바울의 마음을 시원하게 해 준 것 같다. 아마도 그들은 고린도교회가 결코 바울을 외면하거나 떠나지 않았다는 소식을 전해주어 바울의 마음을 기쁘고 평안하게 해 준 것 같다. 바울은 이제 고린도교인들에게 그들이 스데바나와 같이 고린도교회를 위해 일하는 여러 지도자를 알아주고 복종할 것을 당부한다.

사실상 고린도교회의 내분과 갈등의 큰 요인 중 하나가 교회의 리더십의 결여라고 볼 수 있다(Bruce, 1971, 160~161). 왜냐하면 교회는 지도자와 그의 리더십에 문제가 생길 때 문제가 발생하기 때문이다. 그래서 바울은 고린도교회 성도들에게 스데바나의 리더십을 존중할 것을 당부한다.

바울은 스데바나의 리더십이 바울 자신이나 어떤 조직의 임명에 의해 이루어졌다고 말하지 않는다. 오히려 스데바나의 리더십은 그가 고린도 교인들을 섬기고, 고린도 교인들을 위해 일하고 수고함으로써 얻게 된 것임을 지적한다. 교회의 참된 리더십은 섬김과 봉사와 사역에서 오는 것이지 직분의 명칭에서 오는 것이 아니라는 것이다(Hays, 1997, 290). 다시 말하자면 아무리 직분을 받았다 하더라도 섬기지 않고 봉사하지 않고 일하지 않는다면 그는 교회에서 리더십을 가질 수 없다는 것이다(Garland, 2003, 769).

3. 아시아의 교회들과 아굴라와 브리스가의 가정교회로부터의 문안 (19~20절)

19절과 20절에서 바울은 아시아의 교회들과 아굴라와 브리스가의 가정교회의 문안을 고린도교회에 전한다. 바울이 아시아의 교회들을 구체적으로 말하지 않고 있기 때문에 우리가 정확하게 그 위치와 숫자를 알 수는 없지만, 바울이 지금 사역하고 있는 에베소교회, 그의 목회와 선교 영향력 아래에 있는 골로새와 라오디게아 교회, 그리고 그밖에 주변에 있는 교회들을 포함시켜 지칭하고 있을 가능성은 크다.

바울이 왜 고린도교회에 아시아의 교회들의 문안인사를 전하고 있는가? 바울은 이러한 문안인사를 통해 고린도교회 성도들에게, 그들이 혼자 있는 것이 아니라, 아시아를 위시하여 여러 지역에 흩어져 있는 많은 성도들과 함께 하나님의 백성이라는 한 가족적 연대를 맺고 있음을 알려주고자 한 것 같다.

바울은 아시아에 있는 교회들의 문안 인사에 덧붙여 아굴라와 브리스가의 개인적인 문안과 그들의 집에 있는 가정교회의 문안인사를 언급한다. 사도행전 18장에 언급되어 있는 것처럼, 아굴라와 브리스가는 서로 부부며, 이들은 로마교회의 성도였는데 주후 49년 로마 황제 클라우디오스가

로마에 사는 유대인들을 추방하자 고린도로 왔고, 그곳에서 바울 일행을 만나 바울의 고린도지역 선교에 적극적으로 협조한 것 같다. 그런 다음 바울이 고린도를 떠나 에베소로 왔을 때 바울과 함께 에베소로 온 것 같다. 사도행전 18장과 로마서 16장에서 이들 부부의 이름이 함께 언급될 때 브리스가가 남편인 아굴라의 앞에 언급되는 점은, 브리스가가 아굴라보다 더 적극적으로 복음사역에 헌신하였음을 암시한다. 바울 당대 헬라-로마사회에서 남성이 여성들을 만난다는 것은 거의 불가능하였기 때문에 바울의 고린도 선교에 브리스가가 적극적으로 협조했을 것이다.

그런데 바울이 왜 고린도교회에 보내는 편지에서는 다른 곳에서와 달리 브리스가 대신 남편인 아굴라의 이름을 먼저 쓰고 있을까? 만일 이것이 우연이 아니고 바울의 의도에 기인한 것이라고 한다면, 바울은 이러한 배치를 통하여 고린도교회 여성도들에게 특별한 교훈, 곧 고린도교회 여성도들이 자신의 남편을 제쳐두고 너무 앞서나가지 말라는 교훈을 주고 있다고 볼 수 있다. 바울은 아굴라와 브리스가의 개인적인 문안인사에 덧붙여 그들의 집에 있는 가정교회와 그리고 지금 바울과 함께 사역하고 있는 자들의 문안인사를 전한다. 그리고 그들도 서로 거룩한 입맞춤으로 문안인사할 것을 당부한다. "거룩한 입맞춤"은 초대 교회 성도들이 그들이 그리스도 안에서 서로 한 가족, 한 형제자매가 되었음을 보여주는 외적 행위였다(롬 16:16; 고후 13:12; 살전 5:26).

4. 바울 자신의 경고를 동반한 친필 문안 및 축도(21~24절)

21절에서 바울은 직접 펜을 들어 자신의 문안인사를 쓴다. 바울은 편지를 쓸 때마다 종종 당시의 관례를 따라 서기관에게 대필을 시켰다. 그리고 편지를 마감하는 마지막 부분에 가서 직접 펜을 들어 몇 마디 당부를 한다(갈 6:11; 골 4:18; 살후 3:17; 빌레몬 19장 참조). 고대 헬라-로마 사회에서는 종이나 펜이 발달되어 있지 않았기 때문에 편지를 쓴다는 것 자체가 전문적인 기술을 요구하였다. 그래서 편지를 위시하여 대부분의 글들은 전문적인 서

기관에 의해 쓰여졌다.

문안인사에 이어 바울은 이례적으로 16장 22절에서 "만일 누구든지 주를 사랑하지 아니하거든 저주를 받을지어다"라는 강력한 경고와 함께, 아람어로 되어 있는 "마라나타" 곧 "주여, 오시옵소서"를 첨부한다. 왜냐하면 주님의 재림은 믿는 자들에게는 한없는 축복을 가져오지만, 믿지 않는 자들에게는 오히려 저주를 가져오기 때문이다.

바울은 고린도전서 12장 3절에서 "하나님의 영으로 말하는 자는 누구든지 예수를 저주할 자라 하지 않고 또 성령으로 아니하고는 누구든지 예수를 주시라 할 수 없느니라"고 하면서, 예수님을 주님으로 고백하는 참된 신자는 결단코 예수님을 저주할 수 없음을 밝힌다. 주님에 대한 고백이 참된 신자의 시금석이 된다는 것이다.

이제 바울은 22절에서 참된 신자를 규정하는 또 하나의 시금석을 제시하는데 그것은 바로 주님에 대한 사랑이다. 주님에 대한 사랑을 가진 자가 참된 신자며, 주님에 대한 사랑이 없는 자는 신자가 아니다. 이런 자들은 주님이 재림하실 때 저주의 심판을 받을 수밖에 없다. 바울은 이러한 선언을 통해서 사랑이 부족한 고린도교회에게 강력한 경고를 주고 있다. 형제간에 사랑이 결여되어 있다는 것은 주님에 대한 사랑이 결여되어 있음을 보여준다. 왜냐하면 주님을 진정으로 사랑하는 자는 주님이 사랑하는 형제자매를 사랑하지 않을 수 없기 때문이다. 이런 자들은 교회를 세워나가기보다 교회를 파괴하기 때문에 저주를 받지 않을 수 없다(Hays, 1997, 292).

23~24절에서 바울은 "주 예수 그리스도의 은혜가 너희에게 있을지어다"는 축복기도에 이어, 고린도교회에 대한 자신의 사랑을 보여주는 "나의 사랑이 그리스도 예수 안에서 너희 무리와 함께 할지어다"라는 말을 덧붙이면서 편지를 마친다. 고린도교회가 아무리 문제가 많은 교회라 할지라도 그것이 고린도교회에 대한 바울의 간절한 사랑을 단절시키거나 축소시킬 수 없다. 왜냐하면 자신의 사랑은 고린도교회에 대한 주님의 은혜로우심과 사랑에 기초하고 있기 때문이다.

고린도전서 16장이 주는 교훈

고린도전서 16장은 교회와 목회자의 관계가 어떠해야 하는지 깨우쳐준다. 즉 교회는 목회자가 전하는 복음의 말씀 위에 굳게 서 있어야 하며, 주님을 사랑해야 하고, 성도들끼리 서로 사랑하고 화목해야 한다. 반면에 목회자는 교회를 사랑하고 바르게 섬기는 리더십을 가져야 하며, 교회가 잘못된 길을 갈 때는 강하게 견책하고 권유하여 바른 길로 가도록 해야 한다는 것이다. 또한 목회자들은 서로를 격려하고 사랑으로 보살펴 주어야 할 것을 가르쳐준다. 하지만 고린도전서 16장에서 바울은 교회에 대한 목회자의 진정한 리더십은 군림의 리더십이 아니라, 교회를 섬기고 헌신하는 종의 리더십임을 일깨워주고 있다.

주(註)

1부

2장

1. 정경으로서 신약 성경에 바울과 고린도 성도들 간의 서신 교환이 '고린도전서'와 '고린도 후서'의 이름으로 나타난다. 그러나 실제로 두 서신서의 내적 증거에 따르면, 바울은 두 번 이상에 걸쳐 고린도 성도들에게 서신을 보냈음을 알 수 있다. 이런 이유로 학자들 사이에 고린도전서와 후서에 대한 '분할 이론'이 다양한 가설과 함께 주장되고 있다. 하지만 '분할 이론'은 서신들에 대한 '온전한 역사적 재구성'에서 어느 것 하나 확증적이지 못하다는 치명적인 불확실성 내지 불충분성을 안고 있다.

어쨌든 사도행전과 고린도전·후서에 따르면, 우리는 다음과 같은 방문 및 서신 교환들이 바울과 고린도 성도들 사이에 오고 갔음을 알 수 있다. (1) 제2차 전도 여행 때 바울의 고린도 첫 방문(행 18:1~17), (2) 고린도 성도들에게 보낸 최초의 (하지만 소실된) 서신(고전 5:9) – 고후 6장 14~7장 1절이 소실된 서신의 내용, (3) 고린도 성도들이 바울에게 보낸 서신(고전 7:1), (4) 고린도 성도들이 보낸 서신에 대한 바울의 답장이 '고린도전서', (5) 바울의 두 번째 고린도의 짧은 방문(참조 고후 2:1, 12:14, 13:1~2), (6) 두 번째 방문 후에 고린도 성도들에게 보낸 '슬픔의 편지'(고후 2:3, 7:8) – 고린도후서 10~13장이 '슬픔의 편지' 내용, (7) 디도로부터 고린도 성도들의 소식을 듣고 바울이 또 다시 고린도 성도들에게 보내는 서신 '고린도후서', (8) 제3차 전도 여행 때 바울의 세 번째 고린도 방문(행 20:1~3).

2. 고린도전서에 대한 최근 구조 분석은 1세기 당시 그레코–로만 서신의 수사학적 구조 내지 특징의 배경에서 접근하는 경향이 강하게 나타나고 있다. M. M. Mitchell, *Paul and the Rhetoric of Reconciliation: An Exegetical Investigation of the Language and Composition of 1 Corinthians* (Louisville: Westminater Press, 1992); B. Witherington, III, *Conflict & Community in Corinth: A Socio–Rhetorical Commentary on 1 and 2 Corinthians* (Grand Rapids: Eerdmans, 1995), pp. 39~48, 73~77; A. C. Thiselton, *The First Epistle to the Corinthians* (Grand Rapids: Eerdmans, 2000), pp. 46~52를 보라.

3장

1. 어떤 학자들은 첫째 편지가 고린도후서 6장 14절~7장 1절에 삽입돼 있다고 생각한다. 예를 들면 J. C. Hurd, Jr., *The Origin of 1 Corinthians* (London, SPCK, 1965), pp. 235~39. 그들은 이 단락의 본문이 고린도후서의 전후 문맥과 어울리지 않으며, 첫 번째 편지와 동일한 주제를 다루고 있다고 주장한다. 그러나 이 견해에 대한 증거는 빈약하다. V. P. Furnish, *II Corinthians*, AB 32A (Garden City, NY, Doubleday, 1984), pp. 379~80을 보라.

2. 세 사람은 '글로에의 집안 사람들'과 동일시할 수 없다. 왜냐하면 1장 11절에 언급된 '글로에의 집안 사람들'은 1장 16절에 등장하는 '스데바나'와 확연히 구별돼 있기 때문이다.

3. 어떤 주석가들은 고린도전서 7~16장에서 '이제 …에 관하여'(peri de, now concerning…)라는 형식으로 도입되는 주제들만이 바울이 받았던 편지에서 나온 것이며, 나머지 주제들은 사도가 만난 사람들에게서 유래했을 것이라고 가정한다. 하지만 '이제 …에 관하여'라는 형식은 바울이 어떤 주제의 출처를 밝히기 위한 목적으로 사용한 것이라기보다 단지 새 주제를 도입하는 여러 방식들 중에 하나였을 것이다(M. M. Mitchell, "Concerning PERI DE in 1Corinthians," *NovT 31*, 1989, pp. 229~56을 보라).

4. 바울은 고린도전서를 보낸 후에도 그 교회의 형편이 달라지지 않자, 실제로 고린도를 직접 방문하게 된다. 사도행전에 보도되지 않은 바울의 제2차 고린도 방문은 고린도후서 12장 14절("보라 내가 이제 세 번째 너희에게 가기를 준비하였으나…")과 13장 1절("내가 이제 세 번째 너희에게 가리니…")에 암시돼 있다. 또한 이 짧은 방문은 고린도후서 2장 1절("내가 다시 근심으로 너희에게 나아가지 않기로 스스로 결심하였다")에 의하면, 바울에게 '근심'과 '고통'을 수반한 것이다.

5. 이 중에 '머리에 쓰는 것'(11:2~16), '성만찬'(11:17~34), '성령의 은사들'(12:1~14:40)은 모두 '공중 예배'에 관련된 주제들이다.

6. 이에 관해 G. Theissen, *The Social Setting of Pauline Christianity: Essays on Corinth* (Philadelphia, Fortress, 1982); C. Blomberg, *1 Corinthians, NIVAC* (Grand Rapids, Zondervan, 1994), pp. 23~24를 참조하라.

7. W. Lutgert, *Freiheitspredigt und Schwarmgeister in Korinth*, BFchTh 12/3 (Gutersloh, Gerd Mohn, 1908), p. 126; J. H. Wilson, "The Corinthians who say There is no Resurrection of the Dead," *ZNW 59* (1968), pp. 90~107: 99.

8. W. Schmithals, *Die Gnosis in Korinth: Eine Untersuchung zu den Korintherbriefen, FRLANT 66* (Gottingen, Vandenhoeck & Ruprecht, 1956)는 고린도교회에 나타난 바울의 적대자를 영지주의자로 규정했다. 하지만 그의 논증은 2~3세기 후대 문헌에 나타난 영지주의의 특징을 바울 시대로 소급해 적용시킬 뿐 아니라, 고린도전·후서 본문들을 너무 자의적으로 해석해 유사점을 비교하므로 많은 비판을 받아 왔다. 예를 들어, W. Schrage, *Der erste Brief an die Korinther I*, EKK VII/1 (Neukirchen-Vluyn, Neukirchener, 1991), pp. 51~53; E. M. Yamauchi, Art. "Gnosis, Gnosticism," in: G. F. Hawthorne, et. al. (eds.), *Dictionary of Paul and His Letters* (Downers Grove/Leicester, Inter-VarsityPress, 1993), pp. 350~54, 특히 352를 보라.

9. 이에 관해 E. Schweizer, Art. σῶμα ktl., *ThWNT* VII (1964), pp. 1035~39; A. Dihle, *Art.* ψυχή *ktl., ThWNT* IX (1973), p. 607f, 613f를 보라.

4장

1. 이 글은 한국학술진흥재단의 지원 아래 수행 중인 "고대 헬라-로마-유대 사회와 초기 기독교 공동체 안에서 여성의 위치와 역할에 관한 연구"에 부분적으로 의존하고 있음을 밝혀 둔다.

5장

1. 참고 J. E. Schwartz. *Freedom reclaimed: Rediscovering the American vision* (Baltimore: John Hopkins University Press, 2005); A. Pierre, 「이웃의 가난은 나의 수치입니다」, 김주경 옮김, (서울: 우물이 있는 집, 2004).

2. 고린도전서 11장에서 바울의 비판을 통해 드러나는 핵심적인 요소는 아래의 논의에서 밝혀지겠지만, 신앙공동체가 하나님의 의도와 같이 그리스도의 몸인 교회의 일치를 제대로 실현시키지 못하는 중차대한 착오 또는 모순적 오류이다. 신체적 구성 요소나 인격, 또는 개별성이나 연대성의 문제를 논하기 위해서가 아니라, 바울의 선교 현장에서 일어나는 현실적 문제를 해결하기 위하여 몸에 대해서 논의하고 있음을 밝힌 김재성, "제국적 지배 이데올로기와 바울의 그리스도의 몸으로서 공동체 해석", 「신학사상」, vol. 108(2000, 봄), pp. 103~119를 참고하라.

3. 서신(epistle) 장르는 내러티브 장르와는 판이하기에 내러티브 읽기에 대한 가능성에 문제를 제기할 수 있을 것이다. 그렇지만 긴 이야기체로 기록된 로마서나 고린도전후서 같은 서신들의 내용은 내러티브 비평(narrative criticism)을 통해서 충분히 읽을 수 있다. 바울은 고린도전서 1장에서 자신의 주제를 구체적으로 밝히는데, 분파로 나뉜 교회가 하나가 되라고 촉구한다. 교회의 일치(1:10)라는 주제는 고린도전서의 전체 이야기 구조를 이끌고 나아가며, 11장에서는 가난한 자들과 부유한 자들 사이에서의 연합을 강조한다.

4. V. P. Furnish, *The Theology of the First Letters to the Corinthians* (Cambridge: Cambridge University Press, 1996), xiii.

5. '신학'이라는 용어가 고대 헬라의 종교적 문서에서 흔히 사용되었지만, 바울 서신에서는 단 한 번도 나타나지 않는다(또한 신약 성경이나 구약 성경의 헬라어 역본 그 어디에서도). 그러므로 우리는 무엇보다도 신학적인 자료가 아닌 사도적인 서신으로서 바울의 글에 접근해야 한다.

6. 물론 인사말(1~3절)에서도 바울은 이미 하나님의 교회가 어떠해야 하는지 구체적으로 언급함으로써 교회가 지향할 목표점이 무엇인지를 밝혀주었다.

7. M. Mitchell, *Paul and the Rhetoric of Reconcciliation: An Exegetical Investigation of the Language and Compostion of 1 Corinthians* (Louisville: Westminster/John Knox, 1992), pp. 33~35.

8. J. Stambaugh and D. L. Balch, 「초기 기독교의 사회세계」, 윤철원 옮김 (서울: 한국신학연구소, 2000), pp. 220~5.

9. J. Murphy-O'Connor, *Paul: A Critical Life* (Oxford: Clarendon Press, 1996). F. Lang, 「고린도후서 주석」, 문병구 옮김, (서울: 성경아카데미, 2007), p. 21.

10. 참고. Ronald Hock, *The Social Context of Paul's Ministry: Tentmaking and Apostleship* (Philadelphia: Fortress, 1980), pp. 52~59.

11. 로마 제국의 속주는 황제 속주와 원로원 속주로 나뉘는데, 전자는 황제가 군대를 주둔할 수 있는 지역이며, 후자는 평화로운 대신 군대의 주둔이 허락되지 않은 지역을 지칭한다. 이러한 구분을 통해서 황제는 원로원을 따돌리고 제국을 군사적으로 통치할 수 있었다. 이러한 황제의 전권을 '임뻬리움'(*imperium*)이라고 부른다.

12. J. Murphy-O'Connor, *St. Paul's Corinth: Texts and Archeology* (Collegeville:

Liturgical Press, 1983), pp. 137~160.

13. V. P. Furnish, 앞의 책, pp. 3~4.

14. 바울의 후원자-피보호자 관계성의 극복이라는 주제에 대해서는 다음을 참고하라. 왕인성, "바울의 헌금사역에 대한 사회-문화적 접근", 「신약논단」, 14/4(2007, 겨울), pp. 1085~1119.

15. Horace, *Epistles*, 1, 17, 36.

16. R. A. Horsley, *1 Corinthians* (Nashville: Abingdon Press, 1998), p. 31.

17. 참고. 김재성, 앞의 책, p. 105.

18. Ronald Hock, 앞의 책, pp. 52~59.

19. 차정식, "초기 예수 공동체와 가난의 유형학", 「신약성서의 사회경제사상」(서울: 한들출판사, 2000), p. 176.

20. V. P. Furnish, 앞의 책, p. 7.

21. 이 글에서는 편지와 서신을 번갈아가면서 쓸 것인데, 개인의 소식을 전하는 편지(letter)와 문학성과 예술성을 가미한 서신(epistle) 사이의 문학적 특성의 차이는 인정하더라도 고린도전서는 이 두 가지를 모두 간직하고 있기 때문이다. A. Deissmann, *Light from the Ancient East* (London: Hodder & Stoughton, 1910).

22. 다음 이슈는 윤리문제인 계모와의 동거행태(5장)를 어떻게 처리할 것인지에 대한 논의이다. 또한 교회 문제를 세상 법정에 가져가서 소송하는 것을 다루는데(6장) 바울은 이 문제를 교회에서 매우 민감하게 처리하기를 주문한다. 더불어 성도들의 결혼과 이혼 문제 역시 여러 가지 해석이 가능한 논의를 제공한다(7장). 8장에서는 우상에게 바친 제물을 먹을 수 있는지에 대한 문제를 다루며, 11장 1~16절까지는 예배 시에 여성들의 머리 모양에 대한 처리, 그 나머지 단락에서는 주님의 만찬 때에 지켜야 할 절차 문제, 12~14장에서는 성령의 은사를 사용하는 문제, 15장에서는 죽은 자들의 부활에 관한 문제, 16장에서는 예루살렘 교회를 위한 헌금, 방문일정, 아볼로의 재방문에 대한 논의, 16장 13~24절에서는 마치는 권면, 문안인사, 축복으로 마친다.

23. 부정을 강하게 표현하는데 '우크 에스틴' (οὐκ ἔστιν)이 쓰이고 있다.

24. H. Conzelmann, *1 Corinthians, Hermeneia* (Philadelphia: Fortress, 1975), p. 194.

25. '프로람바노(προλαμβάνω)'를 '각자 자신의 음식만을 먼저 먹다' 또는 '각자 자신의 음식만을 먹다'로 번역할 때 약간의 뉘앙스의 차이는 발생할 수 있지만, 요점이 바뀌지는 않는다.

26. B. W. Winter, "고린도전서", 「IVP 성경주석, 신약」, 김재영, 황영철 옮김(서울: 한국기독학생회출판부, 2005), p. 469.

27. 이 문제에 대한 최근의 연구로는 다음을 참고할 수 있다. 정승우, "왜 바울은 하나님 나라에 대해 침묵하는가?", 「신약논단」, 13(2006, 여름), pp. 401~29. 정승우는 바울이 예수의 하나님 나라 사상을 계승하지만 선교전략으로 그것을 '하나님의 의'에 대한 초점으로 이동시켰다고 제안한다.

28. 바울은 예수의 삶과 죽음 그리고 부활의 사실보다 더 많은 내용을 안 것이 분명하다. 그는 예수의 가르침과 말들을 어느 정도 알았다. D. Horrell, 「바울읽기」, 윤철원 옮김, (서울: 이레서원, 2003), pp. 40~41.

29. 참고. 김호경, "식탁교제에 반영된 나눔의 윤리와 구원이해", 「신약성서의 경제윤리」, (한국신약학회, 신약논단, 4권, 1998), pp. 170~201.

30. J. Gnilka, 「나자렛 예수: 말씀과 역사」, 정한교 옮김, (왜관: 분도출판사, 2002), pp. 131~155.

31. C. Senft, 「고린토인들에게 보내는 첫째 편지」, 백운철 옮김, (서울: 성서와 함께, 2004), p. 306.

32. C.K. Barrett, 「고린토전서」, 한국신학연구소 옮김, (서울: 한국신학연구소, 1985), p. 309.

33. 바울의 몸에 대한 구체적인 언급은 12장에서 나타나지만, 11장의 만찬의 나눔이라는 상황에서도 그 얼개를 확인할 수 있다. 이것은 바울의 관심이 공동체의 일치라는 구체성에 조준되어 있음을 확인시킨다. 바울의 몸 메타포에 대해서는 다음을 참고하라. 유승원, "그레코-로마 세계의 몸 메타포와 바울의 교회 공동체 개념", 「신약논단」, 7권, (2000), 149~166; R. Schnackenburg, 조규만, 조규홍 옮김, 「하느님의 다스림과 하느님 나라」(서울: 가톨릭출판사, 2002), p. 421. 물론 그리스도의 몸 신학은 옥중서신에서 구체화되지만, 고린도전서와 로마서 등에서는 그리스도 안에서 또는 그리스도의 몸 안에서 요구되는 일치와 연대성이 강조된다.

34. V. P. Furnish, *Jesus according to Paul* (Cambridge: Cambridge University Press, 1993), p. 32.

35. C. Senft, 앞의 책, pp. 315~316. 센프트는 그의 해석학적 정황이 로마 가톨릭 교회라는 점에서 이렇게 주장하고 있는 것으로 보이지만 너무 파당적이라는 느낌은 분명하다.

2부

1장

1. B. W. Winter, *After Paul Left Corinth: The Influence of Secular Ethics and Social Change* (Grand Rapids, Eerdmans, 2001), pp. 32~36을 보라.

2. Winter, *After Paul Left Corinth*, pp. 38~40을 보라.

3. Winter, *After Paul Left Corinth*, pp. 40~43을 보라.

4. Cf. G. D. Fee, *The First Epistle to the Corinthians* (Grand Rapids, Eerdmans, 1987), p. 33.

5. Fee, *The First Epistle to the Corinthians*, p. 39.

6. J. Y. Campbell, "Κοινωνία and its Cognates in the NT," *JBL 51* (1932), pp. 352~80.

7. 「고린도전서」(김지철, 서울, 대한기독교서회, 1999), p. 75.

8. "바울과 설교," 「기독신학저널 7」(홍인규, 2004), p. 92.

9. D. Litfin, *St Paul's Theology of Proclamation 1 Cor. 1~4 and Greco-Roman Rhetoric* (Cambridge, Cambridge University Press, 1994), p. 198; R. F. Collins, *First Corinthians* (SPS; Collegeville, The Liturgical Press, 1999), p. 105.

10. 초기 유대교는 이사야서 53장에 대해 메시아를 가리키는 것으로 이해하지 않았다.

11. M. Hengel, *Crucifixion* (ET; London, SCM, 1977), 1이하.
12. 「고린도전서」(김지철), p. 118.
13. '하나님의 비밀'이란 표현은 Nestle-Aland 27판과 UBS 4판에서 취한 본문이다. 그러나 다른 고대 사본들에 '하나님의 증거'라는 본문이 채택돼 있다. 한글 번역 중에서 표준새 번역은 전자(하나님의 비밀)를, 개역 성경은 후자(하나님의 증거)를 취하고 있다.
14. 비교 개역 성경, "말과 지혜의 아름다운 것으로."
15. 비교 「고린도전서」(김지철), p. 132.
16. 비교 개역 성경, "성령의 나타나심과 능력으로."
17. 비교 개역 성경, "육에 속한 사람."

2장

1. 롬 16:3, 9, 21절 및 빌 2:25; 4:3 등 참고.
2. 여기서 논의는 16~23절에서 확인할 수 있듯이, 모든 성도들에게 확대 된다.
3. 이런 유연함은 목회적 배려일 수 있다. 심판은 분명 사실이지만, 의도는 경고이지 정죄는 아니기 때문이다. 물론 이 구절만 놓고 본다면 구원 외의 보상을 말할 수 있다. 가령 H. W. Hollander, "The Testing By Fire of the Builders' Works: 1Corinthians 3.10~15," in *NTS 40*, p. 103을 보라.
4. "적용하다"로 번역된 'μετεσχημα,τισα'는 "모양을 바꾸다"는 의미로, 그에 대한 해석이 간단치 않다.
5. 이 구절은 천국의 현재성에 관한 진술이 아니다. 6:10과 15:50을 보라. 여기서 'ἐν'은 '말/ 능력에 [있다]'(장소)가 아니라 '말/능력으로 [들어간다]'(수단)라고 해석돼야 한다(비교 마 7:21).

4장

1. 고린도전서 7장에서 언급된 결혼과 이혼과 독신과 재혼에 관한 주제는 초기 그리스도교 시대 때부터 초미의 관심사였고 많은 논쟁을 불러일으켰다. 특히 초기 그리스도교 변론가들 중에서 북 아프리카의 루시우스 켈리우스 피르미아누스(Lucius Caelius Firmianus, 약 240~320년)는 최초로 이 주제를 광범위하게 다룬 학자로 잘 알려져 있다. 그는 종교개혁 시대에 에라스무스(Erasmus)에게 주목을 받게 되는데, 에라스무스의 「권면(*Paraclesis*)」이 라는 책이 1516년에 라틴어로 'John Froben' 출판사를 통해 발간되면서 피르미아누스의 고린도전서 7장 논의를 자세히 소개했다.
루터(Martin Luther)도 1523년에 독일어로 고린도전서 7장에 관한 주석을 출판했다. 하지 만 본격적으로 1529년 6월 2일에 로이에(William Roye)에 의해 "An Exhortation to the Diligent Studye of Scripture; An Exposition into the Sweventh Chaptre of the Epitle to the Corinthians"라는 책이 16세기 고어체의 영어로 'Answerp' 출판사에 의해 발간되면 서 피르미아누스의 고린도전서 7장에 대한 주석이 본격적으로 알려지게 되었다. 참고 Douglas H. Parker, *An Exhortation to the Diligent Studye of Scripture and An Exposition*

into the Sweventh Chaptre of the Epitle to the Corinthians (Reprint, Toronto, University of Toronto, 2000). 이 책은 로이에의 고어체 영어를 그대로 병기하면서 곁들인 현대적 해설을 통해 우리의 이해를 쉽게 도와주고 있다.

2. 흔히 한국에서 '통전적 신학'이라는 용어가 사용되고 있지만, 미국에서 통전적 신학이라는 이름으로 많은 심리 치료 기관들이 활발하게 활동하고 있다. 자칫하면 신학이 요가와 에어로빅을 겸한 심리 치료의 아류로 전락할 우려가 있다. 그래서 필자는 이런 심리학적 해석을 피하기 위해 '통전 신학'이라고 할 것을 지난 2003년에 안성 사랑의교회 수양관에서 모인 한국기독교학회에서 제안했다. 참고 "생명의 선교를 향한 예수의 시험 이야기 새로 읽기: 통전 신학을 제안하며", 「한국기독교신학논총 제30집」(소기천, 2003. 10. 15).

3. 서구 신학자들은 고린도전서 7장의 배경에 관한 연구를 통해, 바울이 당연히 스토아의 금욕주의 입장에 서서 큰 영향을 받고 있다는 점을 부각시킨다. 참고 S. Scott Bartchy, *First-Century Slavery and 1 Corinthians 7:21*. SBL Dissertation Series 11 (Missoula, University of Montana, 1973); Brad Ronnell Braxton, *The Tyranny of Resolution-I Corinthians 7:17~24*. SBL Dissertation Series 181 (Atlanta, SBL, 2000), Bruce W. Winter, *After Paul Left Corinth: The Influence of Secular Ethics and Social Change* (Grands Rapids, Eerdmans, 2001), Will Deming, *Paul on Marriage & Celibacy: The Hellenistic Background of I Corinthians 7* (Grand Rapids, Eerdmans, 2004), Edward Adams and David G. Horrell (eds.), *Christianity at Corinth: The Quest for the Pauline Church* (Louisville, Westminster John Knox, 2004).

이에 반해, 최근에 굴더(Michael D. Goulder)는 바우어(F. C. Baur)의 이론을 새롭게 조명하면서 유대적 관점에서 이해해야 할 것을 제안한다. 참고 Michael D. Goulder, *Paul and the Competing Mission in Corinth* (Peabody, Hendrickson, 2001), pp. 141~151. 일란(Tal Ilan)도 이런 유대적 입장에 동의한다. 참고 Tal Ilan, "Paul and Pharisee Women," *On the Cutting Edge: The Study of Women in Biblical Worlds*, eds. Jane Schaberg et.al. (New York, London, Continuum, 2004), pp. 82~101.

그러나 필자는 스토아의 금욕주의와 유대적 관점을 비판하면서 결혼 생활에 관한 참된 크리스천의 삶을 종말론적 차원에서 통전 신학의 이해를 제안하려는 것이 바울의 의도라는 점에 관심을 기울인다. 필자와 마찬가지로, 이런 주제를 통전 신학의 이해는 아니지만, 한 가지 공통 분모인 종말론적 관점에서 다루고 있는 학자는 홀슬리(Horsley)다. 참고 Richard A. Horsley, *I Corinthians. Abingdon New Testament Commentaries* (Nashville, Abingdon, 1998), pp. 95~114.

5장

1. 이 부분에서 고린도 교인들이 하는 일은 단순한 '문의'가 아니라 자신들이 이미 취하고 있는 입장을 바울에게 '주장'(assert)하는 것이라고 보는 Gordon Fee의 관점이 타당성을 가진다. 참고 Gordon D. Fee, 'Ειδωλοθυτα Once Again: An Interpretation of 1 Corinthians 8~10', in *To What End Exegesis?: Essays Textual, Exegetical, and Theological* (Grand Rapids: Eerdmans, 2001), p. 113.

2. Anthony C. Thiselton, *The First Epistle to the Corinthians* (NIGTC, Grand Rapids: Eerdmans, 2000), p. 621; Hans Conzelmann, *1 Corinthians* (Hermeneia, Philadelphia: Fortress Press, 1975), p. 140.

3. 이에 대해서는 참고 N.T. Wright, *The Climax of the Covenant: Christ and the Law in Pauline Theology* (Minneapolis: Fortress Press, 1991), p. 129; Ferdinand Hahn, 'The Confession of the One God in the New Testament,' *HBT 2* (1980), pp. 69~84; R.W.L. Moberly, 'Toward an Interpretation of the Shema,' in *Theological Exegesis: Essays in Honor of Brevard S. Childs*, ed. by C. Seitz and K. Greene—McCreight (Grand Rapids: Eerdmans, 1999), pp. 124~44.

4. Gordon Fee, *The First Epistle to the Corinthians* (NICNT, Grand Rapids: Eerdmans, 1987), p. 371.

5. 여기에 대한 좋은 지적은 참고 Fee, 'Εἰδωλόθυτα Once Again', p. 122.

6. Leon Morris, *1 Corinthians* (TNTC, Leicester: IVP, 1985), pp. 126~27.

7. Morris, *1 Corinthians*, p. 125; Fee, 'Εἰδωλόθυτα Once Again', p. 116, n. 21.

8. Thrall의 표현으로는 'the strong psychological influence'. 보라, Margaret E. Thrall, *I and II Corinthians* (Cambridge Bible Commentary, Cambridge: Cambridge University Press, 1965), p. 64.

9. 양심(*syneidesis*)은 이 경우 절대적, 불변적 실체가 아니라 가변적 실체임을 보여준다. 그것은 우상 제물을 먹을 때는 힘을 얻어 먹으면서도 먹고 나서는 또 약하여져서 고뇌하기도 한다. 양심에 대한 논의를 위해서는 참고 Thiselton, *The First Epistle to the Corinthians*, pp. 640~44.

10. 세운다(*paristemi*)는 말은 재판의 상황 속에서 부정적 측면에서는 심판을 위하여, 긍정적 측면에서는 인정을 위하여 세우는 것을 의미한다. 음식은 할례와 마찬가지로 그 자체로서는 우리를 하나님 앞에 인정받게 하거나 또는 심판받게 하는 것은 아니다(참고 고전 7:19; 갈 5:5, 6:15).

11. Witherington은 이 '변호' (*apologia*)가 법정적 수사학(*forensic rhetoric*)의 심각성을 포함하지는 않는다고 지적한다. 오히려 정치적 수사학(*deliberative rhetoric*)의 전체적 범주 안에서 그 특수한 기능을 이해해야 한다고 제안한다. 보라, Ben Witherington III, *Conflict and Community in Corinth: A Socio-Rhetorical Commentary on 1 and 2 Corinthians* (Grand Rapids: Eerdmans, 1995), p. 203.

12. 이에 대해서는 참고 Conzelmann, *1 Corinthians*, p. 154.

13. Grosheide가 이 점을 잘 지적하고 있다. F.W. Grosheide, *Commentary on the First Epistle to the Corinthians* (NLCNT, London and Edinburgh: Marshall, Morgan & Scott, 1953), p. 207.

14. 이 단어는 랍비들의 경우 유대교 개종자를 만들 때 사용하던 말이다. 바울은 이 말을 9:22에 나타나는 *sozo*와 동의어로 사용하고 있다.

15. 실제로 바울이 이스미아 경기를 배경으로 삼아 이와 같은 표현들을 하고 있는지에 대해서는 논란이 있다. 콘첼만의 경우는 부정적인 견해를 가진다. 참고 Conzelmann, *1 Corinthians*, p. 162, n. 31. 그러나 대부분의 주석가들은 이스미아 경기와의 연결을 자연

스러운 것으로 보고 있다.

16. 바렛(C.K. Barrett)의 경우는 구원을 포함하여 바울의 모든 것이 불확실의 대상이 된다는 것을 강조한다. 참고 C.K. Barrett, *The First Epistle to the Corinthians* (BNTC, London: A&C Black, 1971), p. 218. 바렛의 동기는 10장의 구원 불확실성의 논의와 9장 사이의 자연스러운 연결점을 찾기 위한 것인데, 이렇게 하면 연결점은 살아날지 모르지만, 두 경우의 차이점을 무시하는 실수를 범하게 된다. 우리는 10장의 명백한 경고적 논조와 9장 말미의 바울의 선의의 자기훈련의 맥락을 동일선상에 놓기는 어렵다고 본다.

6장

1. 유대인들은 홍해를 건넌 것을 일종의 세례로 간주했다(C. K. Barrett, *The First Epistle to the Corinthians*, second edition, Black's New Testament Commentaries, London: A&C Black, 1971, p. 221).

2. Barrett, p. 228.

3. Barrett, p. 229.

4. J. Smit, "Do Not Be Idolaters' : Paul's Rhetoric in First Corinthians 10:1~22," in *Novum Testamentum* 39, 1997, p. 48. B. Winter는 고린도에 여러 개의 신전 터들이 있다는 고고학적 증거를 지적하며 고린도가 종교적 다원주의 환경 속에 있었던 것으로 본다("Theological and Ethical Response to Religious Pluralism – 1 Corinthians 8~10," in *Tyndale Bulletin* 41, 1990, p. 210).

5. Barrett, p. 240.

6. '양심'은 문맥상 '감정'(feeling)으로 번역될 수 있다. P. W. Gooch는 '양심'에 해당하는 헬라어를 문맥상 'bad feeling'(나쁜 느낌)으로 번역할 것을 제안한다("Conscience' in 1 Corinthians 8 and 10," in *NTS* 33, 1987, pp. 251~52). 그러나 '감정'이 좀 더 문맥에 적합하다고 본다.

7. 이런 통찰을 위해 필자는 김세윤 교수의 고린도전서 특강(2003년 여름, 독일 쾰른)에 빚지고 있다.

8. 고전 4:6~21과 8:1~11:1의 관계에 대해 E. C. Still, III, "Divisions Over Leaders and Food Offered to Idols," in *Tyndale Bulletin* 55, 2004, pp. 17~41 참조

7장

1. W. G. Kümmel, *Kornth und die Mädchen der Aphrodite: Zur Religionsgeschichte der Stadt Korith*, NAWG (1967), p. 275과 H. Conzelmann, I Corinthians, Hermeneia (1975), pp. 11~12는 고린도에 아프로디테 여신의 신전이 있어 그곳에서 외지에서 온 참배객과 여사제들이 행하는 종교의 이름으로 행하는 행위가 실제로는 없었다고 주장하는데 반해 그곳에서 실제로 그러한 행위가 있었고 심지어 그 당시 고린도에는 천명이 넘는 '신전 처녀'들이 있었다고 주장하는 견해도 있다. 이런 견해에 대해서는 Normann Perrin/D. C Duling, The New Testament; an introduction, 박익수 역, 새로운 신약성서 개론, 서

울: 한국신학연구소 1991, pp. 278~279를 참조하라.

2. 김지철, 대한기독서회 창립 100주년 기념 성서 주석, 고린도전서, 서울: 대한기독교서회 1999, p. 417.

3. Joachim Jeremias, *Jerusalem zur Zeit Jesu: eine kulturgeschichtliche Untersuchung zur neutestamentlichen Zeitgeschichte,* Göttingen: Vandenhoeck & Ruprecht 1958; ³1969, p. 232를 보라.

4. H. L. Strack/P. Billerbeck, *Das Evangelium nach Markus, Lukas und Johannes und die Apostelgeschichte. Erläutert aus Talmud und Midrasch,* KNTTuM II, München ³1961, p. 162와 Dio Chrysostom, Discourses 64, pp. 2~3을 참조하라.

5. 이것에 대해서 Christian Wolf, *Der erste Brief des Paulus an die Korinther,* ThHK 7, Leifzig: Evang. Verl.-Anst. 2000, p. 250f.와 Jacob Kremer, Der Erste Brief an die Korinther, RNT, Regensburg: Verlag Friedrich Pustet 1997, p. 229를 참조하라.

6. 참조 Sir 17:2~4; Phil Vita Mosis II:65; 롬 3:23; 8:18, 21, 29; 고전 15:49. 쿰란 문서에서 도 이미 아담은 하나님의 영광이라는 말이 나온다.

7. 이러한 언급을 통해 바울은 사람은 하나님의 창조 사역으로 나타났고, 하나님의 목적에 맞 게 살아가야 함을 말하고자 한다. 사람은 하나님께 영광을 돌리기 위해 존재한다(롬 1:21). 그런데 사람은 그리스도 안에 있을 때에라야 하나님께 복종할 수 있고, 하나님의 영광은 그 리스도 안에 있을 때 비로소 계시되는 것이다.

8. 김지철, 고린도전서, p. 428.

9. 김지철, "바울과 여성 선교 동역자", 장신논단 13 (1997), pp. 27~48을 참조하라.

10. Christian Wolf, *Korinther,* p. 251을 참조하라.

11. G. Theißen, "Soziale Schichtung in der korinthischen Gemeinde," *ZNW 65* (1974), pp. 232~272는 공동 식사에 늦게 오는 가난한 사람들은 늦게까지 일하지 않을 수 없었던 노예들이나 가난한 사람들이 포함되었을 것이라고 추측하는데, 그러한 추측은 개연성이 있어 보인다. 만약 그들이 그러한 계층의 사람들이었다면 그들은 해야 할 일을 마치고도 스스로 자기의 만찬을 위해 음식을 준비해 오는 것이 쉽지는 않았을 것이다.

12. C. K. Barrett, *(The) first epistle to the Corinthians,* C. K. 바렛, 고린도전서. 국제성서주 석 서울: 한국신학연구소 1986, p. 308을 참조하라.

13. C. K. Barrett, *Corinthians,* p. 309ff.

14. 예수의 죽음에 대한 신약 성경의 표현 양식에 대해서는 실리에 브라이텐바흐, 배재욱 역, '우리를 위하여' 그리스도께서 죽으셨다 – 소위 '죽음 양식문'의 전승과 바울의 수용, in: 장흥길 편, 교회를 위한 성경 해석, 장로회신학대학교 대학원 21세기 신학학술 총서 03, 서울: 장로회신학대학교 출판부 2004, pp. 131~177 (원전: Cillers Breytenbach, 'Christus starb für uns,' *Zur Tradition und paulinischen Rezeption der sogenannten 'Sterbeformeln',* New Test. Stud. 49 (2003), pp. 447~475)을 참조하라.

15. 김지철, 고린도전서, p. 456.

8장

1. F. W. Grosheide, *De Eerste Brief aan de Kerk te Korinthe*, Kampen: J. H. Kok, 1957, p. 321.
2. 같은 곳.
3. Grosheide, *Eerste Korinthiërs*, p. 323.
4. 아래에 나오는 성령의 아홉 가지 은사에 대한 자세한 설명을 위해 「우리 안에 계신 성령」(변종길, 서울, 생명의말씀사, 2003), pp. 69~96을 참조하라.
5. Grosheide, *Eerste Korinthiërs*, p. 325f.
6. A. Kuyper, *Het werk van den Heiligen Geest*, 2e druk, Kampen: J. H. Kok, 1927, p. 250f.
7. 예언에 대한 자세한 논의는 필자의 「우리 안에 계신 성령」, pp. 80~84를 보라.
8. Grosheide, *Eerste Korinthiërs*, p. 327.
9. 예를 들면 Origen, Chrysostom, Theodore, Cyril, Theodoret, Thomas Aquinas, Photius, Estius, Calvin, Charles Hodge, J. G. Davies, Robert Gundry, Christopher Forbes 등이다.
10. 이에 대한 자세한 논의를 위해 「우리 안에 계신 성령」, pp. 187~192를 보라.
11. 앞의 책, pp. 338~341, 345~347를 보라.
12. 비교 A. C. Thiselton, *The First Epistle to Corinthians*, Grand Rapids: Eerdmans, 2000, p. 1010.
13. 비교 Gordon D. Fee, *The First Epistle to the Corinthians*, Grand Rapids: Eerdmans, 1987, p. 639.
14. 비교 Grosheide, *Eerste Korinthiërs*, p. 350.

9장

1. 본 글의 전체 구성은 Gordon D. Fee, *The First Epistle to the Corinthians*, NICNT (Grand Rapids: Eerdmans, 1987), p. 23, 653~713을 참조하였다. 그러나 본문에 대한 해설과 헤딩들(headings)은 거의 전적으로 나 자신에 의한 것이다.
2. Leon Morris, *The First Epistle of Paul to the Corinthians: An Introduction and Commentary* (Grand Rapids: Eerdmans, 1983), pp. 191~92를 볼 것.
3. 이것은 두란노서원(편), 「우리말성경」(서울: 두란노서원, 2004)에서 인용한 것이다. 특별한 언급이 없는 한 나는 본 글에서 이 한글역본을 사용할 것이다. 위 본문에서 "계시"는 하나님께서 당신의 뜻과 그 실현에 대해 보여주시는 신령한 내용을, "지식"은 인식론적 식별을 필요로 하는 하나님의 계시 안에 담긴 지적 내용을, "예언"은 하나님께서 나타내시는 구원사에 대한 예시적 내용을, 그리고 "가르침"은 하나님의 계시가 가르치는 내용을 뜻한다.
4. 이상근, 「신약주해 고린도서」(대한예수교장로회총회교육부, 1985), p. 189.
5. 비교 Jean Hering, *The First Epistle of Saint Paul to the Corinthians*, tr. A.W. Heathcote and P.J. Allcock (London: The Epworth Press, 1962), p. 150.

6. 한글개역성경에는 "마음"으로 되어 있음.
7. Hering, *The First Epistle of Saint Paul to the Corinthians*, p. 150을 볼 것.
8. Alfred Martin, *First Corinthians* (Neptune: Loizeaux brothers, 1989), p. 122.
9. 엡 4:3을 볼 것.
10. 29절에서 예언하는 자들의 말을 "분별하십시오"(29)라고 하는 당부를 상기해 볼 것.
11. 이상근, 「신약주해 고린도서」(대한예수교장로회총회교육부, 1985), pp. 199~200은 36절은 앞 단락에 포함시키나 내용상 여기에 귀속시키는 것이 옳다고 판단된다. Fee, *The First Ep;istle to the Corinthians*, pp. 23, 708도 나의 견해를 지지해준다. 다수의 학자들이 이 입장을 견지한다.
12. Fee, *The First Epistle to the Corinthians*, p. 709는 "the Corinthians' enthusiasm for tongues"는 개념을 사용한다.
13. 6, 18, 22, 27~28절을 볼 것.

10장

1. 유다가 빠진 열 한 명이나 '열 둘'(개역 성경은 열두 제자)은 사도의 그룹을 지칭하는 관용적 표현이 되었다.
2. 죽음을 '잠'으로 비유하는 것은 흔한 일이지만, 부활의 확실성을 암시하는 효과도 있었을 것이다.
3. '만삭되지 못하여 난 자'는 문맥과 맞지 않는다. 이 단어는 유산이나 사산을 의미하기도 하는데(LXX 민 12:12, 욥 3:16, 전 6:3) 이것이 바울이 의도한 뜻일 것이다.
4. 갈라디아서 1장 11~17절에서도 바울은 핍박 전력을 근거로 자신의 사도직에 대한 신적 기원을 논증한다.
5. 이런 인식의 한 단면으로, '내게 주신 은혜'가 그의 사도직을 가리키는 전문 용어가 되었다.
6. 원문에 '하나님에 반대하여'로 직역할 수 있는 'κατὰ τοῦ θεοῦ'가 있으나 개역에선 누락되었다.
7. 'ματαία'는 우상 숭배와 같이 사실이 아니어서 '헛되다'는 뜻이다(행 14:15; 고전 3:20; 딛 3:9; 벧전 1:18).
8. 바울의 생각은 죄의 (법정적) 용서가 아니라 죄의 힘으로부터 해방이다. 이 해방은 생명의 주인이신 하나님의 능력을 드러낸 부활 없이 설명할 수 없다. 이 변화의 핵심에 성령님의 사역이 놓인다(롬 4:25; 6:9; 8:1~4). '죄로부터 부활'을 통해 거룩한 삶으로 변화를 말하는 에베소서 2장 1~10절을 숙고해 보라.
9. 히브리어의 '아담'은 '사람'이라는 뜻으로, 창조 기사에서 일반 명사와 개인의 이름으로 함께 쓰이고 있다.
10. 21절과의 병행을 고려하면 22절의 전치사 'ἐν'은 둘 모두 '안에서'가 아니라 '통하여'라고 번역하는 것이 옳다.
11. 이것은 아직도 만족할 만한 설명이 없는 난해 구절이다. 자세한 논의는 주석들을 참고하라.

12. 이 구절의 이중적 가능성에 대해 G. Fee의 주석을 참고하라.
13. 시인 메난더의 *"Thais"*라는 시에 나오는 표현으로, 거의 속담과 같았을 것이다. '더럽히다'는 3장 17절에서와 같이 '파괴하다'는 뜻이다. 같은 의미의 유대식 속담을 인용하고 있는 5장 6절과 비교해 보라.
14. 아담이 '혼'인 것은 성경(창 2:7)에, 그리스도가 '영'이라는 생각은 교회의 실제 성령체험에 근거한다(갈 4:6; 롬 8:9, 11; 14~17; 고후 3:17). 이를 근거로 바울은 '혼적 몸'과 '영적 몸'의 당위성을 논한다.

11장 : 참고문헌 약호

Barrett, C.K.
　　1968 *The First Epistle to the Corinthians*. New York: Harper & Row.
Bruce, F.F.
　　1971 *I & II Corinthians*. Grand Rapids: Eerdmans.
Collins, R.F.
　　1999 *First Corinthians*. Collegeville: Liturgical Press.
Eriksson, A.
　　1998 *Traditions as Rhetorical Proof: Pauline Argumentation in 1 Corinthians*.
　　　　Stockholm: Almqvist & Wiksell.
Fee, G.D.
　　1987 *The First Epistle to the Corinthians*. Grand Rapids: Eerdmans.
Garland, David E.
　　2003 *1 Corinthians*. Grand Rapids: Baker Academic.
Hays, R.B.
　　1997 *First Corinthians*. Louisville: John Knox.
Ker, D.P.
　　2000 "Paul and Apollos—Colleagues or Rivals?" *Journal for the Study of the New Testament* 77:75~97.
Lindemann, A.
　　2000 *Der erste Korintherbrief*. Tvebingen: Mohr
Thiselton, A.C.
　　2000 *The First Epistle to the Corinthians. A Commentary on the Greek Text*. Grand Rapids: Eerdmans.
Winter, B.W.
　　2001 *After Paul Left Corinth: The Influence of Secular Ethics and Social Change*. Grand Rapids: Eerdmans.
Witherington, B., III
　　1995 *Conflict and Community in Corinth: A Socio-Rhetorical Commentary on 1 and 2 Corinthians*. Grand Rapids: Eerdmans.

원어 일람표(히브리어/헬라어)

244

p. 188

크레스튜오마이 χρηστεύομαι
페르페류오마이 περπερεύομαι
퓌시오오 φυσιόω

p. 189

아스케모네오 ἀσχημονέω
판타 πάντα

p. 190

네피오스 νήπιος